全国教育科学规划国家青年项目(CIA160220
山东省教育学高峰学科著作出版基金资助

U0963315

“就业困境”下中国大学生学习及教育对策研究

高静　著

山东大学出版社
SHANDONG UNIVERSITY PRESS
·济南·

图书在版编目(CIP)数据

“就业困境”下中国大学生学习及教育对策研究/高静著.—济南:山东大学出版社,2022.11
ISBN 978-7-5607-6928-8

Ⅰ.①就… Ⅱ.①高… Ⅲ.①大学生-学习-现状-研究-中国 Ⅳ.①G645.5

中国版本图书馆 CIP 数据核字(2022)第 199139 号

责任编辑 邵淑君
封面设计 杜 婕

“就业困境”下中国大学生学习及教育对策研究
“JIUYE KUNJING” XIA ZHONGGUO DAXUESHENG XUEXI JI JIAOYU DUICE YANJIU

出版发行 山东大学出版社
社 址 山东省济南市山大南路 20 号
邮政编码 250100
发行热线 (0531)88363008
经 销 新华书店
印 刷 济南乾丰云印刷科技有限公司
规 格 720 毫米×1000 毫米 1/16
18.75 印张 336 千字
版 次 2022 年 11 月第 1 版
印 次 2022 年 11 月第 1 次印刷
定 价 60.00 元

前　言

当今社会，人们对“为什么学、学什么、怎么学”的理解随着文化的高速发展而快速演变。在信奉“学而优则仕”的传统下，知识学习往往被阐释为兼具“修齐治平”功能的工具化理念。儒家经典既是成人之道，也是出世之术，将个人成长与未来发展有机联系成一个紧密的整体。然而，在日趋紧密而多元的当今世界，中国大学生虽然仍呈现出显著的就业导向型学习观，但如何建构学习与发展之间的关联却因人而异。尤其在社会分工、知识爆炸的多元化发展脉络中，“仕”已不再是“学”的必然归属，“学”有了更广泛的内涵与更多样的选择。在此背景下，学习者的学习目标趋向个性化，学习内容趋向专业化，传统儒学治世下成人之道与出世之术的统一格局遭到冲击，呈现出更加复杂多样的“学习—发展”模式。

成人之道与出世之术的纠缠和割裂在相对专业化的高等教育阶段更加凸显。北京大学钱理群教授公开发文批判大学生群体中的所谓“精致的利己主义”倾向，揭发了过度关注出世之术而忽视成人之道的社会弊病。而大学生“空心病”现象则充分反映出大学生价值迷失问题的深远影响。经过近 20 年学校教育的雕琢和打磨，身处高等教育阶段的大学生本应浸润在“明明德”的大学之道，遨游于“高深学问”的海洋。然而，面对传统、单一的人才评价机制与瞬息万变的未来挑战，大学生在自身要求与他者期待、现实利益与未来发展之间权衡纠结。如何平衡个体的精神发展需求与职业发展需要，如何兼顾社会结构与个体能动性之间的制衡和整合，成为事关人才培养与教育体制改革乃至国家可持续发展与社会进步的重大课题。

大学生生涯发展意识与其主导下的学习文化生产是甄别当今教育体制能否平衡成长与成才相关课题的重要指标。虽然已有研究常提出应通过生涯教育或就业指导来调动大学生的学习积极性,也总有学者在阐释大学生学习经历的形成机制时纳入就业相关因素,但对于就业因素是否真正影响大学生学习生活,又如何发挥作用等问题却鲜有证实。当今大学生如何处理学习与就业之间的关系?职业决策与就业意识是否影响大学生的学习意义建构与学习投入?如有影响,又是如何影响的?受到哪些方面的强化与制约?这些问题都值得关注。甚至可以这样提出疑问:在长期的填鸭式教学模式下,当代大学生是否具有理性规划发展路径、自主建构学习价值乃至生命意义的能力?抑或其中的大部分仅仅甘于在学校系统中随波逐流,其就业困境只是学习动力不足时推脱责任的借口或长辈茶余饭后拿来说教的由头?若真如此,当前学界对大学生就业困境及其影响的忽视便有据可依。否则,大学生面临的就业困境及其对学习生活的影响就必须得到充分关注。

当然,这里并不是主张大学教育必须全面接受市场化的洗礼,也不是为了给功利主义、工具主义正名,仅仅是出于对大学生这一教育主体的现实关照。如果说当代大学生的现实困境需要被看见,他们的生存需求需要得到保障,他们的发展前景需要被照亮,那么就无法将他们的学习生活与职业发展割裂甚至对立起来。即便被公众冠以"精致的利己主义者"的名号,也没有一个大学教师忍心以此苛责当代大学生们。他们每时每刻都生活在父辈的期许以及与同辈的竞争中,在残酷的市场环境下谋求利益最大化是他们的家族使命,在表面化的世界里最大限度地保障自身利益是他们生命的现实底色。作为当代社会与教育的共同产物,学生群体的生活境遇与价值取向是最能反映其中问题的镜像之一。而相较于评价标准单一且处于家长与学校严密监控下的中小学阶段,在一定程度上获得了学业规划与决策自主权并且即将步入社会的大学生群体更能反映社会与教育在对人的塑造过程中所留下的痕迹。他们是如何建构教育与未来之间的关联的?教育与未来的关联在大学生日渐多样化的价值体系中导致了怎样的分流?聚焦大学生对学习与就业的关联性建构,或将成为我们窥探教育与社会、个体与结构、理想与现实之间辩证、共生关系的一缕光。本书通过将大学生的学习生活重新嵌入社会语境，实现对其发展脉络与生命历程中可能存在的问题的完整呈现。当然，个体与环境之间不是个体简单地适应环境，而是充满动力的、双方相互作用的过程。因此，本书关注就业困境对大学生学习的影响，并非单纯地将大学生视为被动的受影响者，而是在充分重视其能动性的基础上，探讨就业困境下大学生建构学习意义、组织学习实践的过程和策略及其背后的文化内涵。

曲阜师范大学教育学院　高静

2022 年 5 月

目　录

第一章　大学生就业视角下重新审视高等教育 …………………………… 1

第一节　对高等教育的思考不能脱离社会背景 ………………………… 3

第二节　大学生就业问题"拷问"高等教育 ……………………………… 7

第二章　大学生就业困境背后的文化脉络 …………………………… 13

第一节　中国教育的功利化困境 ……………………………………… 13

第二节　学"何"以成人:儒家教育哲学的实践逻辑 ……………………… 19

第三节　当代中国青年价值困境:基于"自杀类型学"的分析 …………… 27

第三章　理论脉络、文献综述与问题假设 ……………………………… 38

第一节　理论脉络 ……………………………………………………… 38

第二节　文献综述 ……………………………………………………… 48

第三节　梳理与简评 …………………………………………………… 104

第四章　研究设计与数据信息 ………………………………………… 108

第一节　"就业—学习"问题的阐释模型 ………………………………… 108

第二节　分析思路与模型建构 ………………………………………… 110

第三节　研究意义与方法 ……………………………………………… 114

第五章　大学生就业困境与学习的现状分析 …………………… 122

第一节　指标体系的构建 ………………………………………… 122
第二节　大学生就业困境的现状与形成机制 …………………… 128
第三节　大学生学习现状与问题分析 …………………………… 142

第六章　就业困境对大学生学习的影响 ………………………… 176

第一节　就业认知困境对大学生学习的影响机制 ……………… 176
第二节　就业压力对大学生学习的影响路径 …………………… 179
第三节　以就业规划为中介的文化资本再生产 ………………… 187
第四节　就业困境下大学生学习投入模式的分流 ……………… 192

第七章　就业困境下大学生学习意义建构与行为实践 ………… 203

第一节　大学生就业困境的生成与表达 ………………………… 203
第二节　大学生的学习价值重构与群体分流 …………………… 220
第三节　大学生的建构力量与未来可能 ………………………… 224

第八章　基于日本经验的教育对策探索 ………………………… 228

第一节　中日大学生"就业—学习"问题比较 …………………… 228
第二节　普及化阶段日本大学"学校化"的警示与"2040 计划" ……… 231
第三节　变革中的日本生涯教育:举措与启示 ………………… 242
第四节　自主、循环、共生:终身教育理念下日本高等教育改革探析 …… 256

第九章　对策分析与结论 ………………………………………… 270

第一节　大学生就业困境干预策略分析 ………………………… 270
第二节　结论与讨论 ……………………………………………… 280
第三节　研究展望 ………………………………………………… 283

附录　大学生就业与学习调查问卷 ……………………………… 285

第一章 大学生就业视角下重新审视高等教育

教育与就业的有机衔接是教育实现美好生活与青年社会参与的基本保障。2017年4月，国家颁布《中长期青年发展规划(2016—2025年)》，将青年社会融入与社会参与列入青年发展的十大领域之一。《国家中长期教育改革和发展规划纲要(2010—2020年)》更是将教育与人民美好生活紧密关联，指出教育寄托着亿万家庭对美好生活的期盼。可见，大学生学习与就业发展的关系既是关乎国家发展、社会进步、民族昌盛的重大课题，同时也是教育能否成为"国之重器"的质量天平。

作为踏入社会前的最终教育阶段，高等教育承载着不同利益主体的更多期待。然而，随着高等教育大众化与市场化改革的深入，当今中国的高等教育正面临着前所未有的身份危机。当今大学不仅承担诸如人才培养、科学研究、社会服务、文化传承等多种专业及社会职责，还要面对多种不同的有时甚至相互冲突的社会要求与期待。[①] 在不同利益需求的张力下，自由与职业、现代与传统、应用与学术、工具与人文等高等教育固有的矛盾再次被激化，成为各方利益主体争议的热点。教育需要不断地面向不确定的未来，由此决定了高等教育永远带有一定的相对滞后性。作为传授"高深知识"的学府，高校与市场需求的脱节也在所难免。教育本体属性与不断多元化的发展需求的矛盾颠覆了高等教育引领社会发展的宏愿，也动摇着人们对高等教育的信心。当代大学如何突破自身局限以应对多样化的社会需求与未来日益凸显的不确定性，成为高等教育改革发展的重要课题。

---

① 参见史静寰.现代大学制度建设需要"根""魂"及"骨架"[J].中国高教研究，2014(4):1-6.

变动的社会、文化和市场结构不断地改变着大学和大学生的周围环境，也改变着大学和大学生的目标。在高等教育日渐市场化与普及化的背景下，"上大学＝铁饭碗"业已成为20世纪的神话，躁动一时的"大学生就业难"也逐渐为人们所接受，"高学历失业"对教育投资与消费的影响作为知识失业的派生风险之一虽备受关注，却也逐渐呈现出常态化趋势。上大学不再是"朝为田舍郎，暮登天子堂"的"逆袭"路径，转而逐渐成为参与现代生活的最初级保障。然而，即便接受了高等教育边际效益日渐低迷，仍有越来越多的人疑惑：上大学是为了什么？2010年，全国弃考学生约100万人，其中80%是农村考生。[①]"寒门难出贵子"与"读书无用"，一个起源于社会不公，一个意味着对当代教育价值的否定。这两种现象看似不同，实际上却同根同源、同一指向。所谓"同根同源"，指的是我国自古以来将"读书"作为社会地位上升渠道的就业导向型动机。所谓"同一指向"，指的是两种现象指向的是同一种社会现象，即现今中国社会出现的就业难、就业不公平等就业问题被大学生内化成为其主观意识上的就业困境，并对其学习意愿产生了剥夺效应。《中国青年报》等单位组织的万人社会调查显示，受访者中有34.7%对自己的大学生活感到"后悔"，其中有51.5%认为自己在大学"没学到什么有用的东西"，另有39.2%表示"念了四年，出来还是找不到工作"[②]。大量调查表明，当代大学生普遍缺乏学习目标、学习兴趣不足[③]，学习意义感低下[④]，且多数表现出被动顺应的学习行为特征[⑤]。另外，我国高等院校特别是地方院校大学生的学习投入现状并不理想，"学习目标模糊""学习动力不足"[⑥]是其主要症结。部分学者将这种现象归因于大学生就业难问题，进而预示了"新读书无用论"的抬头。[⑦] 可见，就业难背景下的教育效用贬值再次将"学习—就业"的衔接问题推上舆论的风口浪尖。大学生学习与就业之间的

① 参见林春霞.寒门学子缘何放弃高考？[N].中国经济时报，2011-08-30(2).

② 王胜军，焦婷婷.民调显示34.7%的受访者后悔上大学[EB/OL].(2006-08-14)[2021-03-27].http://zqb.cyol.com/content/2006-08/14/content_1477146.htm.

③ 参见詹宏伟，瞿亚辉.大学生学习动力不足与教育教学改革[J].黑龙江高教研究，2013(6)：174-176.

④ 参见史静寰，涂冬波，王纾，等.基于学习过程的本科教育学情调查报告2009[J].清华大学教育研究，2011，32(4)：9-23.

⑤ 参见鲍威.扩招后中国高校学生的学习行为特征分析[J].清华大学教育研究，2009(2)：78-87.

⑥ 鲍威.扩招后中国高校学生的学习行为特征分析[J].清华大学教育研究，2009(1)：78-87；陆春萍，赵明仁.大学生是如何学习的：学习投入的视角[J].高教探索，2012(6)：72-76.

⑦ 参见侯勇，徐海楠.教育效用僭越与价值复归："新读书无用论"的社会学分析[J].中国青年研究，2014(6)：77-81.

矛盾，是个人日益增长的物质文化需要与相对滞后的教育发展之间的矛盾，督促着教育对社会需求和个人发展的抉择与统合。

第一节　对高等教育的思考不能脱离社会背景

一、“人本化”既是社会方针，也是教育发展规律

坚持以人为本，是中国共产党十六届三中全会提出的一个新要求，是我国科学发展观的核心主张。目前，以人为本已成为各个领域发展进步的基本原则和追求目标。大学作为培养人的机构，不仅应遵循以人为本的基本理念，也应成为集中体现这一理念的表率，成为整个社会坚持以人为本价值观的先导。①

以人为本的价值观在高等教育领域表现在高等教育质量观由“教”向“学”的重心转移。随着高等教育大众化与知识经济时代的到来，国际上对高等教育日益重视，教育质量问题成为高等教育领域研究的热点。② 长久以来，“大学排行榜”以其权威和信誉被视为教育质量评价的一个标度，而哈佛大学前校长德里克·博克(Derek Bok)却指出大学排行榜并未真正带来教育质量改革。那么，如何解读“高等教育质量”？美国著名学者亚历山大·阿斯汀(Alexander Astin)提出了“基于才智发展的质量观”。关于大学生学习的理论及实证研究从20世纪80年代开始逐渐成为高等教育学术界热点论题。③

在此背景下，西方各国开始尝试将学生的学习质量导入高等教育评价体系。在美国，随着高等教育规模的不断扩张，传统的以院校自身目标为核心的评价体系受到抨击。人们逐渐意识到，只有学生学习的结果才是实质性地衡量高等教育质量的重要标尺。④ 英国高等教育质量保障署于2009颁布的《院校审

---

① 参见龙斧，刘经南.以人为本与现代大学管理、组织、文化机制的机理关系[J].高等教育研究，2014(7)：16-25.

② 参见潘黎，侯剑华.国际高等教育研究的热点主题和研究前沿：基于8种SSCI高等教育学期刊2000—2011年文献共被引网络图谱的分析[J].教育研究，2012(6)：136-143.

③ 参见龚放，吕林海.中美研究型大学本科生学习参与差异的研究：基于南京大学和加州大学伯克利分校的问卷调查[J].高等教育研究，2012(9)：90-100.

④ 参见熊耕.试析美国高等院校认证标准演变的逻辑：以中北部地区大学与中学协会的认证标准为例[J].比较教育研究，2004(7)：78-82.

核手册》强调了学生的学习与参与，将学生参与列为院校审核的一个核心要素，要求在院校层面采用严格的手段去改进学习机会质量的这一过程。[①] 自2011年起，该署采用院校评审的新型质量评估模式，更加凸显"以学生为中心"的高等教育质量观。澳大利亚高等教育质量与标准署将自身使命描述为"严格贯彻以学生为中心的思想指标，创造更优质的高等教育资源"，并采用大学毕业生"课程体验问卷"考察高等教育成效，将调查结果作为高等教育质量保障与改善的重要参考。[②]

近年来，随着我国对"充分调动学生学习积极性和主动性"的要求，国内学者也逐渐将关注点由以往的"供给者本位"转变为"需求者本位"。把握学生的多样化需求，了解学生的新型学习参与模式，成为理性认知高等教育机构发展定位、保障高等教育供需平衡的重要指标。

二、高等教育必须适应现代社会的多样化需求

教育的意义，不仅在于维系历史、传承文明，也在于反哺社会、创造未来。尤其在我国高等教育进入普及化阶段之际，高等教育的人才培养定位应从精英领袖的培养向发展适应社会的全民教育转型。史秋衡等指出，大学要培养什么样的人，并不完全由大学决定，还要根据社会的需求。[③] 社会作为高等教育的利益主体之一，其基本价值诉求就是追求贡献力，进而衡量高校人才培养质量的高低。同时，社会服务功能作为教育三大功能之一，不仅是衡量高等教育成败的关键指标，也是高等教育持续发展的必要条件。为社会培养、输送高质量人才是高等教育社会服务功能的最基本形式。对此，王爱萍指出，社会的价值诉求对高校人才培养的规格、培养过程以及质量评价都具有深远影响。[④] 其主要表现在以下两个方面：第一，社会需求已成为衡量高校人才培养质量的重要标准；第二，以就业能力为主的社会需求评价主导教育质量改革。

当代中国，教育仍然是重要的社会上升渠道，尤其是对弱势群体而言，教育

---

① 参见汪雅霜，杨晓江.英国高等教育质量管理的核心要素：同行评议·学生参与·文化培育[J].黑龙江高教研究，2012(5)：41-43.

② MCINNIS C, GRIFFIN P, JAMES R, et al. Development of the course experience questionnaire (CEQ) [R]. Melbourne: Higher Education Division, Department of Education, Training and Youth Affairs, 2001.

③ 参见史秋衡，汪雅霜.大学生学习情况调查研究[M].北京：教育科学出版社，2015：11.

④ 参见王爱萍.知识生产模式转型与大学生就业能力培养[J].高教探索，2011(5)：96-100.

仍然被认为是他们实现平等与发展目标的重要甚至唯一的途径。当被人们寄予期望的大学不能实现其理想时，人们对大学的质疑就不仅仅是枝节的或某一方面的问题，而是触及教育根本的问题。高学德强调，市场化促使我国大学重视作为教育消费者的学生的意愿和需求，其所提供的知识产品必须是“有用”的商品知识而非象征性知识。[①] 当供给方无法提供消费者所希望的具有实效性的结果或其可能获益的价值时，大学的正面形象便可能面临极大的风险。

随着知识经济时代的到来以及高等教育大众化的发展，社会对人才的价值期望与需求结构也发生了变化。大学生不得不走出“象牙塔”，去参与市场竞争，适应社会生活。然而，在知识社会中，传统的尤其是工业社会的知识价值观受到了强烈的冲击。越来越多的迹象表明，当今学校教育培养出来的受教育者难以满足或适应社会的需求。在此背景下，对高等教育的发展构想无法只驻足于教学模式或课程质量的完善与提高，而应从根本理念上对课程结构、教学体系展开探讨。

三、在市场化冲击下寻求价值平衡是高等教育的永恒课题

在市场化的冲击下，高等教育不断提高自身适应性和回应性，变得更加多元、灵活和实用。这在给传统的“象牙塔”中的高等教育带来巨大变革的同时，也引起了各国学者的热烈讨论，其中也不乏争论。人们担心，高等教育会在市场竞争中失去其作为人才培养机构的底线。

“现代大学制度”的建立意味着大学需要以前所未有的方式卷入社会生活。《国家中长期教育改革和发展规划纲要(2010—2020年)》首次明确将“建设现代大学制度”上升为国家意志。自此，探索大学的“现代性”成为我国高等教育改革的重要切入点之一。“现代性”是一个相对概念，正如推行科学研究、发展知识的洪堡理念对崇尚博雅教育与阐释、传播知识的纽曼理念的超越，以及以服务社会为己任的范海斯理念在威斯康星大学的应用是对洪堡理念“现代性”的发扬。可以看出，“现代性”在于与时俱进，在于大学由“象牙塔”走进社会、由社会边缘走向社会中心、由社会的附属机构转变为社会的主导机构。潘懋元先生曾诙谐调侃：“企业家”与“教育家”之间在为谁办大学、怎么办大学这一问题上

---

① 参见高学德.我国大学信任的历史脉络和现代意蕴[J].高等教育研究，2017(5)：9-13.

产生了观念上的冲突,胜出的都是"企业家"。① 这既是对当代教育的现代化宿命的形象阐释,也是对教育所面临的现实挑战的警示。对高等教育"现代性"的追求需要大学不断加强与社会的同频共振,同时也应为维持大学的相对独立性而时刻保持警惕,这样才能保持发展活力。

高等教育需要适应社会、贡献社会,同时也需要引领社会。这决定了高等教育不能一味地迎合社会或个体的需求。随着高等教育改革的深入,教育学家们围绕教育目标的确立展开了热烈的探讨,并逐渐演变为一场反思教育价值取向、倡导教育本体价值回归的热潮。这一现象的产生是在高等教育市场化冲击下对回归传统的呼吁,也体现了对大学校园中泛滥着的工具主义价值观的批判。根据2012年史秋衡教授主持的"大学生学习情况调查研究"的调查数据,有45.5%的大学生认为读大学是为了获得更高的学历,17.3%的大学生认为读大学的目标是获取更多知识,25.6%认为是为了拥有满意的经济状况,而仅有11.6%认为自己读大学是为了提升个人综合素质。② 更令人遗憾的是,2011—2014年连续四年的调查结果显示,每一年都有约1/4的大学生从未考虑过自己上大学的目标是什么。③ 嵇艳、汪雅霜的调查结果也证实,基于考试与求职的外在动机高于知识学习与探索的内在动机。④ 这样的现实不仅反映了我国大学生对待学习的功利、短视与不成熟,同时也残酷地告诉我们,当今高等教育的价值更多地体现在其选拔功能上,连人才培养体制"培养社会人"的工具价值都难以实现,距离教育学家们呼吁的"培养人"的本体价值回归更是相去甚远。

学生是学校存在并发挥价值的基础。因此,无论是高等教育的工具价值还是本体价值,都需要以激发大学生的积极认同和自主参与为前提。同时,大学生对学习的投入也依托于其自身对高等教育工具价值或本体价值的感知。建构主义认为,人建构自身的学习意义。因此,我们将着眼于就业困境下大学生学习问题,以职业生涯发展观为依托考察当代大学生学习价值建构方式,探讨大学生学习激励机制。在此,我们并不是推崇将就业作为学习动机的工具理性,而是希望以"就业—学习"问题为切入点,从社会问责的视角出发,反思高等

① 参见秦国柱.大学创新的前提与驱动力[J].复旦教育论坛,2008(2):34-37.

② 参见史秋衡,汪雅霜.大学生学习情况调查研究[M].北京:教育科学出版社,2015:520.

③ 参见史秋衡,汪雅霜.大学生学习情况调查研究[M].北京:教育科学出版社,2015:519.

④ 参见嵇艳,汪雅霜.学习动机对大学生学习投入的影响:人际互动的中介效应[J].高教探索,2016(12):23-28.

教育与社会环境、个人需求之间的互动模式，探索可能的优化路径。当今高等教育是否满足了个体不断多样化的发展需求？是否提供了适应并引领经济社会发展需求的教育内容？其作用是否被大学生认同与感知？这些问题不仅有助于我们思考高等教育将如何应对经济社会的人才需求，也能够为我国高等教育工具价值与本体价值的平衡发展提供现实依据。

第二节　大学生就业问题“拷问”高等教育

在高等教育普及化、人本化趋势日益显著的同时，大学的社会功用受到社会各界的广泛关注，社会问责机制日趋强化。世界银行发布的《2013 年世界发展报告》指出，就业是社会发展的基石，其回报远不仅限于经济收入，就减少贫困、让城市有效运作、为青年提供机会、提升社会凝聚力而言，就业至关重要。高学历失业不仅会造成严重的人力与物质资源的浪费，也会影响人们正常的教育投资与教育消费，为社会稳定发展带来无穷后患。

大学生就业困境是就业难问题在大学生意识层面的主观映射。20 世纪 90 年代以来，大学生就业问题一直牵动着人们的神经。每逢毕业季便如约而至的“史上最难就业年”“大学生就业再迎冰河期”等标题更是将大众对大学生就业的理解定格在了一个“难”字上。即便其间不断有政府及学者将大学生就业难问题解释为大学生就业意识问题抑或结构性问题，即便目前我国大学生就业形势趋向回温，是否存在真正意义上的“大学生就业难”问题也有待商榷，但不可否认的是，大学生面对就业所产生的“困境”依然存在。可见，大学生就业难问题作为促进大学生社会化发展、保障民生与社会稳定的基本命题，近 20 年来不仅广泛活跃于相关高等教育人才培养与市场建设的公共讨论中，也是公众舆论关注的焦点。这形成了两种关于“就业难”的解释模型，一种源于政府与学者的官方证言，另一种则产生于大众传媒对公众关注的迎合。而正是由于这两种解释模型中存在的交叉与矛盾未被清晰认知和界定，导致“大学生就业难”话语结构中所蕴含的价值判断与知识体系成为一种“不言而喻、不证自明的公理”，至今影响着人们对大学文凭的价值判断，甚至对学习的意义建构以及对学习内容与参与方式的取舍和权衡。

在系谱学与话语理论视角下，“大学生就业难”是基于若干话语形式而形成的有关大学生就业难的总体陈述，既不存在关于"大学生就业难"的整全知识，也不存在永恒不变的"大学生就业难"认知体系。一切有关"大学生就业难"的知识都是受特定阶段、特定认知结构限制的。正如无论政府如何强调"大学生就业难"仅仅是结构性问题，无论相关学者如何证实"大学生就业难"背景下高等教育依然保持着相对乐观的回报率，但仍有民众，尤其是处于相对不利境地的社会群体将"大学生就业难"作为"读书无用"的现实依据，也仍有大学生在付出了高昂的机会成本之后为此质疑大学学习的意义。诚然，"大学生就业难"确实辜负了人们对"上大学"的美好预期，并在一定程度上造成了人们教育信仰的崩塌，但同时也成为反思高等教育价值定位以及改革方向的重要契机。统筹分配时代的"铁饭碗"已成历史，"上大学"不再象征着"衣食无忧"，更别说"出人头地""加官进爵"。即使上了大学，也需要面对市场经济严酷的选拔与淘汰。时至今日，人们虽然已经逐渐接受了大学生就业面临的激烈竞争，但他们对教育回报率的热情却从未降温。越来越多的人将关注点转向了高等教育在市场竞争中的价值功用：如何最大限度地挖掘大学的边际效益、实现大学"红利"的最大化？换言之，如何学习、学什么才能带来更多的回报？这一民生诉求反映在宏观层面，便是如何整合社会需求、个人需求与教育需求之间的关系，才能使大学更加充分地发挥其教育价值？

一、高等教育回报率相对性下跌

近年来，我国高校学费不断上涨，尤其在 2012 年大学学费限涨令到期以后，全国各地纷纷上调学费。其涨幅之大，甚至被戏称为"报复性上调"。中国青年报社会调查中心于 2016 年通过民意中国网和问卷网对 2000 人进行的一项在线调查结果显示，14.5％的受访者认为当前大学的学费非常高，61.5％的受访者认为比较高，且有 33.5％的受访者表示不能接受任何涨幅。关于反对学费上调的理由，34.5％的受访者认为读大学收益降低，就业形势严峻。[①]

一方面，已有研究显示，我国高学历失业现象主要为结构性失业。改革开放以来，我国经济迅猛发展，经济结构也随之发生了巨大变化。然而现有劳动力尤其是大学毕业的高学历人才的知识、技能、观念等无法及时做出调整以适

① 参见王品芝，王永琳.76％受访者认为当前大学学费较高[EB/OL].(2016-07-18)[2021-03-27].http://zqb.cyol.com/html/2016-07/18/nw.D110000zgqnb_20160718_2-04.htm.

应这种变化。部分大学生就业要求偏高，看重高薪、稳定的工作，对基层就业兴致不高。大学生的就业意向与人才市场的岗位需求之间的矛盾，导致了部分大学生“有业不就”，影响了人才资源的有效配置。与此同时，我国尚未得到充分完善的产业结构也限制了大学毕业生的就业容量，增加了高学历人才的就业压力。以往研究认为，不完善的市场要素和不健全的市场环境都是导致大学生就业困难的重要原因。[①] 尽管在政府和教育主管部门的积极引导下，近年来大学生就业率实现了一定程度的提高，但不断膨胀的毕业生基数仍然体现出大学毕业生“就业难”的窘境。

另一方面，大学生素质能力与市场需求脱节造成的“无业可就”问题也日趋显著。大学生素质能力与就业市场的脱节主要由两方面原因造成。首先，我国部分高校的专业设置与教育体制不符合市场需求。武毅英指出，高等教育的“精英定位”不符合社会的“大众需求”。其中，教育结构单一、培养目标定位不清、课程改革滞后等都是重要因素。[②] 曾湘泉认为，高校培养中最突出的问题是教学脱离企业需求，导致大学生所学的理论脱离实际。[③] 其次，高等教育大众化也在一定程度上导致了高校毕业生整体质量的下降。自 1999 年高校扩招以来，我国高校毕业生逐年大幅增加。2002 年，高等教育毛入学率首次达到 15%，进入大众化阶段。此后，大众化趋势更是日益明显。截至 2017 年，大学毕业生人数已由 2002 年的 145 万人上升到 795 万人，增长近 4.5 倍。各大媒体争相报道“大学毕业生再创新高”的同时，“史上最难就业季”也成为每年毕业季的“标配”话题。马丁·特罗(Martin Trow)教授指出，高等教育大众化促使一部分进入高等教育阶段的学生文化水平、共享知识和读写能力降低，他们没有准备，也比以前更不喜欢读书，因而已引发了许多问题。[④] 对此，曾湘泉指出，大学生就业难的深层次原因主要是高校毕业生的就业能力与用人单位的实际需要有很大差距。[⑤] 宋国学通过调查表明，大学生具备的学习技能与“社会认可的

---

① 参见喻名峰，陈成文，李恒全.回顾与前瞻：大学生就业问题研究十年(2001—2011)[J].高等教育研究，2012(2)：79-86.

② 参见武毅英.转型期的大学生就业问题与对策[M].广州：广东高等教育出版社，2009：135-166.

③ 参见曾湘泉.“双转型”背景下的就业能力提升战略研究[M].北京：中国人民大学出版社，2010：215-254.

④ 参见特罗.从大众高等教育到普及高等教育[J].濮岚澜，译.北京大学教育评论，2003(4)：5-16.

⑤ 参见曾湘泉.“双转型”背景下的就业能力提升战略研究[M].北京：中国人民大学出版社，2010：215-254.

职业能力"匹配度较低。① 总而言之,无论依据客观事实还是出于舆论建构,回报率的相对性下滑在很大程度上反映出当前我国高等教育在引领社会发展方面发力不足,也难以实现个体对"美好生活"的向往。

二、学历膨胀危机下的价值迷失

随着高等教育回报率的下降,大学生知识价值观经历了由追求知识的纯粹价值向追求知识的应用价值不断演变的过程。周志强、亓晶指出,随着高等教育升迁性社会流动功能的减弱,大学生知识价值观逐渐呈现出以就业为导向的实用主义倾向。② 他们认为:这种"漂移"现象产生的根源是跨越式发展带来的现代性焦虑,知识供给主体在提供价值与催生价值之间的失调,知识、资本、权力之间的共谋关系强化实用倾向,现有知识逻辑下知识生产、传播与应用的逻辑缺陷,以及应试教育模式下知识功利性价值的过度合理化。当高等教育提供的知识及其背后的价值理念出现偏移,整个高等教育重心向"实用"倾斜时,就必然会诱致大学生知识价值观的"漂移"。

中国人自古奉行"学而优则仕"的"读书有用论",将仕途利益作为学习的动机与意义所在。一旦失去了利益价值,对学习的投入便失去了原有的动力基础,就业前景不明朗造成的"读书无用"观念便成为必然。教育部公布的数据显示,2009—2012 年,近 300 万高中生放弃高考;2008—2013 年,我国高考考生人数连续 5 年下降,放弃高考人数激增,其中大部分是来自农村地区的寒门学子。事实上,逐年增加的未就业大学生人口中,资源相对匮乏的贫困大学生在就业方面遭受的损失更加触目惊心。高学历失业人数逐年增长的同时,接受高等教育的成本却不断提高。而我国差序格局中资源配置的公平性存在盲点,农家子弟在社会结构中社会资本相对缺乏,在社会关系格局中获取资源配置的公平性大打折扣,代际传承和阶层固化进一步加剧了寒门学子求职的难度。③

在大量农村学生放弃高考的同时,大学在校生的学习乏力问题也广受关注。"读书无用论"不仅影响着大众升学意向,也打击着大学生的学习热情。④

---

① 参见宋国学.基于可雇佣性视角的大学生职业能力匹配性分析[J].现代教育科学,2011(3):34-37.

② 参见周志强,亓晶.从纯粹到实用:大学生知识价值观的"漂移"与审视——以就业为导向的现实倾向分析[J].中国青年研究,2018(3):91-96.

③ 参见侯勇,徐海楠.教育效用僭越与价值复归:"新读书无用论"的社会学分析[J].中国青年研究,2014(6):77-81.

④ 参见庞明礼."新读书无用论"与大学生就业压力相关性研究[J].高校教育管理,2013(2):110-115.

“毕业等于失业”“学得好不如嫁得好”“学好数理化,不如有个好爸爸”等消极意识不断侵蚀着年轻一代的学习观。这一问题的背后同样存在教育价值选择的困境。[①] 由此,“读书无用论”现象在社会中沉渣泛起,并一度成为舆论的焦点。在高学历失业与价值困境的双重危机下,大学生学习动力不足、学习目的不明确等问题不断冲击着现有的高等教育人才培养体系,给高素质人才的培养带来巨大的挑战。

“新读书无用论”的广泛传播侵蚀着包括大学生在内的广大人民群众对学习与就业的积极认知。这在一定程度上动摇了我国高等教育的价值根基,引发了教育价值危机,促使我们不得不反思就业与学习的关联性、关注就业对大学生学习的影响。教育对人生幸福的关注决定了教育必须促进个人对社会生活的积极参与。其中,个人对社会的重要参与形式之一就是就业。如果与社会参与的关联性无法得到有效保障以及充足认知,就会导致教育公共价值的丧失,“读书无用论”也将成为必然。同样,倘若现今的教育过度着力于开发个人的经济潜能,忽视公民教育的本质,便会进一步促进功利主义学习观的合理化,为“读书无用论”的滋生繁衍提供温床。因此,我们需要对学习与就业的关系进行辩证性思考,在此基础上探究二者达成平衡的途径。

高等教育能否为社会提供其所需要的高素质人才,也关系着社会的发展快慢与人类幸福与否。作为美国顶尖研究型大学领导人物之一的哈佛大学前校长德里克·博克曾旗帜鲜明地提出要把“为就业做准备”作为大学本科教育的重要目标,认为通过高等教育为学生做好就业准备是现代大学不可回避的社会责任。[②] 2008 年亚太经济合作组织第四次教育部长会议中也提出,教育必须为满足企业及其工作所需的新能力和新要求而做出新的努力。[③] 联合国教科文组织国际教育规划研究所首任所长、美国学者菲利普·库姆斯(Philip Coombs)将“教育与就业的矛盾”定义为“旧危机”。[④] 其主要表现为课程内容过时,教育与社会发展不适应等。而“新危机”则是指人们对教育失去信心,教育中人文价值

① 参见龙安邦.教育价值选择的困境与对策:解读新“读书无用论”[J].河北师范大学学报(教育科学版),2009(8):24-28.

② 参见博克.回归大学之道:对美国大学本科教育的反思与展望[M].侯定凯,梁爽,陈琼琼,译.上海:华东师范大学出版社,2008:169.

③ 参见周满生,陆瑜.聚焦 21 世纪人才基本技能的培养:美国的政策转换与实践[J].北京大学教育评论,2009,7(2):110-117,191.

④ 参见库姆斯.世界教育危机[M].赵宝恒,李环,等译.北京:人民教育出版社,2001:3.

失落,教育被彻底工具化,表现为教育本体的危机。对此,我国学者闫广芬等指出,旧危机必定导致新危机的出现,而大学生就业困境既是旧危机的表征又深层次地影响着新危机的产生和发展。[①] 因此,以就业困境为切入点考察大学生对就业与学习关联性的主观建构,既有利于考察大学生学习价值认同与行为决策的形成机制,也有助于把握教育工具化的程度,从而反思当代高等教育与市场之间的关系。

① 参见闫广芬,吴俊.大学生就业背景下的美国高等教育改革及其启示[J].中国高教研究,2011(5):49-52.

第二章　大学生就业困境背后的文化脉络

第一节　中国教育的功利化困境

进入现代社会，知识权力的分配方式逐渐由集权垄断走向多元共享。然而我国教育垄断问题仍较突出。保守封闭的知识生产环境催生排他与傲慢，成为教育功利化繁衍的温床。无论是侵蚀学习主体性的应试教育，还是一味求全求大的扩张型办学理念，抑或"实用唯学、急功近利"的工具主义教学观，都昭示着我国教育体系所面临的功利化困境。面对信息化与市场化的挑战，我国教育体系亟须对其知识权力运营模式进行重新定位，以化解功利化对教育本体价值的侵蚀。对此，本书从教育权力配置的角度探讨教育功利化的生成原理与演化机制，并在此基础上对如何化解我国教育功利化问题展开讨论，希冀为理解我国大学生生涯发展和学习决策背后的体制结构和文化渊源提供参考依据。

一、权力介入：教育功利化的生成原理

关于教育权力的来源，金生鈜曾指出："教育权力的合法性来自求教育者及其共同生活。为了教育生活的展开和平等的自我创造的实现，求教育者把自己的一部分权力让渡出来，由教育权力来维护使每个人的自我通过言行得以展现的教育公共生活的空间，来实现教育对个人的自我实现的引导。"[①]然而现实中，

① 金生鈜.规训与教化[M].北京：教育科学出版社，2004：190.

个人并非向教育"让渡"权力的唯一主体。国家、市场等宏观权力主体同样通过赋予教育权力以实现自身利益。美国学者玛莎·努斯鲍姆(Martha Nussbaum)在《告别功利:人文教育忧思录》中就提出"功利性教育"的理论概念,认为功利性教育是指以国家发展与经济增长为主要目标的教育发展模式,主要体现在教育商业化严重、重经济而轻人文、视学校如职业培训机构等方面,并指出教育权力分配问题中国家主义的盛行是导致功利性教育的根源所在。① 同样,约翰·杜威(John Dewey)的"教育无目的论"与艾米·古特曼(Amy Gutmann)的"审议民主教育理论"也就宏观干预对教育功利化的影响展开了批判。可见,教育功利化的生成原理之一在于宏观权力对教育领域的过度介入。

现代社会中个人权利意识的过度膨胀是导致教育功利化生成的另一个重要维度。在自由主义思潮的影响下,国家权力的垄断地位受到威胁,现代社会的权力结构逐渐呈现微观化倾向,个人权力在社会变革中也逐渐被放大。尤其在教育领域,现代教育权力的正当性普遍诉诸个体自愿基础上的社会契约,个人对现代教育的影响力日益凸显。然而,公共危机的缓解与公共信仰的缺失导致了个人权利意识的过度膨胀,进而加速了个人功利主义价值观向社会各领域的渗透,造成整个社会的"泛功利化"。在此文化情境下,教育功利化也就在所难免。当前我国教育体系中"精致的利己主义者"的大量产出,以及"实用唯学"的功利主义教育观的盛行,正是个人过度膨胀的权利意识与教育功利化之间互动的产物。可见,个人权力的过度膨胀非但不能引导教育回归"培养人"的本体价值,反而借由"自我实现"包装下的功利主义价值观形成一股文化暗流,成为教育功利化的内在驱动力。

综上所述,现代教育一方面受到国家与市场等宏观权力的过度干预,另一方面受到过度膨胀的个人权力的内在驱动。由此,多元利益主体的权力介入模糊了教育权力边界,导致教育迷失本体价值而逐渐陷入功利主义窠臼。

二、权力依附:教育功利化的演化机制

教育功利化的生成原理反映出宏观权力的过度介入与微观权利意识过度膨胀下社会功利化向教育领域的延伸。虽然随着社会生产的日趋复杂化,教育

① NUSSBAUM M C. Not for profit: why democracy needs the humanities [M]. Princeton and Oxford: Princeton University Press, 2010:10.

逐渐从对生产实践的完全依附中得到解放，但其独立地位始终受到多方权力交织下社会功利化的侵蚀。其间，教育万能主义承载着多元利益主体对教育的期望，为外在权力介入下的教育功利化提供了主观契机。

（一）“教育万能”：教育功利化的发端

虽然教育万能理论成型于十七八世纪，但在西方，其思想渊源可以追溯至柏拉图（Plato）的《理想国》。柏拉图在《理想国》中提出“哲学王”理念，认为“人若受过真正的教育，他就是个温良、最神圣的生物；但是他若没有受教育，或受了错误的教育，他就是一个世间最难驾驭的东西”。“好教育一定产生好国民，好国民得到教育一定更好。所以教育是增进国家福利的唯一方法，教育是国家的基础。”[①]经过约翰·洛克（John Locke）、克劳德-阿德里安·爱尔维修（Claude-Adrien Helvetius）以及罗伯特·欧文（Robert Owen）等人的理论阐发，逐渐形成了教育万能论理论体系。教育万能论以先赋平等论与环境决定论为前提，主张教育不仅能够塑造人，而且能够塑造社会。[②] 虽然该理论因忽视了人的先天性差异、主观能动性以及教育资源的限制而具有明显的理论局限性，但不妨碍其作为教育史上最具影响力的教育思潮之一，至今仍潜移默化地吸引着个人与社会不断将自身需求寄托于教育投入。

教育万能主义虽理论化于西方，但在我国却有着悠久的历史。我国自古传承以“学以成人”实现“修齐治平”的出世主义教育哲学。曾子提出“古之欲明明德于天下者，先治其国；欲治其国者，先齐其家；欲齐其家者，先修其身”（《礼记·大学》），认为世界的改造在于个人素养的提升。孟子更是将人的精神修养与天道结合，指出“人有恒言，皆曰，‘天下国家’，天下之本在国，国之本在家，家之本在身”（《孟子·离娄上》）。儒家思想将外部世界视为人的内部世界的扩展与延伸，因此主张以教育主导的内在修养的提升推进外部世界的发展。“学而优则仕”的教育信仰为教育万能主义思潮在我国的扩张与渗透埋下了伏笔。当前，社会共同价值体系的相对淡化反而强化了社会对教育的依存心理，人们对美好生活的向往及社会分工对专业技能的需求更是进一步推进了教育权力的扩张。自 20 世纪 80 年代以来，我国教育功能泛化现象凸显，相继出现了“上层建筑

---

① 夸美纽斯.大教学论[M].傅任敢，译.北京：教育科学出版社，1999：27.

② 参见北京大学哲学系外国哲学史教研室.十八世纪法国哲学[M].北京：商务印书馆，1979：434-439.

说”“生产力说”“多重属性说”“育人说”“个体社会化说”以及“文化传承说”等多种阐释路径，其中尤以兼顾社会价值与个人价值的“多重属性说”占据主要地位。[①] 在此基础上，教育不仅被赋予政治功能、经济功能，还兼具生产功能、文化功能、生态功能、个体发展功能以及人口优化、科技发展、社会发展等功能。[②] 然而，正如德国社会学家尼克拉斯·卢曼(Niklas Luhmann)所指出的：“那些将系统功能泛化的行为，非但不能说明系统的真正功能所在，反而会造成模糊。”[③]教育承载着人类进步、国家兴亡、社会发展以及个体自我实现等多重利益诉求，在多元利益主体的权力介入中膨胀、扭曲，最终陷入了功利主义窠臼。

教育万能主义思潮下多元利益主体的权力介入导致教育不得不去承担超出其能力范围的职责，以致偏离了本质属性而逐渐异化为回应社会无限需求的工具。教育目标方面，教育万能主义将社会对人才的选拔以及人的成败全权交付给学校，以学校课程的有限知识衡量人的才智与德行，由此衍生出唯学历主义的成才观以及唯成绩主义的育人观，从根本上扭曲了教育全面育人的本体价值。教学实践方面，教育万能主义促使人们将学生成绩完全归因于学校教学，进而造成了学生学业成败完全取决于学校教学能力高低的认知偏误。由此，学生成绩成为考核学校教学水平的基本甚至唯一标准。这迫使学校不得不将全部精力集中到学生的学业成绩上，甚至不惜为了提升成绩而挤占学生其他发展空间。学校生活方面，教育万能主义将人的心智成长全面归责于教育，要求学校不仅关注学生的学业成绩与在校行为规范，更要为学生的心理健康和未来发展全权承担责任。然而，学校教育的权力边界决定了其无法对学生的一切成长环节实施全程干预，更难以介入个人的原生环境与精神空间。因此，学校在社会期待与现实困境之间逐渐发展出一套超越教育权限的意识管理体系，希冀通过学生言行仪态的细节化、统一化管理筛除“异类”。生涯指导方面，教育万能主义更是沿袭“学而优则仕”的传统价值理念，将个人的社会地位、财富成就统统寄希望于教育，主张通过勤学苦读实现个人“价值”，由此导致了教育的工具化、知识的障碍化以及人的价值异化。要而言之，由于缺乏对教育权力边界的合理认知，教育万能主义将有关人的一切问题归责于教育，迫使教育不得不采取超出自身本职权限的功利化手段迎合多样化的社会需求，因此导致了教育本

① 参见冯建军.中国教育哲学研究：回顾与展望[M].北京：北京师范大学出版社，2015：89-98.

② 参见燕国材.“教育功能泛化”刍议[J].探索与争鸣，2003(6)：43-44.

③ NIKLAS L. A sociological theory of law [M]. London: Routledge & Kegan Paul, 1985: 201.

体价值的迷失，进而引发了社会对教育“万能神话”的质疑。

（二）“教育无用”：教育功利化的激化

人们越是笃信“教育万能”，越是容易在“教育非万能”的现实中走向“教育无能”的极端。20世纪80年代中期，我国进入改革开放后的社会转型期，教育由于难以适应社会环境的巨大变革而遭受质疑。当学历膨胀削弱了教育的筛选功能，“知识爆炸”推翻了教育对知识的垄断，技术革新使曾经引领时代发展的教育逐渐落后于时代时，原本在贫困无知、权威主义盛行的时代利用文化落差与自身经济效应得以成立的“教育万能神话”逐渐被“读书无用论”所替代。可见，“教育万能神话”的破灭并未迎来理性的和解，反而以“教育无用论”的形式走向另一个极端。在此背景下，文化落差与经济效应的逐渐隐性化导致教育失去了往日的权威，市场中的“顾客”开始以自身的功利性需求或正向推动或反向倒逼教育改革，学校在社会各利益主体的多样化需求下逐渐沦为服务机构。裹挟于权力膨胀与权力丧失的夹缝之间，教育为重写“万能神话”而不得不踏上了寻求权力依附的功利化道路。

为了摆脱“教育无用”的污名，重写“万能神话”，教育不得不在权衡国家、社会、市场与个人之间权力关系的基础上既保证自身作为社会机构的正常运行，又回应社会多元利益主体的现实要求。一场为国家、为社会、为未来、为人类的“教育神话”再造运动由此展开。首先，为了回应国家对教育发展的要求，学校之间围绕国家权力设置的诸多符号资本展开了激烈的竞争。资源的不均衡配置产生了断崖式分层结构，僵化的教育评估标准造成了学校之间同质化发展。学校之间为了争夺符号资本带来的丰厚利益而不断扩大规模、充实硬性指标，却因此忽略了育人功能的提升。其次，为了回应社会对“有用”人才的需求，“实用唯学”的功利主义教学观受到强化，教育的社会选拔功能日益凸显。以人才筛选为目的的教学理念通过唯分数主义将知识与人划分为三六九等，并依据当代社会分工不断细化专业类别，导致教育沦为“异化”人的工具而非全人发展的阶梯。再次，为了给未来做准备，教育忽视儿童当下成长需求，导致儿童的发展与现实割裂，使儿童不得不服从外在的目的，以牺牲当下来获取“未来的回报”。在等级化与同质化的教育体系中，代表符号资本的学历成为国民竞相争夺的升迁砝码，以致教育内容、教学环境甚至自身发展需求与学业期望沦为人们教育决策的次要因素。最后，“教”的权力弱化与“学”的权力扩张促使学校不得不迎合学习者的多样化需要,同时也进一步导致教育职能的无限延伸。基于人自身的功利化发展需求,教育一方面呼吁素质教育改革、宣扬人的主体性地位,另一方面又通过垄断社会上升机会强化竞争意识与匮乏心理,形成了教育功利化与人的功利化相互助长的互动机制。总之,当万能主义遭遇信任危机时,教育的功利化路径由被动适应转向主动参与。由此,发端于教育万能主义的教育功利化取向在"教育无用"的污名下得到进一步激化。

(三)"膨胀—丧失—依附":教育功利化的循环逻辑

对环境决定论的推崇以及对人的主观能动性的忽视决定了教育万能主义的本质在于对人的同化,在于通过多方利益的共同作用培养驯顺的人。因此,奉行教育万能主义只会导致教育沦为社会的同化工具,推进其功利化进程。面对"适应社会"与"引领社会"、"竞争力提升"与"人格形成"、"民族传承"与"科技创新"、"国家利益"与"个人发展"等多方利益需求,"万能神话"裹挟下的教育努力维系着其间微妙的平衡。然而,在公共信仰缺失、价值文化多元的现代社会,唯竞争情境与匮乏心理导致人的工具化与知识的障碍化不断升级。失去了共同理想的宏观引导,教育难以抵抗万能主义驱使下多元利益主体的权力介入。由此,教育权力在多方利益主体的权力"让渡"中不断"膨胀",教育边界日益模糊。这为教育功利化埋下了伏笔。

如果说教育万能主义思潮下教育权力的膨胀只是其功利化的发端,那么,将教育置于权力"丧失"危机之中的"教育无用论"则进一步激化了教育功利化进程。对教育万能主义的盲目追求导致价值虚无主义困境下的人与教育互为工具。在此背景下,多元利益主体在教育权力分配上相互博弈、相互利用,一面赋予教育万能的权力,一面又迫使教育为其"无能"承担后果,最终导致教育在多方权力撕扯之下异化为以"发展"之名行短视之实的生产工具。为了摆脱"教育无用论"下的权力"丧失"危机、再造"教育万能神话",教育不得不迎合多方利益主体的需求,通过知识权力与上升机会的垄断实现自身工具价值。由此,教育由对外部权力介入的被动适应转向主动"依附",进一步向功利化迈进。

追溯往昔,中国教育先唯政治论、唯生产论,后唯人本论,最后终于注重教育多功能的全面发挥,却又不分主次、全面出击,导致在有限的资源下学生全面低水平发展、社会经济文化需求低水平满足,因此造成社会各方面对教育"无用”的批判。[1] 从“学而优则仕”到“知识改变命运”再到“多读书不如多养猪”的价值嬗变，不仅反映了人们对教育工具化效用的重视，同时也折射出“对其应有价值合理性的忽视”[2]。由于缺乏统一的社会使命以及明确的目标导向，周旋于多方利益之间的教育难免陷入众口难调的权力博弈困境，最终在各利益主体的撕扯下进一步迷失于价值黑洞之中，因而不得不“依附”外部权力来填补价值空洞。因此，裹挟于“万能”与“无能”之间的教育在权力的“膨胀—丧失—依附”循环路径下不断重蹈功利化的覆辙。

第二节　学“何”以成人：儒家教育哲学的实践逻辑

打破西方在中国教育领域的文化霸权，建立符合中国文化特色与发展逻辑的教育价值体系，是中国高等教育本土化发展的必由之路。尽管早已脱离了“西学东渐”的完全被动模式，但中国的高等教育本土化之路依然问题不断、矛盾丛生、收效甚微。其根本原因在于我们缺乏一个完善的价值理念来引导中国教育体系对抗西方价值体系的文化侵蚀，这导致我国教育目标的分裂，并造成课程的松散与混乱。[3] 对此，有关学者援引传统儒家教育哲学，以文化溯源的方式澄清儒文化圈特有的教育价值理念，为中国高等教育本土化研究提供了理论基础。但传统儒家教育哲学如何照进现实，又如何在多元文化共生的时代丰富发展、守正创新，仍需我们进一步探索。

一、“中国学习者悖论”与儒家教育哲学的启示

20世纪末，澳大利亚学者约翰·比格斯(John Biggs)提出“中国学习者悖论”[4]，以指涉中国学习者在刻板传统的教学模式下内在动机不足、缺乏批判精

① 参见雷鸣强. 教育的万能、无能、本能：对教育功能、价值认识的反思[J]. 南京师大学报(社会科学版)，1996(2)：46-51.

② 侯勇，徐海楠. 教育效用僭越与价值复归：“新读书无用论”的社会学分析[J]. 中国青年研究，2014(6)：77-81.

③ 参见张红霞，吕林海. 如何走出“中国学习者悖论”：中西方教育哲学的双重价值及其统合[J]. 探索与争鸣，2015(10)：87-93.

④ BIGGS J B. Western misconception of the Confucian heritage learning culture [M]//WATKINS D A, BIGGS J B. The Chinese learner: cultural, psychological and contextual influence. Hong Kong: Comparative Education Research Centre, the University of Hong Kong, 1996: 45-67.

神、不善学术互动却仍能保持优秀学业成绩的"矛盾现象"。"中国学习者悖论"的提出颠覆了西方教学实践体系中将外在动机与内在动机、浅层认知与深层认知、保守沉默与踊跃发言相对立的二元话语逻辑,因而引发了东西方学者对中国学习者学习特质的热切关注,掀起了讲述中国教育故事的热潮。

儒家教育哲学为理解"中国学习者悖论"提供了理论依据。针对中国学习者在认知策略、学习动机以及学业表现等方面表现出的多样性、复杂性、混合性特征,华人学者李瑾沿用中国传统学习理念做出了系统的解释,证实了儒家文化圈"美德导向型"学习理念不同于"心智导向型"西方价值体系的治学态度、行为方式以及其中的文化内涵与优势。① 在此基础上,海内外华人学者从深度和广度两个层面对中国学习者的学习美德进行了挖掘与拓展。其中,张红霞以"大历史"视角对"美德导向"学习理念进行了更深层次的追根溯源,提出其本质在于"人口与资源冲突"。② 卡罗尔·陈(Carol Chan)等结合中国传统价值理念及其现代性变革开发出21世纪中国学习者学习特质的解释框架。③ 张华峰等人在儒学价值理念下建立了"中国大学生主体性学习解释框架",从认知策略、学习动机以及互动原则三方面考察中国学习者的学习特质。④ 吕林海则以大学生的"课堂沉默"问题为切入点,指出"课堂沉默"并不影响学生对学习的思维参与,其内在机制在于中国传统的"中庸"思维与"沉默是金"的美德理念,以此勾勒出中国学习者独特的成长画卷。⑤ 将中国传统价值体系纳入教育实践解释框架不仅提升了华人学者在教育哲学领域的话语权,也为中国高等教育的本土问题研究提供了理论基础。然而,教育哲学只有通过对教育实践的反思、批判与指引才能得到有效落实。⑥ 这决定了教育哲学不仅是本国历史经验的凝练,也要与当前社会现状以及未来发展趋势相适应。而教育实践作为教育哲学的"实

---

① 参见李瑾.文化溯源:东方与西方的学习理念[M].上海:华东师范大学出版社,2015:42.

② 参见张红霞."美德导向"的根源与前途:"中国学习者悖论"再考察[J].复旦教育论坛,2019(1):53-67.

③ CHAN C K, RAO N. The paradox revisited: the Chinese learner in changing educational contexts [M]//CHAN C K, RAO N. Revisiting the Chinese learner: changing contexts, changing education. Hong Kong: Comparative Education Research Center, the University of Hong Kong, 2009: 315-350.

④ 参见张华峰,史静寰.走出"中国学习者悖论":中国大学生主体性学习解释框架的构建[J].中国高教研究,2018(12):31-38.

⑤ 参见吕林海.中国大学生的课堂沉默及其演生机制:审思"犹豫说话者"的长成与适应[J].中国高教研究,2018(12):23-30.

⑥ 参见冯建军.中国教育哲学研究:回顾与展望[M].北京:北京师范大学出版社,2015:82.

验室”，肩负着检验其合理性的职责。因此，探讨儒家教育哲学在当今社会的价值体现与发展前景，需要从教育实践中寻求依据。秉承扎根历史、面向未来的文化发展理念，我们希冀通过传统教育哲学与当代教育情境的碰撞为理解大学生生涯发展与学习决策背后的文化渊源提供些许启示。

二、儒家教育哲学的实践逻辑

儒家教育哲学既是理论哲学，也是实践哲学。它不仅在人性论的基础上辨析“心”与“理”、“知”与“行”的理论关系，也对具体情境下的教育实践做出了细致规范。本书以“何以成人”“学何成人”以及“何以学而成人”为基本设问，从实践目标、实践路径与实践策略等三个方面考察东西方教育哲学指导下的不同教育实践框架，从中提炼儒家教育哲学特有的实践逻辑。

（一）实践目标：追求真理与内圣外王

西方哲学的志趣在于求真，因此注重探索世界的真理；而东方哲学的志趣在于求善，故而追求天人合一的内心境界。① 西方文明起源于对真理的不断追寻。自古希腊时起西方人就对“唯一真”抱有虔诚的信仰，企图通过终极真理获得至高的满足。虽然传统西方哲学同样具有浓厚的德性论意蕴，但道德的知识化倾向形成了追求真理的理性主义文化传统。② 这种理性至上的哲学观统治了西方文化两千年。不同于西方文明对真理的追求，东方儒家哲学奉行成善成德的“立志德性”论，并以此奠定了中华民族两千年来“学以成人”的教育准则。孔子以“泛爱众，而亲仁”作为治学之根本，孟子以“虽存乎人者，岂无仁义之心哉”的诘问阐明了其性善论主张。儒家教育哲学提倡“入乎其内”的教育方式，将教育价值建立在“以天下为己任”的经世情怀之上，主张在自我提升的基础上“博施于民而能济众”，以内圣与外王的统一实现个人价值的最大化。可见，儒家教育哲学秉承儒家文化中立德、立功、立言的社会化目标，在学习理念的建构中着重强调学习之于“仁”的意义，将修身立志的“内圣外王”思想作为学习者的终极追求。虽然这一过程肇始于他律性的学习态度规范，但儒家教育哲学始终强调随着个人的立志逐渐实现学习的自律，体现出“为己之学”的哲学意涵。因此，

① 参见李鑫.中国传统哲学与本土管理研究：讨论与反思[J].管理学报，2013(10)：1425-1433.

② 参见李富强.“德性的理智主义”：张君劢哲学思想论析[J].理论界，2019(5)：31-38.

在儒家教育哲学的"立志德性"论中,人无疑是处于主体性地位的。

然而,上千年的集权统治导致知识分子的理想主义出世观沦为社会等级化的政治工具,平民阶级的实用主义价值取向更是加深了儒家教育实践目标的世俗化。儒家学说提倡的"父子君臣"等级制度以及"大同世界"的治国理念符合以农业文明为基础的专制制度的延续,因此得到统治阶级的大力推崇。在此基础上,"立志德性"论引导下的儒家教育"将道德修养、学术成就、政治势力、社会地位和经济获益一举空前地合并在一起,导致了学习在中国文化里无上的优越性,而且更强化了其无可非议也不容商榷的价值"①。"内圣外王"的教育实践目标在集权体制下被当权者利用为笼络知识分子的政治工具,科举制度的导入将民间对"圣"的崇敬世俗化为对"王"的追求,衍生出带有强烈功利主义色彩的民间儒学。直至今日,儒家教育理念对学习优越性的推崇仍体现在现代社会教育情境的方方面面,秉承民间儒家功利主义价值观的中国学习者对现实利益的追求也得到了诸多证实。②

(二)实践路径:探索世界与正身守己

作为东西方文明的发源地,中国与希腊都秉持着古老的探究精神,但这种探究精神并没有完全遵循着相同的模式延续下来。东西方教育哲学在实践路径方面的根本差别体现在对人与世界之间的关联和矛盾的处理方式。在探求真理的目标驱动下,西方价值体系兼顾对内部世界与外部世界的探索和改造,发展出自然科学、社会科学、人文科学三足鼎立的科学体系。相对于西方的学科划分与思想林立,古代中国虽也经历过百家争鸣时代,但最终还是较早地形成了"独尊儒术"的单一知识体系。即使儒释道三教时代也没有打破儒家"仁和共生"理念对世人思想的统治地位,反而以心性论为契合点,以一种温和迂回的文明对话形式达成了互补共荣的平衡。

不同于西方对世界的探索与改造,儒家教育哲学提倡以"正身守己"的自律精神提升自我修养,以"反求诸己"的内省态度协调个人与外部世界的矛盾。孔

---

① 李瑾.文化溯源:东方与西方的学习理念[M].上海:华东师范大学出版社,2015:42.

② LAW N W Y. New experience, new epistemology, and the pressures of change: the Chinese learner in transition[M]//CHAN C K, RAO N. Revisiting the Chinese learner: changing contexts, changing education. Hong Kong: Comparative Education Research Center, the University of Hong Kong, 2009: 89-100.

子提出“我欲仁，斯仁至矣”（《论语·述而》），认为对世界的改造在于个人素养的提升。孟子更是将人的精神修养与天道结合，指出“诚者天之道也，思诚者人之道也”（《孟子·离娄上》）。儒家思想将外部世界视为人的内部世界的扩展与延伸，因此主张以内在修养的提升推进外部世界的发展。东西方这一传统教育理念的差异被归因于在处理自然资源与人口之间矛盾的过程中形成的各自独特的生存方式。西方社会倾向于通过征服自然来拓展生产空间、规避社会矛盾，东方社会则以差序格局下的“克己复礼”来协调人际关系、减少资源消耗。[①]正如荀子所说：“礼起于何也？曰：人生而有欲，欲而不得，则不能无求。求而无度量分界，则不能不争；争则乱，乱则穷。先王恶其乱也，故制礼义以分之，以养人之欲，给人之求。使欲必不穷于物，物必不屈于欲，两者相持而长，是礼之所起也。”（《荀子·礼论》）不同教育实践路径下认知结构的差别是导致东西方工业化发展差距的重要文化根源，直至今日仍对西方世界的科技领先地位起着至关重要的作用。

（三）实践策略：批判创新与尊师重道

不同于西方教育理念中鼓励自由辩论、崇尚批判创新的教育实践策略，东方教育哲学更倾向于通过对尊师重道的态度规范传承思想、寻求共识。不同于希腊人公开辩论的传统，中国倾向于通过经史典籍来达到恪守正统观念的目的。这种所谓的“正统观念”在希腊教育哲学中是不存在的，一切观点都面临着被质疑、被批判的命运，由此形成了西方世界自由、平等的学术气候。在文艺复兴运动的推动下，西方学习理论多以兴趣、成就、效能等个人心理情绪感知作为维持学习意愿的根本动力，重视自我意识对个人行为的主导作用，强调自我决策更能激发学习者的学习热情。而东方儒家文化将学习作为德性化过程中的自我修行，将学习态度等同于为人处世态度，将经史视为最具权威的万世之作，以尊师重道的实践准则捍卫儒家学说的正统性，主张通过师道尊严下勤奋、刻苦、认真的治学美德来克服学习的痛苦，突破学习的障碍。

这种尊师重道的实践策略源于儒家哲学的教化传统。虽然中国历代大儒在人性孰善孰恶问题上各执己见，但都强调教化的重要意义。孟子的“性善论”

---

① 参见张红霞.“美德导向”的根源与前途：“中国学习者悖论”再考查[J].复旦教育论坛，2019(1)：53-67.

主张人性本善,认为人性之恶是后天教化不利的结果。荀子更是以性恶论为儒家教育哲学的教化观奠定了基础,认为恶是人之本性,因此更需要后天的改造与教化。王阳明突破善恶二元论而创造了"心学",但依然延续了教化论思想。他指出:"初学时心猿意马,拴缚不定,其所思虑多是人欲一边,故且教之静坐,息思虑。"(《传习录·上》)在中国古代的教化传统下,以父母师长为代表的社会力量负责规范学习者态度、引领学习者做出正确的行为决策,并在学习者完全内化学习美德并自我立志之前代替其充当学习的主导者。"君师者,治之本也。"(《荀子·礼论》)当今中国教育现场仍然保留着"师者正礼"的文化氛围。中国人的学习,回应父母的教育期待是为"孝",学有所成报效家国是为"忠",以"忠孝"为"仁"来鞭策自己,由此达成自我修养的提高是为"学以为己"。因此,相对于西方价值观对自我决策与批判创新的推崇,中国学习者更倾向于遵从父母师长等重要他人所做的决策,甚至在重要他人的决策指导下更能发挥主观能动性。这在今日体现为中国学习者显著的外在动机及其对学习行为的正面激励效应。① 东西方教育实践策略的差异是文艺复兴后西方社会组织形式与东方儒学思想影响下差序格局在教育领域的主观映射,是西方教育理论难以适用于中国学习者的问题根源所在。中国教学情境下偏重重复记忆与反复练习,忽视自由探索与独立批判的价值取向是传统读经文化的延伸,"尊师重道"的治学品格造就了谦逊内敛的"沉默课堂"现象。②

综上所述,儒家教育哲学的实践逻辑在于:以父母师长为代表的传统社群力量将学习美德以态度规范的形式不断强化于学习者,使之形成勤奋治学的行为准则;在学习精进过程中督促学习者内化学习美德以完成自我立志,进而谋求更高层次的自我完善与发展;在"他人规范—自我立志"的延长线上,确立自己为人处世的态度与原则,实现自我人格的觉醒与独立;最终承担人生使命,投身志业以"立功立言"。据此,儒家教育哲学形成了以尊师重道为实践策略、以正身守己为实践路径、以内圣外王为实践目标的教学实践体系,并以此为依托,形成了从立规明矩到明志立德,从明志立德到立功立言的德性化过程,是为"学以成人"。

---

① SALILI F. Accepting personal responsibility for learning [M]// WATKINS D A, BIGGS J B. The Chinese learner: cultural, psychological and contextual influences. Hong Kong: Comparative Education Research Centre, the University of Hong Kong, 1996: 85-106.

② 参见吕林海.转向沉默行为的背后:中国学生课堂保守学习倾向及其影响机制——以南京大学物理专业本科生为对象的实证研究[J].远程教育杂志,2016(6):28-38.

三、儒家教育哲学发展的现实困境

杜威曾指出,“哲学、教育和社会理想与方法的改造是携手并进的”①。随着国际化、现代化的推进,中国社会发生了巨大变革。社会变革向教育与哲学同时发起了挑战,只有回应这一挑战,传统教育哲学才能够存续与发展。即使教化的施行让儒家教育哲学在中国人的社会与精神生活中有很深的基础②,多元价值体系对传统的冲击也是一个不可忽视的问题。

(一)价值体系失焦:价值体系多元化对“立志德性”论的冲击

近代以来,西方主导的世界格局打破了东方儒家“家国天下”的传统秩序,现代化进程中国际化、市场化以及西方自由主义精神和工具理性更是对传统知识体系中“天人合一”的共生理念造成了巨大冲击。

不同于西方价值体系对个性解放的推崇,东方价值体系往往以集体利益代替个体追求。即便是其提倡的立志,也多具有克己奉公的东方英雄主义情怀。因此,当作为传统社会共性的立志德性观遭遇现代理性的冲击,“立志”理念的缺位导致儒家教育哲学多囿于对世俗伦理义务的德行遵守。结合现实不难看到,以修身求出世的传统学习理念被世俗化后空余对“出世”的执念,最为紧要的“修身”却遭悬置,最终导致教学过程中功利主义大行其道,人的主体性受到压制,“学以成人”的教育实践由于失去了立志的引导而蹉跎于态度规范阶段停滞不前。知识在他律作用下被异化为亟待克服的障碍而非亟待发掘的宝藏。唯竞争情境与匮乏心理导致人的工具化与知识的障碍化不断升级,由此形成当代学习者专注眼前利益、缺乏大局观念的“精致的利己主义”性格。面对多元价值困境,何以为志与如何立志成为当代每个中国人兀自迷茫又需独自探索的人生难题。

(二)主体架构失偏:知识体系多元化对“读经文化”的挑战

儒家教育哲学在当代社会的实践程度,取决于其满足时代发展需求的程度。这一点尤其体现在教育主体架构层面。不同于基督教人性观中的现实主

① 杜威.民主主义与教育[M].王承绪,译.北京:人民教育出版社,1990:350.

② 参见李景林.教化视域中的儒学[M].北京:中国社会科学出版社,2013:2.

义倾向对西方自由主义的推动作用,儒家教育哲学追求至善与圣王的理想主义情怀却阻碍了现代化社会制度的建立。儒家思想对个人自觉意识与自律精神的过度追求塑造出凡事尊天道、求诸已的内修式教育实践模式。同时,儒学的静止世界观牢牢控制了人的大脑,"天不变道亦不变"的僵硬信条造成了个体发展与现实的割裂,也抑制了探索精神与创新能力的提升。[①]

现代知识结构与人才评价体系的多元化对传统的读经文化与圣王信仰发起了前所未有的挑战。在信息时代的知识洪流中,新时代的学习者不得不从知识的被动接收者转变为知识的主动创造者。这要求他们不仅要懂得如何筛选有效信息,还要通过对知识的整合、统筹、试错以创造新知。不加区分地接受知识只会导致错乱与迷失。这一点从当代中国社会日益浮躁的学习风气与学习者学习信念的缺失便可一窥究竟。目前,即便是象征高等知识型人才的大学生也面临着学习目标模糊、学习动力不足、学习投入消极被动的求知困境[②],"空心病""读书无用"等精神隐患与信仰危机更是侵扰着当代中国学习者。随着社会现代化发展需求的日益凸显,"一心只读圣贤书"的传统学习实践形态终将被时代所抛弃,读经文化解体后的知识重建与文化重建已成为建设中国特色社会主义教育体系、实现中华文明复兴的重大课题。

(三)驱动模式失衡:评价机制多元化对"学习美德"观的弱化

相较于现代化背景下以进步主义与理性主义为代表的西方教育哲学,儒家教育哲学以情感约束与态度规范为基础的德性导向实践准则更容易受到思想变革与价值嬗变的冲击。尤其改革开放与市场经济的导入加速了中国自然经济的解体,以自然经济体制为依托的儒家伦理体系遭遇前所未有的冲击。失去了等级制度强有力的体制保障,社会的教育规范功能也随之弱化。

家族主义传统的去势导致儒家教育哲学的实践路径受到了巨大威胁。随着传统差序格局、伦理纲常的日趋瓦解,父母亲族、乡土社会主导的社会支持体制面临崩塌。这导致儒家教育哲学中本就无法触及生活实际的伦理概念在指导教学实践、回应时代需求方面更加凸显出其局限性。在激烈的升学竞争下,以态度规范为主的教育干预策略受到成绩至上的结果主义冲击,知识体系的变

---

① 参见张宏杰.千年悖论:人性的历史实验记录[M].重庆:重庆出版社,2019:187.

② 参见鲍威.扩招后中国高校学生的学习行为特征分析[J].清华大学教育研究,2009(1):78-87.

革更是推进了“美德导向”评价机制向“才智导向”评价机制的转变。综观当今中国教育，一方面主张全人教育、重视身心健康，另一方面提倡凿壁借光、悬梁刺股的苦读精神；一方面主张素质教育、重视创新精神，另一方面推崇题海战术、强化同辈竞争；一方面主张个性化教育、呼吁主体性发展，另一方面倡导克己复礼、静学雅行。教育实践的双重准则意味着传统价值导向在当代社会的摇摆不定，也象征着中国社会在吸收西方教育理念过程中出现的消化不良现象。

综上可见，儒家文化倡导的“理想学习者”形象虽在潜意识层面引导着中国学习者的向学意识，但若想在当今中国校园中重现“理想学习者”的治学状态，需要突破的不仅仅是多元知识结构下的课业负担，还有多元价值体系支配下的价值冲突以及不断追求批判与创新的国际化人才评价体系。在这种复杂格局下，儒家教育哲学指导下的教育理念难免遭遇异化与悬置。崇尚“内圣外王”的儒家学说历经两千年封建统治，其间不断受到统治者的扭曲与利用，因此一度被定义为巩固专制统治的政治哲学，成为中国知识分子“精致的利己主义”价值观的起源。一味强调改造世界却忽视对外部世界的阐释的传统知识体系更是为中国知识分子的急功近利埋下了伏笔。为父母而学的“尽孝式”学习理念，既是中国学习者自我规训的重要途径，也成为个人工具化的开端。由此可见，儒家教育哲学在教育现代化发展进程中面临着巨大挑战。其在当代教学情境下的理念异化也昭示了当今中国教育价值体系失焦、主体架构失偏、驱动模式失衡的隐忧。对此，就业困境视角下大学生学习价值建构与学习行为决策为探索儒家教育哲学在当代教育实践中的可能路径提供了线索。

第三节　当代中国青年价值困境：基于“自杀类型学”的分析

人的生命价值体验取决于人对自身与社会之间的关系建构。因此，当传统的熟人社会向现代的陌生人社会转型时，脱离了乡土社会天然纽带的原子化个体将面临更加严峻的生命价值困境。我们从无数先哲的论述中都察觉到了类似这样的信息——"这个时代的紧张太需要化解了"。[①] 其中,中国青年作为新时代的弄潮儿,自然也首当其冲地面临社会转型期人与社会关系重建的挑战。对此,有调查显示,焦虑已成为当代中国青年的常态。[②]

习近平总书记强调:"青年的价值取向决定了未来整个社会的价值取向,而青年又处在价值观形成和确立的时期,抓好这一时期的价值观养成十分重要。这就像穿衣服扣扣子一样,如果第一粒扣子扣错了,剩余的扣子都会扣错。人生的扣子从一开始就要扣好。"[③]可见,当代青年群体的生命价值困境不仅折射出整个中国社会的发展状态,也在极大程度上影响着未来社会的发展走向。因此,有必要对当代青年生命价值困境的现状与根源展开考察,从而把握大学生学习发展过程中潜伏的价值危机。

一、生命价值困境与"自杀类型学"

生命价值又称"生命意义",是古今中外学者探讨的重要课题之一。有学者指出,生命价值是个体基于文化所构建的个人认知系统,这个认知系统将影响个人对活动和目标的选择,并赋予生活是否有目的、有价值的情感体验。[④] 也有学者认为,生命价值是对于秩序、一致性和个体存在目的的认识,对有价值的目标的追求和实现,以及伴随的一种成就感。[⑤] 可见,生命价值是个体依据自身经验所构建的生命目标与价值追求,是个体自我保存的心理依据与精神源泉。而生命价值困境则意味着生命意义的缺失,是个体缺乏生命目标以及对自身存在价值的感知的一种生命状态。深陷生命价值困境的青年往往对过去的经验持质疑态度,对当前现状不知所措,对未来发展无所适从,由此产生诸如无聊、抑郁、功利等消极情绪,甚至产生享乐、成瘾、攻击、厌学怠工甚至自杀等失范性行

---

① 渠敬东.涂尔干的遗产:现代社会及其可能性[J].社会学研究,1999(1):29-49.

② 参见林金芳.缓解社会焦虑应有制度化渠道[N].中国青年报,2006-12-05.

③ 习近平.青年要自觉践行社会主义核心价值观:在北京大学师生座谈会上的讲话[M].北京:人民出版社,2014:9.

④ WONG P T P. Meaning-centered counseling [M]//WONG P T P, FRY P S. The human quest for meaning: a handbook of psychological research and clinical application. New Jersey: Erlbaum, 1998: 395-435.

⑤ REKER G T. Theoretical perspective, dimensions, and measurement of existential meaning [M]//REKER G T, CHAMBERLAIN K. Exploring existential meaning: optimizing human development across the life span. Thousand Oak, CA: Sage Publications, 2000:39-58.

为。对于生命价值困境的产生机制，以往学者多从工具理性、自我中心的社会思潮以及生命教育缺失等方面展开讨论，并强调作为生命价值“最重要来源”[①]的社会关系为个体摆脱生命困境带来的转机。

人的生命构成是复杂多样的。人对生命价值的建构由于融合了自身独一无二的生命经历而呈现出独有的个性与张力。因此，只有借助类型学的语言，才能针对不断多元化的青年生命价值困境展开有意义的对话。同时，人的生命构成也是有迹可循的。正如杜威所述：“如果从儿童身上舍去了社会的因素，只剩下一个抽象的东西；如果舍去了个人的心理因素，只剩下一个死板的、没有生命力的集体。”[②]人无法脱离社会而独立存在，因此可通过与社会的关联探讨个体的生命构成与其中的价值意涵。埃米尔·涂尔干(Émile Durkheim，也译作埃米尔·迪尔凯姆)的社会决定论为此提供了解释范式。

社会决定论将个人与社会密切结合起来，强调社会对个人的影响力，并主张将个人行为与意识放在社会宏观框架中进行解释。在此基础上，涂尔干以溯源类型学的方式将自杀分为唯我、失范、利他、宿命等四大类型，并以此阐释个体的自杀行为与社会结构因素之间的关系。“自杀类型学”表面上讨论的是自杀，实则讨论的是不同社会状态下个体所面临的精神危机与心理困境，并生动地呈现出现代化情境下个体与社会之间的互动模式。正如有学者所说，文明的冲突并非仅存在于固有的诸文明之间，真正的冲突存在于人们的内在意识的世界里。[③] 由社会决定论衍生出的自杀类型学以“自杀”这一生命的极端举措反证现代社会不同情境下个体的“自我保存”，其中对现代人情感境况的切实关照以及对现代潮流的精准剖析有利于我们从人性论视角考察当今青年生命价值困境，从而为我国当代青年生命价值困境的考察与分析提供理论基础。

---

① EMMONS R A. Personal goals, life meaning, and virtue: wellsprings of a positive life [M]// KEYES C, HAIDT J. Flourishing: positive psychology and the well-lived. Washington: American Psychological Association, 2003:105-128.

② 杜威. 学校与社会·明日之学校[M].赵祥麟，任忠印，吴志宏，译.北京：人民教育出版社，1994：4-5.

③ 参见渠敬东.涂尔干：作为文明研究的社会理论[J].学海，2018(2)：52-60.

二、生命价值困境的四种类型

(一)唯我型困境

在个人主义与价值多元化趋势下,社会对个体的整合日渐衰弱。失去了传统社会中血缘、地缘等天然纽带的约束,人的个性得以无限彰显,并以无尽的激情追寻生命价值。然而,人的社会属性决定了个体的生命价值只有在社会关系中才得到实现与升华。因此,当"个人目标压倒共同目标""个人人格被置于集体人格之上"[①]时,个体对自我价值的探寻便如同缘木求鱼,终将南辕北辙。

在物质充裕的当今社会,越来越多的青年不再迫于生计,转而开始关注对自身价值的探寻与实现。个人理想主义的大行其道也为青年的自我探寻增添了浪漫主义气息。然而,随着现代化程度的不断提升,我国传统的乡土社会逐渐瓦解,人与社会之间的纽带日益松弛。脱离了宗族传承与计划经济的现代化社会为青年提供了无限的机遇,同时也增加了当代青年通过自我探寻形成自我的难度。学历膨胀下高等教育的普及化将青年的教育周期无限延长,应试教育体制下生涯教育的缺失更是导致教育没有很好地将青年领入世界。前人的经验多已失效,自身的经验尚未成形。现实中,为"寻找自我"而延缓就业的青年比比皆是,为"感受生命"而寻求刺激的青年亚文化也备受瞩目。现代化社会彰显的无限可能与学校教育中社会的长期不在场导致青年群体心怀对自身的无限期许,游离于公共世界之外,由此陷入不断追寻自身价值实现的唯我型困境。沉迷于自我意义建构却脱离了社会母体的青年如同陷入了希腊神话中莫比乌斯环一般的无限轮回,不断在自我中探寻自我的存在,却忽视了生命对"被看到"和"被需要"的渴求。这进一步割断了社会对生命的营养供给,导致青年生命力量的枯竭。由此可见,唯我型困境源于脱离社会母体后个体生命价值的自我迷失。

(二)失范型困境

如果说唯我型困境源于无限的激情,那么失范型困境就源于无限的欲望。

---

① 迪尔凯姆.自杀论:第4版[M].冯韵文,译.北京:商务印书馆,2019:219.

二者同是社会整合不足的产物，是现代社会中无限病的一体两面。“失范”指的是社会呈现出的无规则状态，其特点在于人的异化与生活目标的混乱。当前社会产业格局发生着重大变革，社会分化、社会需求的多样化以及未来发展趋势的不确定性产生了规范真空。传统的劳动经验与价值观念已难以为大学生的职业发展提供支持。加之市场经济对个体利益的放大，社会舆论指向任何欲望都应当得到满足。这导致道德约束在一定程度上丧失了原有的正当性。在此背景下，青年群体迷失于转型期的社会变革之中，缺少对发展目标以及实践路径的准确认知，因而对未来发展产生迷茫与焦虑情绪。然而，不同于唯我型困境对内在意义的无尽探究，失范型困境更多地体现在社会失范状态下个体对外在物质世界的无限索求。也就是说，面对社会的不在场，唯我型困境下的青年不断追问“我是谁”“我要做什么”以及“这样做有什么用”，而失范型困境下的青年则苦于“本该属于我”的求而不得。

失范型困境产生于社会失范状态下欲求的失控。对美好生活的追求是其本源动因。青年处于价值观念尚未成型的职业生涯探索期。对未来的期许与不安、对自身成就的渴望与担忧以及对传统权威的挑战与漠视使青年在面对诱惑时极易失去道德准绳而产生盲从心理。物质诱惑下的符号消费以及名利陷阱下的精致利己主义价值观等无不体现出当代青年在追求“美好生活”过程中的自我沦陷。在此过程中，本应发挥规范作用的学校教育却难担大任。《国家中长期教育改革和发展规划纲要（2010—2020 年）》将教育与人民美好生活紧密关联，指出教育寄托着亿万家庭对美好生活的期盼。然而，美好生活要“去妄存真”，妄念越多，空虚感越盛，离美好生活的目标越遥远。虽然教育的经济功能为人的美好生活的实现提供了客观依据，但也间接导致人的妄念的产生，加深了人的空虚感，造成了教育与美好生活之间的一大悖论。在此背景下，青年立志实现自我价值却不知价值归向何处，立志突破制度壁垒却极易由此误入歧途。规范的缺失导致当代青年难以区分“欲望”与“理想”，“理想”伪装下的欲望又转而驱使着他们为达到目标而漠视规则。现实中，连身处神圣学府的大学生也为增加考研、就业砝码而堂而皇之地向任课教师索要高分，将“网贷”换来的“伪精致”作为提升自我认同的凭依，将“有背景”当作值得炫耀的资本。然而，当不断膨胀的欲望得不到满足时，青年的挫折感将转向对社会的攻击——认为自己没有得到应得的尊重，敏感易怒，将挫折和不顺都归咎于别人，这也是失范者的状态。[①] 最终，对无限欲望的追求如同饮鸩止渴，使当代青年身心俱疲却无法停下脚步，空留下一副疲于奔波的皮囊与无处安放的野心。

(三)利他型困境

不同于社会整合不足而导致的唯我型困境与失范型困境，利他型困境产生于社会的过度整合，是“自我不属于自己，或者和自身之外的其他人融合在一起”[②]时的生命状态。从某种意义上说，这是不同于失范与唯我主义的“健康”状态，甚至有可能为唯我主义者与失范者提供自我救赎的机遇。利他主义者不会因为脱离社会而困扰，而是积极地与社会融为一体，通过履行社会赋予的义务来成就生命价值。当唯我主义者与失范者由于社会整合不足而丧失了生命活力时，可以通过利他性行为重新获得生命力量。然而，社会的过度整合同样意味着对个体意志的挤压以及对其生命力量的剥夺。在涂尔干的相关论述中，利他主义自杀者多出现于以奴隶制、封建制为代表的“低级社会”或纪律严苛的宗教团体与军队中。他们将自身生命价值寄托于对他人或某一集体规范的迷信与盲从，甚至不惜牺牲自我意志乃至生命来践行对信仰的狂热追求与精神依恋。

利他型困境与唯我型困境代表着人生存的两种极端张力。二者之间的相互转换呈现出一种具有现代性特征的生命价值危机。深陷社会不在场危机的唯我主义者往往渴望通过与他者的融合重新获得生命活力。在此境况下，他们极易对某一事物产生病态的依恋情绪并渴望以此填补生命的虚无。当前青年对娱乐偶像的狂热崇拜便是利他型困境的代表性体现。当然，偶像崇拜仅仅是当前青年亚文化的一个分支，利他型困境还体现在当前青年生活的方方面面。虽然现代社会中权力作用机制的微观化、潜在化趋向致使利他型困境不再如同奴隶制或封建集权制社会那般显著，却仍以潜移默化的形式维系着个人对集体的依恋与服从。这反映在当代青年身上主要体现为对父母的报恩式的服从以及对学校权力、社会规制的制度性归顺。

在尊师重道的德性论约束下，对父母师长的报恩式服从在以我国为代表的

① 参见王楠.涂尔干：道德本原与现代潮流——以自杀类型为线索[J].社会，2017，37(6)：33-70.

② 迪尔凯姆.自杀论：第4版[M].冯韵文，译.北京：商务印书馆，2019：234.

东亚儒文化圈中体现得更为显著。相对于西方价值观对自我决策与批判创新的推崇，中国青年更倾向于遵从父母师长等重要他人所做的决策，甚至在重要他人的决策指导下更能发挥主观能动性。这在今日体现为中国大学生显著的外在动机及其对学习行为的正面激励效应。① 虽然传统人才观主张青年从他人规范向自我立志的自主化发展，但现代理性与多元价值观的冲击却导致传统社会共性的伦理义务观遭遇悬置。他人的期许与规范在功利主义大行其道的当今社会早已失去了对立志的导向作用，反而成为青年生命价值的重要依附，阻碍了个人主体意识的形成。在此背景下，利他型困境呈现出一种集体无意识的价值虚无状态，使当代青年卷入亿万人的集体欢腾而不自知。这种集体欢腾可体现为当前社会中的升学热、考公热、考证热，也可从脱离父母约束而转向其他集体阵营的追星热、游戏热以及网络直播热等娱乐至上浪潮中窥见一斑。可以肯定的是，将利他型困境定位为专制社会特有现象的涂尔干断然无法想象21世纪的利他主义者会以直播自杀的方式寻求社会关注，践行自身"娱乐至死"的"社会义务"。

（四）宿命型困境

宿命型困境与利他型困境同样起源于社会的过分限制。但不同于利他主义者对社会的依恋以及对社会纪律的主动服从，宿命型困境对社会纪律的屈从由于缺乏对社会的依恋而显得更加压抑与无奈。"为了突出人们对之无能为力的规则的不可抗拒性和不可改变性"，涂尔干将这种因宿命型困境而导致的自杀描述为"命中注定的自杀"。② 因此，可以将宿命型困境理解为原本沉迷于集体欢腾的利他主义者的自我觉醒。这种觉醒或源于社会失范下的纪律强化，或源于兴致低迷后的自我反思。总之，情感纽带越弱，越需要通过传统的纪律来加以维持，但由于缺乏精神动力的支持，规范和纪律只能是异己的存在。因此，专制压迫下的自我觉醒总会伴随着巨大的痛苦、纠结、压抑与彷徨。

即便涂尔干并未将宿命型困境作为现代社会的典型问题展开探讨，但这一问题却始终隐现于中华民族的文化密码中。传统文化中对现实消极适应的"过

---

① SALILI F. Accepting personal responsibility for learning [M]// WATKINS D A, BIGGS J B. The Chinese learner: cultural, psychological and contextual influences. Hong Kong: Comparative Education Research Centre, the University of Hong Kong, 1996: 85-106.

② 迪尔凯姆.自杀论：第4版[M].冯韵文，译.北京：商务印书馆，2019：302.

渡心理"形成了逆来顺受的民族性格,衍生出"过一天算一天"的生活哲学。对此,我们很容易想到学习欲望不足却不得不服从学校纪律约束的广大青年学子以及工作热情不足却不得不遵从工作纪律制约的青年劳动者。同时,来自社会的压力不仅表现为向内的整合力,也包括向外的排斥力。寒门子弟跨越文化藩篱时所遭遇的社会排斥也同样带有宿命性意味。他们的"前途被无情地断送,他们的情欲受到压制性戒律的粗暴抑制"①。社会转型期制度性规则的不完善导致的上升渠道受阻、资源分配不公等现实困境与课堂理论教学宏大叙事之间的错位,加剧了青年对社会的不信任感以及对学校教育、对公共理性的质疑和逆反。然而青年群体的年龄特征决定了他们不得不遵循"吃饭的哲学"。但是,如果仅仅依靠习惯与压力才能维持社会约束,那么便只能换来他们表面的驯服,其内心压抑的欲望终将以某种形式爆发出来。不同于其他三种生命价值困境中个体与社会之间的力量博弈,宿命型困境中社会对个体的单方面碾压更加令人绝望。

以上四种类型分别对应以社会依恋与社会规范为准轴的四个区间,如图2-1所示。其中,耽于自我实现而游离于社会之外的唯我型困境处于低社会依恋与低社会规范的"社会真空"状态,是社会不在场的极致体现。同样源于社会整合不足的失范型困境多表现为社会规范的缺失导致的欲望膨胀,却不排斥失范者对社会的依恋。甚至可以说,失范者对社会的依恋也是其欲望失控的根源与路径之一。与之相对的是,利他型困境与宿命型困境则代表了社会过度整合下青年遭遇的生命价值困境。其中,利他主义者的生命价值困境不仅源于对社会规范的服从,也来自对社会力量的情感依附。社会依赖情绪下自主意识的不在场导致利他主义者甚至能够无原则地做出自我牺牲来迎合社会需求。因此,利他主义行为在一定程度上也可以理解为社会规制下激情激化的极端表现。而宿命型困境则表现为制度之下的无能为力,是个体对社会的依恋程度不足以呼应严苛的社会规范而导致的压抑情绪。因此,宿命型困境与唯我型困境同是社会依恋不足所导致的规范难以内化的表现。

① 迪尔凯姆.自杀论:第4版[M].冯韵文,译.北京:商务印书馆,2019:302.

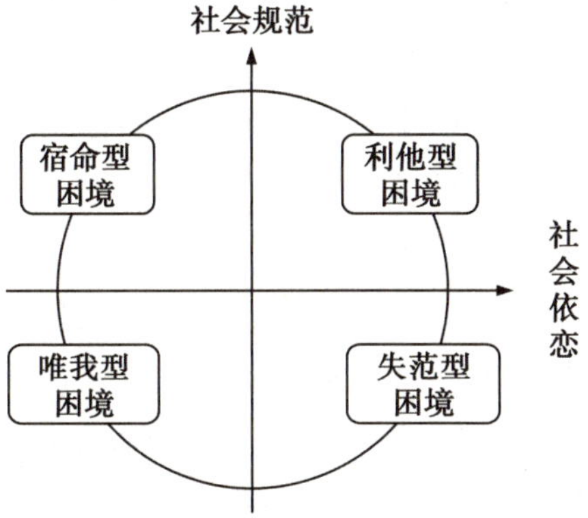

图 2-1　当代青年生命价值困境

不容忽视的是当代青年生命价值困境在不同类型之间的相互关联、相互转换。例如，失范性困境与唯我型困境下的当代青年容易招致社会对其的纪律强化，由此产生的专制压迫会生成宿命型困境；青年中的唯我主义者为了从社会依恋缺失下的价值困境突围而主动寻求对物质或他人的依附，由此陷入"外强中空"的失范型困境或利他型困境；失范者欲望的失控将促使其不断寻求价值依托，由此衍生出向内的唯我主义或向外的利他主义情节。可见，青年生命价值困境的不同类型看似孤立实则相通，都源于缺少一个温暖且多元的集体或信仰供人依恋，没有稳定且包容的权威或规范使人安心。

三、生命价值困境下互害社会的形成

生命价值认同为青年的意义选择与社会实践提供稳定的价值框架，是青年自我形成与自我实现的逻辑起点与逻辑旨归。青年期是生命价值探索与成型的关键期。面对终极价值与终极生活目标的去势与消沉，当代青年同时承受着对现状的不安全感以及对未来的不确定性的联合体验，不得不通过与社会的互动确定自我身份、明确自身价值。对此，他们既渴望能够从他人的观察、需求与期望中寻求生命意义，又厌恶被现实生活中应接不暇的琐事束缚了手脚、禁锢了心灵。为此，他们发明了"宅"文化，发明了"外向型孤独"，一边将师长屏蔽为"不可见"，一边悉心维持着"塑料友情"。然而，若即若离的社会关系无法拯救青年的不安，反而更增加了这一群体的自我否定与价值虚无。诚然，许多人为了追求生命价值而筋疲力尽，却与他们的初衷渐行渐远。终极价值与终极生命目标的悬置终将导致青年群体的实体性存在深嵌入漫无边际的手段链中，成为被操纵、被扭曲的存在。在此背景下，无论是无限欲求下的失范还是无限激情下的唯我主义，抑或在社会规制下的利他倾向或宿命论心态，都毫无悬念地指向生命价值的迷失。生命困境迫使个体不得不去探寻自我保存的手段，并以功利、自私的形式呈现于社会生活之中。这种处于自我保存动机的自私举措难免导致"任何人对任何人的战争"，使社会沦为"厮杀的战场"。

当今中国社会已然出现了一种"囚徒困境"，甚至在一定程度上造成了自我保存动机的"共同背叛"所导致的非预期后果。生命价值困境既构成了"囚徒困境"的前提（对自我保存的渴望），也与其面临共同的社会境遇（社会整合失调下的"共同背叛"）。由于缺乏对社会的合理依恋与适度服从，生命价值困境中的青年群体倾向于以一种极端的形式追求与自我的一致以及与他人的一致。这导致他们中的一部分人错将自私当作自爱，将无原则的自我牺牲当作爱人的表现，一面抗议社会的弊病与不公，一面又将社会责任视作道德绑架，将社会公理视作亟待打破的陈规旧俗。显然，现代社会赋予青年太多的自由以建构自身价值体系，可又剥夺了他们自我形成、自我实现的客观依据。因此，不断膨胀的欲望与激情以及社会规制下的扭曲与异化在断裂的社会格局中形成了一个个只注重短暂利益的信息孤岛，每个人都在兀自寻求救赎，却在无意中走向既损人又不利己的"共同背叛"，最终导致生命价值困境的进一步激化。

生命价值困境下的互害反应链在现实生活中随处可见。家庭关系层面，体现为当前广受关注的"啃老"问题。寄托了父母毕生希望的青年往往集利他型困境、宿命型困境、失范型困境以及唯我型困境于一身。他们一方面希望通过自我牺牲来获得父母的理解与尊重，另一方面也希望能够夺回对自己生命价值的自主权；一方面苦于父母规制下的无能为力，另一方面又在父母的溺爱下惯于将一切作为自我的附属品。自我意识的萌发与父母的规训形成了"权力博弈"，双方各持己见导致事态沿着"互害"模式发展。因此，即便青年在父母约束下选择了服从，却同时失去了对自身未来的期许与激情。他将永远活在父母导演的人生中，并将出现的一切问题与无限欲望毫无保留地抛向作为"决策方"的父母。而其父母也由此失去了来自子女的尊重与信任，终身成为子女依附、苛责甚至"啃噬"的对象。可见，"啃老"问题的当事人双方都以利他之名行利己之便，最终导致了关系上的互害与自身生命价值困境的升级。社会关系层面，当代中国青年群体的消费主义价值观也反映出生命价值困境与社会互害之间的恶性循环。为摆脱生命价值困境,当代青年通过物质崇拜与符号消费提升自我认同。由此形成的“伪精致”风潮一方面体现了当代青年无限欲望下的失范型困境,另一方面也反映出部分青年群体通过掩饰自身的弱势地位迎合主流审美的宿命型困境。然而,价值观的工具化、符号化在无形中模糊了道德边界。长期的价值游离不仅解构了主流价值取向,还增加了“每个人向每个人发动战争”的隐患。由此,价值虚无状态下的消费主义价值取向在导致社会互害的同时进一步加剧了青年的生命价值困境。如果说人与人之间的相互信任与期许是生命价值乃至人性的最后一道防线,那么社会互害无疑摧毁了青年对社会的最后一丝信任与依恋。在互害状态下,所有人都是受害者而所有人又都是加害者。这一恶性循环倒逼着社会制度的退步,导致恶人猖狂、好人作恶。最终,争先恐后地逃离意义荒漠的人构成了荒漠的本质。

本章从教育体制、教育理念以及价值困境三方面阐述了大学生就业困境背后的体制结构与文化脉络。要之,大学生就业困境并不只是就业难在大学生意识层面的主观投射,而是大学生结合自身社会文化经验主观建构的结果。其中,功利化的教育体制为大学生就业困境提供了滋生的土壤,“学而优则仕”的传统教育理念构成了大学生就业困境的价值基础,现代情境下的生命价值困境构成了大学生就业困境的文化底色。如果说单凭教育自身无法推动高等教育的深度改革,那么最有效的方法就应该是将教育问题放入社会情境中去寻找出路。以大学生就业困境为切入点考察其学习价值认同与学习行为决策,或许能够为高等教育弊病的社会侧归因与深度改革提供思考依据。

第三章　理论脉络、文献综述与问题假设

第一节　理论脉络

一、教育的社会功能：社会化、社会筛选与再生产

结构功能主义理论将教育作为维系社会机制的重要支持系统，认为其社会功能从微观层面主要体现为社会化和社会选择两个方面。社会化功能是指教育通过指导学生内化社会价值、学习角色技能、适应社会生活，进而促进社会生产、经济发展、文化传承与科技进步。这在高等教育阶段主要体现在对大学生就业与生涯发展的支持与促进。筛选功能则意指教育通过社会化标准制定各类竞争性筛选机制，促使社会成员分流到不同行业与岗位，由此实现对社会成员分层的合理化。教育的筛选功能在确保社会的开放性与活力的同时，能够促进社会化标准在社会成员中的认同与普及。

然而，结构功能主义因过分强调社会和谐、否定社会冲突的缺陷而受到广泛批判。冲突理论正是在对结构功能主义的批判中发展起来的。冲突理论认为，教育社会化功能与筛选功能的背后是社会再生产机制在发挥作用。教育在此过程中作为社会再生产的合法化工具维持着社会结构的不平等。以往学者也从经济学、社会学等不同角度阐述了教育筛选功能对个人发展、社会结构的作用。迈克尔·斯彭斯(Michael Spence)在《市场信号传递》中对雇用过程中文凭符号作用机制的阐释以及兰德尔·柯林斯(Randall Collins)在《文凭社会》中

对学历膨胀产生机制的分析都指向教育带来的冲突基础上的和谐以及不公铺垫下的筛选。《被压迫者教育学》则从批判教育学的角度探讨了灌输式教育对弱势群体的压迫以及对人性解放的阻碍。《有闲阶级论》更是将“无利可图”的教育作为有闲阶级炫耀式消费的手段之一。围绕教育是否有用、对谁有用以及如何作用等话题,各领域学者基于各自的视角得出了颇具多样性的结论。

不同于以往理论的结构主义与建构主义倾向,皮埃尔·布迪厄(Pierre Bourdieu,也译为皮埃尔·布尔迪厄)从个体的心智结构与其所处的社会结构之间的对应关系出发,试图突破主客、身心、个体与社会、宏观与微观的二元对立。基于大量经验研究,布迪厄提出制度规范通过长期侵染形成惯习,具身化为个体内在的心智特征与价值倾向。人的所有行为意识都是在结构的制约下完成的,而共同的背景与经历会养成相似的惯习。[①] 在此基础上,布尔迪厄提出“文化资本”概念,将家庭文化作为一种可以投资并能够得到回报的资源。[②] 因此,不同家庭的文化优势传递在一定程度上导致了大学生不同的学业表现。[③] 对于文化资本影响学业表现的途径,布尔迪厄的文化惯习理论认为,统治阶级将文化资本融入学校教育之中,使他们的孩子更容易适应教育体制。[④] 这些孩子以一种耳濡目染的方式获得了适应学校教育所需的知识储备、审美配置、协作精神、自信与优越感。[⑤] 这些惯习意味着对统治阶层文化标准的内化,它被嵌入精致的形式之中,以保障统治阶层的子女顺利且不露声色地获得通向特定职业和社会圈子的通行证。

但是,布迪厄的“文化资本”概念在相当长的一段时间里被操作化为与“高雅文化”相关的认知与才能,并与一般的能力、技能相分割。[⑥] 这不仅窄化了布迪厄对文化资本概念的界定,也在一定程度上忽略了下层阶级向上流动的可

---

① 参见布迪厄,华康德.实践与反思:反思社会学导引[M]. 李猛,李康,译.北京:中央编译出版社,1998:164-165, 122, 170.

② 参见布尔迪厄.文化资本与社会炼金术:布尔迪厄访谈录[M].包亚明,译.上海:上海人民出版社,1997:192-193.

③ LAMONT M,LAREAU A. Cultural capital: allusions gaps and glissandos in recent theoretical developments [J]. Sociological Theory, 1988, 6(2):153-168.

④ 参见布尔迪厄. 区分:判断力的社会批判(上册) [M].刘晖,译.北京:商务印书馆,2015.

⑤ 参见刘祎莹. 中产阶级子弟在精英大学中的生存图式:基于文化资本、场域、惯习的民族志研究[J]. 中国青年研究, 2018(12):81-85.

⑥ DIMAGGIO P. Cultural capital and school success: the impact of status culture participation on the grade of U.S. high school students [J]. American Sociological Review, 1982(2): 189-201.

能。尤其是在阶级文化日渐扁平化的现代社会,其解释能力受到了极大考验。安妮特·拉鲁(Annette Lareau)"协同式教养"模式的提出为我们探索文化资本对学业表现的解释路径提供了新的切入点。拉鲁在肯定文化资本功能性的基础上,从微观互动论视角对其进行了重新定义。她认为,文化资本不局限于传统意义上的高雅文化,还可以指被相关机构认可并能够为个体带来竞争优势的文化品位、实践与技能。① 这一观点在拓宽了文化资本视域的同时,也增强了该理论对现代社会结构的解释能力。在此基础上,拉鲁指出,不同于美国下层阶级的"放任型教养"模式,美国中上层家庭的"协同式教养"模式作为文化资本投资的重要途径,更有助于提升子女的学业表现,使其获得教育上的成功。

在拉鲁的研究中,对子女结构化活动的"安排"是"协同式教养"模式与"放任型教养"模式的根本区别。关于结构化活动的内涵,已有研究为我们提供了分析线索。研究指出,"协同式教养"模式与当代职业体系之间存在内在一致性,而后者强调的知识结构正是当今教育系统的基础。② 可以看出,虽然下层阶级的"放任型教养"模式与中上层家庭的"协同式教养"模式都出于追逐阶级利益最大化的本质需求,但相比一味强调子女服从指令的"放任型教养"模式,"协同式教养"模式对结构化安排的重视更符合现代社会对工具理性的推崇。结构化安排能够有效提升大学生对当今职业体系的理解程度以及对自身职业生涯的规划与掌控。职业生涯理论认为,生涯规划是激励个人发展的结构化方法。由此,我们可以推测,拥有较高文化资本的家庭能够促进大学生对自身职业生涯的结构化规划,进而激发大学生的学习投入热情。

"协同式教养"模式传达的另一关键信息是父母的"参与"对文化资本的投资。资源只有在进入投资过程后才能被称为资本。③ 只有家庭将文化资本投入教育子女的过程中时,才能使其发挥应有的作用。在拉鲁的研究中,父母对子女学校生活的参与主要体现在对子女学业的参与、互动以及对学校事务的介入。其中,亲子互动作为社会资本的重要组成部分,能够保障精英阶层文化资

① REDFORD J, JOHNSON J A, HONNOLD J. Parenting practices, cultural capital and educational outcomes: the effects of concerted cultivation on academic achievement[J]. Race, Gender & Class,2009(1/2): 25-44.

② 参见谢爱磊,洪岩璧,匡欢,等."寒门贵子":文化资本匮乏与精英场域适应——基于"985"高校农村籍大学生的追踪研究[J].北京大学教育评论,2018(4):45-64,185.

③ BANKSTON C, ZHOU M. Social capital as process: the meanings and problems of a theoretical metaphor [J]. Sociological Inquiry, 2002, 72(2):285-317.

本优势的传递[①]，减少个人学业表现中的问题行为[②]，促使其身心得到更好的发展与表现。也就是说，亲子互动能够促使文化资本向大学生学习的优势转化。

二、个人的生涯发展：文化生产理论与生涯发展理论

如果说布迪厄的“文化惯习”理念仍桎梏于将个体作为结构化因素的简单抽象，那么保罗·威利斯(Paul Willis)的“文化洞察”理念则充分探讨了个体对结构制约的能动性洞察与抵制。在《学做工：工人阶级子弟为何继承父业》中，威利斯基于“‘家伙们’是具有创造性的”这一基本假设，论证了工人阶级中的违规生基于文化自主性与创造性，在“洞察”与“局限”的张力下主动选择抵制主流学校文化并最终子承父业的生涯发展与学习路径。而与违规生相对的是循规生。他们“基本上接受从学校到工作是连续统一体的说法”，并普遍认为“尽力完成学校的官方目标是值得的”，认为“这是为工作做的最好准备”[③]。

威利斯在《学做工：工人阶级子弟为何继承父业》中将“自我纳入劳动过程的过程”作为“构成工人阶级文化更新的一个方面”[④]，而“学校不只是教育工具，更是文化生产和洞察的领地”[⑤]。在这里，“用知识换取文凭，用需要文凭的工作换取高报酬，用报酬换取商品和服务”是师生“双方达成共识的基础”[⑥]。而循规生之所以“循规”，很大程度上是因为他们对“从学校到工作是连续统一体的说法”的认同——他们认为“尽力完成学校的官方目标是值得的”“这是为工作做的最好准备”。对此，程猛指出不仅威利斯笔下的主人公——“家伙们”在“洞察”与“局限”下生产了反学校文化，与“家伙们”相对的循规生们同样在意义建构的实践中发挥着自身的文化创造性。[⑦] 尤其在普遍信奉“知识改变命运”的中国，对学校文化的“抵抗”更多地体现为学校生活中的因势利导与钻营投机上，而少有集体性的公然抵制。社会结构、集体意识与个人文化自主性通过“学

---

① BOURDIEU P. The form of capital[M]//RICHARDSON J. Handbook of theory and research for the sociology of education. New York: Greenwood Press, 1986.

② COLEMAN J S. Social capital in the creation of human capital [J]. American Journal of Sociology, 1988(94): 95-110.

③ 威利斯.学做工：工人阶级子弟为何继承父业[M].秘舒，凌旻华，译.北京：译林出版社，2013：99.

④ 威利斯.学做工：工人阶级子弟为何继承父业[M].秘舒，凌旻华，译.北京：译林出版社，2013：4.

⑤ 威利斯.学做工：工人阶级子弟为何继承父业[M].秘舒，凌旻华，译.北京：译林出版社，2013：11.

⑥ 威利斯.学做工：工人阶级子弟为何继承父业[M].秘舒，凌旻华，译.北京：译林出版社，2013：84.

⑦ 参见程猛.“读书的料”及其文化生产：当代农家子弟成长叙事研究[M].北京：中国社会科学出版社，2018：9.

习—劳动”紧密结合，以一种“与未来的基本契约”的方式促进大学生的文化生产与洞察。

生涯发展理论是针对特质因素论的局限性提出的。不同于特质因素论将个人生涯发展描述成受个人特质影响的静态过程，生涯发展理论强调人的生涯发展是在与环境的不断互动中实现的一个连续的长期的发展过程。生涯发展理论表明，我国大学生多处于探索转移阶段。在这一阶段，大学生更重视现实考量，企图通过职业选择来表现或实现自我。因此，他们急需为进入就业市场接受专业训练，并在此基础上实现职业偏好的特定化。在此过程中，家庭社会经济水平、父母养育关系、社会经济供需状况以及教育资源、社会文化影响下的个人价值欲求、兴趣、能力的形成等都对个人生涯决策与发展发挥着重要作用。

无论是布迪厄的文化再生产理论中关于个体与结构的对应，还是威利斯在《学做工：工人阶级子弟为何继承父业》中关于个体对文化的主观洞察与创造，抑或唐纳德·舒伯(Donald Super)的生涯发展理论中对个体生涯发展中自我建构性与社会互动性的阐述，都体现了个体与结构之间的张力对于个体发展决策的复杂作用机制。“正是这种文化洞见与偏见的结合，将个人合法性和认同的力量直接注入个体行为，而该行为最终使人陷入困境。”[①]这也充分说明在中国特有的学习文化与教育制度背景下，学生对学习的意义建构与行为决策将受到结构制约、外部期待与主观建构等因素的多重规制，并在传统价值取向与现代大学精神、工具理性与价值理性、精神期许与现实需求的张力中摸索试错。

三、大学生学习动机与学习投入理论

(一)学习观与学习动机理论

价值作为“现实的个人”在生活中以现实利益为基准建构起来的内在尺度，时刻彰显个体自身的生存意义。[②] 学习价值认同是个体对学习实践在生活世界中的意义感知，是自主学习的内在驱动与逻辑前提。而价值的主体性决定了学习价值认同必然基于个体对现实利益与生产生活实践的综合考量。研究者指出，价值观是对一系列行为方式进行判断和选择的标准。同时，已有研究表明，

① 威利斯.学做工：工人阶级子弟为何继承父业[M].秘舒，凌旻华，译.北京：译林出版社，2013：152.

② 参见李卫军，张玉良. 论价值认同的现实构建[J].青海社会科学，2016(4)：71-77.

价值观是影响青少年学习动机和学业表现的重要因素。在此基础上，艾伦·塔夫(Allen Tough)首次提出了自我导向学习理论。自我导向学习是指学习者根据自身社会角色、职业特点和个人需求，融合考量内部认知与外部管理两个维度，自主设定学习目标，规划学习过程，寻求学习资源，选择学习策略并评估学习效果的学习活动过程。具有内在自我导向职业价值观的青少年，会把当前的学习任务视为理想工作的准备活动，让学习活动充满意义；而具有超越自我导向职业价值观的青少年不仅将当前学习活动与未来工作相关联，还能够体会生活和学习背后的意义。超越自我导向职业价值观能够增强内在学习动机。而内在学习动机会促进深加工学习策略的使用，产生更多的学习投入以及更好的学习成绩。

戴尔·申克(Dale Schunk)等通过对以往理论的梳理与汇总，总结出动机与学习的密切关系在任务前、任务中、任务后三个阶段的具体表现。任务前，学生总是带着不同的动机参与学习，且并非所有动机都与学习密切相关。他们总是"具有一些社会目标，而这些社会目标可以与学业目标结合起来"[①]。这在我国体现为自己能够"出人头地"以满足父母的期待、完成家庭的社会向上流动、得到他人的认同等。学生带着不同的期待从事学习任务，其价值观构成了学习动机、学习目的并作用于学习价值认同与行为决策。任务中，学生学习受到教学、情境(社会/环境)、个人变量等各类因素的影响。其中，社会和环境资源影响学习动力的延续。比如，激烈的竞争情境影响动机，个人对教学、环境、个人因素的作用的看法也会影响后续学习动机。任务后，之前的影响因素依然发挥作用。有明确的学习动机并认为自己正趋近于学习目标的学生将在投入下一个学习任务时继续保持较高的自我效能感以及积极的结果期待、价值直觉与情感认知。

以就业为代表的社会因素对学习行为的影响同样可从中国学者的理论实践中得到证实。夏甄陶提出的人类行为与活动的社会理论指出，人类行为是受理性和观念支撑的，而这种理性和观念是社会性因素决定的。[②] 对此，吕林海提出，沿着"个体学习行为—个体行为背后的观念倾向—个体观念倾向背后的社

① 申克.学习理论：第6版[M].何一希，钱冬梅，古海波，译.南京：江苏教育出版社，2012:346.

② 参见夏甄陶.人是什么[M].北京：商务印书馆，2000:161-162.

会及文化根基”这一脉络，我们可以逐渐触及学习行为背后的社会文化根源。[①]基于以上理论分析，本书提出主要研究假设如下：大学生学习参与受到相关就业因素的影响，具有可量化研究性；大学生就业困境与学习参与及各维度间均有可量化关联性。

（二）学习投入理论模型

学习投入概念的提出为考察教育过程“黑箱”提供了重要视角。学习投入指学习者投入到有效学习活动中的时间与经历。它产生于对教育质量“过程性指标”的热切关注，能够有效促进学习者的能力发展[②]，是学生努力、教师要求以及院校支持的综合反映[③]。因此，学习投入作为学习成效和院校表现的重要标志，被广泛应用于大学生学习发展与院校评价。在近年来备受海内外学者关注的学习投入研究领域，就业因素作为大学生学习投入的影响变量，也得到了海外学者的多方证实。文森特·汀托（Vincent Tinto）在大学生退学模型中，将学生的家庭背景、个人能力、大学前经历、求学的目标/承诺，作为个人层面的输入变量。其中，求学的目标/承诺便涵盖了大学生的就业决策。同样，欧内斯特·帕斯卡雷拉（Ernest Pascarella）的高校学生变化综合评价模型和约翰·魏德曼（John Weidman）的学生社会化模型也强调了学生的学习动机、职业偏好、教育期望等要素对其大学学业发展的影响。跟前人一样，魏德曼的本科生社会化理论承认学生入学前的个人背景特征是大学生学习与发展不可忽视的重要影响因素，并在此基础上从社会学的视角更加强调了社会经济地位、职业倾向、志向、价值观对大学生社会化的影响。魏德曼认为，大学不是一个封闭系统，学生发展既受到校内环境的影响，也受校外因素的制约。因此，他更重视非认知因素对本科生社会化的影响。这些因素影响学生吸收什么知识，掌握什么技能，形成什么态度。虽然本科生社会化发生在大学的规范情境中，是大学共同体中学生与其他成员相互影响的过程，但是这一过程受到学生背景特征，如家庭社会经济地位，入学前形成的习性、职业偏好、抱负、价值观等影响。一旦大学的影响与这

---

① 参见吕林海.转向沉默行为的背后：中国学生课堂保守学习倾向及其影响机制——以南京大学物理专业本科生为对象的实证研究[J].远程教育杂志，2016(6)：28-38.

② KUH G D. What we're learning about student engagement from NSSE [J]. Change, 2003, 35(2): 24-32.

③ 参见杨立军，韩晓玲.大学生学习投入变化趋势及特征：基于校内追踪数据的分析[J].复旦教育论坛，2013,11(5)：46-52.

些背景特征不一致，这些背景特征就会调节或抵销学生大学经历的影响。学生的职业倾向、抱负和奋斗目标在入学前就已初步建立，在大学期间这些背景特征进一步成型，随后又影响着他们毕业后的成就。

四、成就动机与行为心理

就业因素影响大学生学习的理论依据也可以从心理学、经济学等方面得到证实。

（一）成就动机理论

教育价值就是指教育活动的有用性与满足教育主体需要之间的一种肯定性关系。人们在审视和判断教育价值时，总是以一定的利益和需要为价值标准。身处进入社会前的准备阶段，就业目标及就业环境往往影响着大学生对学习任务重要性、实用性以及代价的评判。

约翰·阿特金森(John Atkinson)建立了成就动机的期待—价值理论。该理论认为，个体对当前学习任务价值的知觉程度是学习投入和学业成就的有力预测因素。换言之，如果学生认为行动的结果没有价值，就会失去学习动机。期待—价值理论的核心概念是个体的成功预期、能力信念和任务价值。杰奎琳·埃克尔斯(Jacquelynne Eccles)等人认为，成功预期是指个体对眼前的、近期的或将来的任务能够做得多好的信念；能力信念是个体对自己不同领域能力的评价；任务价值则是个体对某一事物或某项活动重要性的判断。阿尔伯特·班杜拉(Albert Bandura)的学习社会性理论认为，成功预期和能力信念是非常相似的概念，前者倾向于结果判断，后者倾向于效能判断，都可纳入个体的自我效能感。他指出，人类学习行为并不是简单的主体对外部环境发生的机械反应过程，而是更加受到主体对环境的感知、审视乃至预期的影响，并且，这种感知和预期的背后深深体现了一种社会性、群体性和文化性的特征。① 因此，期望价值理论可归纳为两种核心成分，即效能信念和任务价值，并认为个体效能信念越强、任务价值判断越高则行动发生的可能性越强。

任务价值指学习者对当前学习任务的趣味性、重要性、实用性和代价的认识，由任务特征和个体需求共同决定。其中，趣味性是学习者从任务中获得成

① 参见张奇.学习理论[M].武汉：湖北教育出版社，2000：244-248.

绩的乐趣或对学科的热情与兴趣;重要性指学习者认为执行好当前任务的重要性,在活动中表现好能够促进其自我概念、自我价值和自我认同;实用性指当前任务与个体的生活主题相关,对个体实现其目标具有作用;代价指个体因选择任务所丧失的机会及完成任务所要付出的努力,会影响个体的学习投入。本书中就业困境对大学生学习的影响主要涉及"就业难"背景下大学生对学习任务价值尤其是任务重要性与实用性的主观认知。

当代成就动机理论在继续强调成功期待与活动价值的基础上加入了目标等其他一些重要的认知变量,同时强调情境因素对成就动机的影响,认为个体随着对现实环境的知觉的变化,其动机也发生变化。比如,埃克尔斯和安德里亚·威格菲尔德(Andrea Wigfield)的成就动机现代模型就将文化、信仰以及影响个体环境的重要社会行为等作为影响学生认知与学习动机建立的重要社会因素。[①] 此外,父母的期待与支持对学生成就动机的影响也得到了证实。[②]

成就动机理论得到了诸多学者的实践证实。比如,以往研究共同证实,期待和具体任务自我概念是环境因素与成就的中介。另有研究证明,期待与认知参与和成绩有着密切联系,且各种价值对学生的选择有很强的预测性。[③]

(二)理性行为理论、计划行为理论与有限理性理论

经济学中的理性行为理论同样对就业因素影响学习的观点给予了有力的理论支撑。理性行为理论基于行为决策主体作为"理性人"的假设,认为决策主体既不会感情用事,也不会随波逐流,而是精于判断与计算,并以此趋利避害、实现利益的最大化。在此基础上,理性行为理论认为人们在做出某一行为前会综合各种信息来考虑自身行为的意义和后果,任何因素都只能通过态度和主观准则间接地影响行为。其中,态度是人们通过对行为结果的意义期待与价值判断决定的;主观准则由人们对他人期待的感知程度与认同水平决定。态度与主观准则相结合构成了行为意向,促成了行为的发展、持续与改变。在该理论视域下,大学生作为"合乎理性的人"对高等教育成本和回报以及自身职业期望与

---

① 参见申克. 学习理论:第 6 版[M].何一希,钱冬梅,古海波,译.南京:江苏教育出版社,2012:352.

② 参见申克. 学习理论:第 6 版[M].何一希,钱冬梅,古海波,译.南京:江苏教育出版社,2012:350.

③ 参见申克. 学习理论:第 6 版[M].何一希,钱冬梅,古海波,译.南京:江苏教育出版社,2012:353.

发展优势的考量决定了其学习目标与学习投入，并最终影响其教育获得。

理性行为理论对个人意志影响行为的假设过分强调人的主观理性，却忽视了外部环境的干预与制约。对此，有限理性理论认为，尽管人的行为是有意识的、理性的，但复杂、不确定环境中信息的不对称性导致人的理性是相对的、有限的。因此，伊塞克·艾奇森（Icek Ajzen）在理性行为理论的基础上加入知觉行为控制因素，由此提出了计划行为理论。知觉行为控制因素即个体对某特定行为的可控制性的判断，是个人能力评估与便利性认知，主要指包括个人技术、能力、缺点、情绪在内的内在控制因素和包括信息、机会、对他人的依赖性或障碍等在内的外在控制因素。

（三）控制感与习得性无助

人们总是希望能在一定程度上掌握和控制自身环境与行为目标。正如成就动机中对自我效能感与结果期待的强调，控制感就是这两种概念的核心。有研究指出，对自身学习内容与行动结果有高控制感的学生更倾向于产生和维持目标指向的积极行为。因此，控制感作为内在动机的一个重要决定因素得到广泛认知。同理，当人们对环境有较强的控制感时，就能够忍受厌恶刺激，产生高水平行为。[①]而当个体丧失对环境、行为结果的控制感时，则会产生“习得性无助”。习得性无助是一种由于过去的不可控制的经历而产生的动机、认知加工、情感层面的心理障碍。产生习得性无助的关键在于个体认为自身行为与结果之间没有联系。在此情境下，个体将放弃做出积极回应，而改为一种消极应对，并因此产生焦虑、抑郁甚至出现攻击性行为。可见，习得性无助会阻碍个体的学习积极性。

这一研究结论可以用来推论就业等未来发展的不确定感对学习动机的消极作用。比如，学习内容与社会需要的脱节导致学习上的努力未必带来应有的个人成长与职业发展，这将导致在校学习成为一种“漫无目的”的付出而造成习得性无助，进而导致学习动机的缺失与被动性学习投入。再者，如果社会舆论对社会不公平性问题的渲染导致就业不公平问题作为“既定事实”为学生所感知，也极有可能对其学习积极性产生侵蚀作用。事实上，当前我国以大学生为代表的青年群体中盛行的“丧”文化、“佛系”文化等都被证实与社会环境不公

---

① 参见申克. 学习理论：第6版[M].何一希，钱冬梅，古海波，译.南京：江苏教育出版社，2012：368.

平、发展前景受阻造成的习得性无助息息相关。

综上可见,个体行为的选择与执行基于对行为的态度以及对相关社会规范、控制性因素的感知与判断。其中,对行为的态度主要依托于成功期待、任务价值以及目标认知等成就动机因素;社会规范反映了以重要他人或团体的期待为主要表现的社会压力对个体行为的影响;控制性因素则意味着个人资本、外部支持等因素对个体行为的干预与制约。基于以上理论,在"学而优则仕"的价值语境中,影响大学生学习的行为态度、社会规范与控制性因素分别对应着大学生对"学习改变命运"的成功期待、价值认同与目标设定,对家庭与社会中个人成就评价体系的顺从或悖逆,以及对自身能力与环境支持的认知与判断。

第二节　文献综述

米歇尔·福柯(Michel Foucault)在探讨"本质"时提出了三个设问:关于本质的知识型开始于何时?关于本质的知识(话语)如何被建构?何以产生一种关于本质的主流话语?这为我们探索"大学生就业困境"背后的深层文化本质提供了思考路径。既然不存在基于事物完整本质的完全而客观的陈述,那么"知识"便只是由一种或几种话语形式塑造出的、具有特定知识秩序的特定知识总和。

所谓"困"者,一指痛苦,二指迷茫。大学生就业困境指的是大学生在就业问题上面临的困难处境,是"就业难"问题在大学生主观意识层面的映射。"既然这个专业将来那么难就业,那么学来何用?""考上大学依然要与高中毕业生竞争岗位,学习真的能改变命运吗?""对于考公而言,现在课堂上学的知识完全没有用武之地。""很难想象学那么多人文的、理论的知识是为了什么?"……自从我在大学任职以来,学生的困惑与抱怨便充斥耳畔。无论多么用心地备课,无论多少次解释人文学科、通识课程对于个人、社会乃至人类发展的重要性,都无法完全缓释学生对未来的不安以及对当前学习"有用性"的质疑。大学生的就业困境究竟体现在哪些方面?对其产生根源应如何归因?就业困境在大学生学习生活中的可能影响有哪些?在此,主要从大学生就业困境现状、产生机制及其对大学生学习的影响三方面入手,通过搜集既有文献,探明研究的可能路径。

一、就业困境：就业问题在大学生群体中的主观体现

大学生对就业问题的主观建构是反映其文化生产的重要指标。我国大学生就业困境问题的表现较为多样化。王淼从就业环境、就业观念、就业心理以及职业前景等方面阐释了当前我国大学生就业困境问题，并指出：就业困境是家庭、学校、社会以及学生个体多方因素作用的结果。① 岳杰勇则从“90后”大学生的就业环境认知角度分析了就业困境。他指出，我国大学生对就业公平、就业前景持质疑态度，对社会经历缺乏系统认知，且对学校、专业的认同感较低。② 基于以往文献，我们可以从就业规划、就业公平、就业期待与就业妥协、就业压力等四方面对大学生就业困境进行总结。

（一）就业规划困境

以往研究对大学生就业规划困境的论述主要集中在大学生对就业目标、就业准备以及就业形势与政策等方面的认知不足。蒋承、周丽萍指出，首都院校大学生对于求职认知的清晰度并不理想，仅有不到一半的学生有较为清晰的认知。③ 王淼指出，部分大学生缺乏系统科学的职业规划，且对家人、学校存在较强的依赖感。④ 王麒凯等通过探索性因素分析指出，大学生就业目标与计划准备、就业形势与政策准备方面有待加强。⑤ 谢婷婷等调查指出，大学生并不清楚用人单位看重什么样的能力。⑥ 黄茜也通过调查得出结论，大学生对就业所需能力的认知与用人单位存在偏差。⑦ 闫丽英通过对新升本科院校大学生的调查也指出，新升本科院校的部分大学生就业信息不足，缺乏合理的职业生涯规划，且对自己所学专业认识不清，专业前景模糊。⑧ 由上可见，我国大学生普遍面临

① 参见王淼.当代大学生就业困境：表征·原因·对策[J].技术经济与管理研究，2011(5)：46-49.

② 参见岳杰勇.90后大学生对就业环境认知状况的实证研究[J].中国青年研究，2014(8)：86-91.

③ 参见蒋承，周丽萍.向职业生涯的成功过渡[M]//鲍威，杨钋，朱红，等.首都高校教学质量与学生发展监测研究.北京：人民日报出版社，2015：119.

④ 参见王淼.当代大学生就业困境：表征·原因·对策[J].技术经济与管理研究，2011(5)：46-49.

⑤ 参见王麒凯，钱骅，黄梅英.大学生就业准备特点及对策的研究[J].中国大学生就业，2014(22)：13-18.

⑥ 参见谢婷婷，何玲霞，束长娟，等，理工科女大学生就业准备状况调查与自我营销方案设计：以江苏技术师范学院为例[J].江苏技术示范学院学报，2010(7)：27-32.

⑦ 参见黄茜.大学生就业调查：七成毕业生五年两跳槽[N].广州日报，2011-10-25.

⑧ 参见闫丽英.新升本科院校大学生就业准备状况的调查研究：以山西省新升本科院校为例[J].教育理论与实践，2014(10)：15-17.

就业规划困境。

关于就业规划困境的影响因素，可以从年级、院校类型、家庭背景、院校支持等方面得到证实。① 年级方面，大四学生的就业规划更为清晰。院校类型方面，民办院校大学生对自身有明确发展规划的比例较高。院校支持也对大学生就业规划产生显著影响，其中以生涯教育投入水平最为显著。

家庭背景方面，文化资本与社会资本对大学生就业规划的影响得到广泛证实。研究表明，以第一代大学生为代表的文化资本较低家庭出身的大学生的就业规划水平较低。② 这在一定程度上是对冲突理论的回应。社会资本对我国大学生就业规划的影响主要体现在就业信息的获得方面。陈成文与谭日辉的研究表明，92.8％的大学毕业生通过社会资本获得就业信息。③ 郑晓涛等通过调查发现，大学生社会网络中的弱关系越多，则越可能通过关系获取工作。④ 黄敬宝将我国大学生就业中社会资本的运用模式总结为招聘信息不公开、招聘过程潜规则、"萝卜招聘"以及"萝卜影子招聘"等四条，并指出社会资本的广泛使用具有双重性：既能弥补市场信息不足、促进大学生与雇用市场的有效配置，也会干扰大学生人力资源的合理配置，破坏社会公平。⑤

(二)就业公平困境

就业市场公平问题在主观层面表现为大学生就业公平感的获得。黄耿华、莫家豪利用量化分析方法研究发现，大学生群体普遍认为当前社会不平等程度较严重，"向上流动"的渠道已变得较为狭窄，且家庭背景及资源对一个人的前途发展有显性影响，代际"再生产"机制占据优势。⑥ 艾楚君等通过调查指出，大

---

① 参见鲍威，杨钋，朱红，等.首都高校教学质量与学生发展监测研究[M].北京：人民日报出版社，2016：128-140.

② 参见王兆鑫.寒门学子的突围：国内外第一代大学生研究评述[J].中国青年研究，2020(1)：94-104，48.

③ 参见陈成文，谭日辉.人力资本与大学毕业生就业的关系：基于2003、2004届大学毕业生的实证研究[J].高等教育研究，2004(6)：31-35.

④ 参见郑晓涛，李旭旦，相正求. 社会资本和人力资本对大学生就业的影响[J].高等教育研究，2006 (8)：20-25.

⑤ 参见黄敬宝.人力资本和社会资本视角下的大学生就业研究[M].北京：中国社会科学出版社，2014：219.

⑥ 参见黄耿华，莫家豪."后精英"的社会印象：当代大学生对阶层分化及社会机会的主观认知[J].浙江大学学报(人文社会科学版)，2013(4)：182-195.

部分青年的就业公平感处于中等水平。① 此外，大学生对社会资本的重视程度也从侧面证实了其对就业不公平问题的主观认知。北京师范大学“我国大学生就业问题研究”课题组于 2002 年对全国 14 省的高校实施调查得知，在影响就业的因素中，社会关系排在第二位，在成功就业的学生中，有18.6％承认社会资本是其落实单位的原因之一，而在尚未落实单位的学生中，19.2％认为初次就业失利与社会资本不足有关。② 同样的结论也得到陈成文、郑美群等学者的证实。陈成文、谭日辉指出，90.1％的毕业生认为社会关系对就业影响相当大。③ 郑美群等通过对长春三校的调查得出结论，42％的大学生认为社会关系对就业有很大作用，52％的大学生认为社会关系对就业有一定作用。④

研究发现，性别、户籍、独生子女与学历背景、社会阶层等因素都对大学生的就业公平感产生显著影响。⑤ 性别方面，女性大学生的就业起点公平得分略高于男性，而男性大学生的就业过程公平和就业结果公平得分则高于女性。户籍方面，大中型城市出身的大学生的公平感最强，农村户籍大学生次之，普通城镇出身大学生的就业公平感最弱。是否独生子女方面，独生子女的就业公平感低于非独生子女。学历背景方面，大中专学历大学生的起点公平感最低，本科与研究生总体就业公平感相差不大。社会阶层方面，公司管理阶层与商业服务业阶层大学生就业公平感相对较高，国家与社会管理阶层、农业劳动者阶层的就业公平感相对较低。

（三）就业期待与就业妥协

我国大学生对就业的高期待得到普遍证实。有学者通过研究表明，大学生就业偏好于大城市、东部沿海地区、垄断产业和大企业，“极化”现象明显。⑥ 邓

---

① 参见艾楚君，田双喜，庄创奇.青年就业公平感结构、现状与对策的实证研究[J].中国青年研究，2015(6)：91-95，101.

② 参见郑洁.家庭社会经济地位与大学生就业：一个社会资本的视角[J].北京师范大学学报（社会科学版），2004(3)：111-118.

③ 参见陈成文，谭日辉.人力资本与大学毕业生就业的关系：基于 2003、2004 届大学毕业生的实证研究[J].高等教育研究，2004(6)：31-35.

④ 参见郑美群，于卓，刘大维.大学生就业社会资本的开发与利用[J].东北师大学报（哲学社会科学版），2005 (03) ：138-142.

⑤ 参见艾楚君，田双喜，庄创奇.青年就业公平感结构、现状与对策的实证研究[J].中国青年研究，2015(6)：91-95，101.

⑥ 参见吴克明，赖德胜.大学生自愿性失业的经济学分析[J].高等教育研究，2004(2)：38-41.

光平通过对武汉七所高校的调研发现,大学生对于薪酬的预期普遍高于实际情况,这成为影响其成功就业的主要因素。① 我国大学生就业期待的这些特点更大程度上源于我国社会文化背景,是大学生做出的理性选择。李锋亮等通过研究证实,中韩大学生具有相似的就业期望。② 韩国大学生同样希望在大型企业、政府部门以及大都市就业,并追求更高的学位。父母期待是影响中韩大学生"体制内取向"与"大都市取向"的重要原因。对此,李锋亮等认为,这是因为两国社会文化背景具有相似性。这不仅体现在相似的市场结构与社会情势,也反映了儒家文化对两国价值取向的共同影响,并在一定程度上证实了我国大学生就业期望的合理性。吴克明、孙百才指出,我国大学生就业期望偏高容易导致失业,但这是大学生在未来不确定性、信息不完全以及学费高昂的条件下企图实现预期收益最大化而做出的一种理性选择。③ 大学生就业期待的影响因素还有家庭背景、学历程度、专业类型、性别及班干部经历、就业压力和就业信心等。朱平研究发现,出身富裕家庭的大学生与出身贫困家庭的大学生都不能接受较低的收入,但出身富裕家庭的大学生对薪金的要求更高。④ 同时,重点高校大学生的就业期望高于一般院校大学生,男大学生的就业期望高于女大学生。杨江涛将大学生就业期望分为管理型、独立自主型、创造型、安全型和技术型。⑤ 其研究发现,女生比男生更倾向于安全型。另有研究证实,学历越高则就业期望越高,理工农医类专业的就业期望高于人文社科,男性的就业期望高于女性,担任过学生干部的大学生就业期望高于没有干部经历的大学生,且就业压力越小,就业信心越大,就业期望越高。⑥ 另外,随着就业难度的增加,就业妥协水平的提升也得到证实。⑦ 可见,就业妥协是大学生面临就业困境的重要表现形式之一。

① 参见邓光平,大学生薪酬预期与实际支付的对接[J].江苏高教,2010(1):105-106.

② 参见李锋亮,张瑜,曹越.为何中韩大学生具有相似的就业期望[J].清华大学教育研究,2013(4):114-120.

③ 参见吴克明,孙百才.大学生就业期望偏高的经济学分析[J].教育与经济,2005(4):52-55.

④ 参见朱平.大学生首次就业期望收入的调查分析[J].福州大学学报(哲学社会科学版),2009(3):100-103.

⑤ 参见杨江涛.大学生就业期望及影响因素的调查与分析[J].中南大学学报(社会科学版),2010(4):40-44.

⑥ 参见李锋亮,杜汇良,张非男.对大学在校生就业准备的实证分析[J].现代远程教育研究,2011(6):37-41.

⑦ 参见曾向昌.大学生就业期望与实际就业的关联性分析研究[J].高教探索,2007(2):110-112.

（四）就业压力

根据理查德·拉扎勒斯（Richard Lazarus）的交互作用理论，大学生就业压力主要体现为大学生在就业情境中由许多内外在变量与个人因素交互作用所产生的心理紧张现象。[①] 随着社会对大学生就业难问题的关注在媒体每年“史上最难就业季”的呼声中逐渐冷却，人们似乎已经接受了大学生就业“没有最难，只有更难”的现实。然而对于作为当事人的大学生而言，就业仍然是其主要压力源之一。北京青年压力管理服务中心经过连续6年的中国大学生就业压力调查指出，我国大学生就业压力已达到常态化。更有国内学者研究证实，有将近80%的学生表示就业压力较大或者很大。[②] 大学生就业压力的现状与相关因素研究无疑成为探讨大学生发展现状、反思高等教育与市场关系的重要视角。

关于就业压力的形成机制，拉扎勒斯和苏珊·福克曼（Susan Folkman）提出了应激的CPT理论模型，强调个体认知与环境之间的相互作用。[③] 他们认为，个体首先会评估压力源对自己是否具有挑战性和威胁性，被称为初级评估；之后个体评估自己所具有的能量是否能应对压力源，这是次级评估。此外，菲利普·赖斯（Phillip Rice）指出压力应对策略和社会支持是调节压力的两个重要变量。[④] 但我国学者吴文峰、卢永彪对我国毕业生的调查结果显示，应对策略显著影响就业压力，但社会支持的影响不显著。[⑤] 李胜强等通过对大学生主观评价的测量，将大学生就业压力分为社会环境压力、个人环境压力、个人条件压力以及时间压力等四种类型，并指出其中代表市场供需的社会环境压力因素的影响最大，个人环境压力次之。[⑥]

我国学者对造成大学生就业压力的原因进行了具体分析，其中，客观因素

---

① LAZARUS R S, FOLKMAN S. Stress, appraisal, and coping [M]. New York: Springer, 1984.

② 参见李锋亮，杜汇良，张非男.对大学在校生就业准备的实证分析[J].现代远程教育研究，2011(6)：37-41.

③ LAZARUS R S, FOLKMAN S. Stress, appraisal, and coping [M]. New York: Springer, 1984.

④ 参见赖斯. 压力与健康[M].石林，古丽娜，梁竹苑，等译.北京：中国轻工业出版社，2000.

⑤ 参见吴文峰，卢永彪.应对方式与社会支持对高校毕业生就业压力的影响[J].湖南科技大学学报（社会科学版），2013，16(4)：94-97.

⑥ 参见李胜强，李虹，金蕾莅.大学生就业压力的类型及分析[J].清华大学教育研究，2011，32(2)：71-76，82.

包括就业形势[①]与就业机会[②]等市场环境因素,以及学校教育培养与就业岗位脱节、专业供需矛盾、缺乏求职渠道等教育环境与社会支持因素;主观因素包括自我评价、自我认知与定位[③]以及职业成熟度[④]、心理预期、学习价值认同感[⑤]等相关因素。此外,性别、院校所造成的大学生就业压力的差异性也得到证实。[⑥]李锋亮等通过调查证实,大学生就业压力主要来源于"就业人多,竞争激烈""就业的准备工作不够充分"和"没有明确的就业目标""就业可用的资源、人脉少""所学专业的就业形势不好"等因素。[⑦] 女性大学生、人文社会学科大学生感到的就业压力更大。个人能力不足、毕业生太多、对就业机会不了解、就业机会太少、所学专业就业很难对口、本科学历太低、缺乏职业规划和就业指导、薪酬太低无法接受以及社会歧视应届毕业生等都构成就业压力的理由。[⑧]

通过上述考察可以看出,以往研究为后人理解、探究大学生就业压力问题提供了大量的理论线索与实践经验,但仍存在可以进一步完善的余地。例如,就业压力源的定位与剖析多立足于经验主义认知及大学生的主观评价,相关实证性研究也多将关注点集中于个别因素对就业压力影响力的验证,缺乏对其影响机制的综合性考察,且在社会支持是否影响就业压力问题上存在争议。

在此基础上,本书将大学生就业困境理解为大学生面对未来就业时所表现出的迷茫的、焦虑与悲观的心理与认知状态,主要从就业规划困境、就业公平困境、就业妥协与就业压力等四个方面展开探讨。

---

① 参见陈宇红,江光荣.大学生就业压力问卷的编制[J].广州大学学报(社会科学版),2009,8(3):31-35.

② 参见张剑.从社会稳定的视角解读青年大学生的就业压力[J].中国青年研究,2014(10):14-17, 23.

③ 参见戴斌荣,周健颖,金爽.千名大学生就业压力现状调查[J].中国健康心理学杂志,2014,22(11):1727-1730.

④ 参见李丽芳.大学本科生就业压力与职业成熟度相关研究:基于大学生职业生涯规划的中介效应分析[J].湖北科技学院学报,2016,36(2):103-106.

⑤ 参见庞明礼."新读书无用论"与大学生就业压力相关性研究[J].高校教育管理, 2013, 7(2):110-115.

⑥ 参见戴斌荣,周健颖,金爽.千名大学生就业压力现状调查[J].中国健康心理学杂志,2014,22(11): 1727-1730.

⑦ 参见李锋亮,杜汇良,张非男.对大学在校生就业准备的实证分析[J].现代远程教育研究,2011(6):37-41.

⑧ 参见邓敏.大学生就业规划与就业意向的调查分析[J].企业导报,2015(16):149-150.

二、大学生学习问题“黑箱”与就业困境

近年来，随着国家对“充分调动学生学习积极性和主动性”的要求，国内学者逐渐将关注点由以往的“供给者本位”转变为“需求者本位”，研究学生的多样化需求，了解学生的新型学习参与模式，成为理性认知高等教育机构发展定位、保障高等教育供需平衡的重要指标。在此背景下，大学生学习及其影响因素研究得到了广泛关注，大学生学习的研究范畴也由专业学习、课程学习拓展到包括课外文化生活与实践活动在内的整体学习生活经历。对此，主要可以从学习动机、学习过程以及学业成就等三个方面展开讨论。

（一）大学生学习动机研究

1.学习动机的内涵与类型分析

动机一词源于拉丁文“Movere”，原意是推动或引向行动。心理学中“动机”（Motivation）一词于20世纪30年代正式在书名中出现，当时“动机”被认为是决定行为的内在动力。随着人们对非智力因素的重视，学习动机成为教育心理学研究的一个热点，各种动机理论相继问世。动机理论的发展大致可以分为三个阶段：20世纪上半叶的机械论动机观、六七十年代的认知观的动机理论和80年代后调节认知观的动机理论。出于研究的需要，对动机的阐释也逐渐多样化，学者们从不同角度对动机进行了分类。根据学习动机的来源划分为内在动机和外在动机；法尔克・莱因贝格（Falko Rheinberg）根据动机持续作用的时间将其划分为近景性动机和远景性动机；亨利・默里（Henry Murray）根据个体的需要水平不同，将动机分为自然动机和社会动机等。比格斯将学习动机分为表层型、深层型和成就型。其中，表层型动机指为了应付检查和考试的动机；深层型动机是指出于内在兴趣与好奇心、求知欲的学习动机；成就型动机则是学生为了获得高分或奖励、褒奖而学习的动机。[①] 爱德华・德西（Edward Deci）和理查德・瑞安（Richard Ryan）等人提出的自我决定理论根据学习动机的来源不同，把学习动机划分为无动机、内在动机、外在动机三种类型，这一理论阐述行为的激发、行为的维持以及行为的质量等方面的内容，强调人的行为的自主性

① 参见申克.学习理论：第6版[M].何一希，钱冬梅，古海波，译.南京：江苏教育出版社，2012:36.

和潜能的激发,能够反映学习动机的特点。[①] 在此基础上,研究者依据高等教育的四种主要功能将大学生的学习目的分为职业规划、学术旨趣、个体的个性化和社会化目的等四种类型。[②] 此外,国内学者对大学生学习动机维度的建构比较多样化,标准不一,主要包括追求知识、就业、追求成就、社会奉献等几类。综上可见,中外学者对学习动机的内涵与类型分析是多元统一的。虽然在细微之处略显不同,但无不体现教育价值体系中职业与素养、技能与知识、成才与成长、外在成就与内在兴趣的割裂与统一。

2.中国大学生学习动机现状研究

我国大学生学习动机在一定程度上凸显出外在成就与内在修养之间的辩证统一,为冰冷生硬的学术理论增添了一丝氤氲的现实气息。研究表明,中国大学生学习动机呈现多样性、复杂性、混合性特点,且存在"功利性动机"较强、学习动机不足等问题。以往研究聚焦大学生学习动机的多样性,同时也证实了大学生学习动机问题的普遍存在。史静寰等指出,绝大多数的大学生对学习兴趣、学习动力和学习快乐感持积极评价,超过半数的大学生表示出希望继续深造的学业成就期望,但同时也有近半数的大学生缺乏学习意义感,且学习意义感随年级升高而降低。[③]他们通过"中国大学生学习性投入调查"(NSSE-China)2009年的调查数据发现,大部分学生认为自己的学习动力一般。半数有余的学生认为自己处在"较强"和"较弱"之间。有近一半的大学生不明确自己所学东西的意义,不清楚自己学习的意义所在,有27.6%的大学生对学业成就的期望仅限于"能毕业拿到学位就成",更有13.7%的大学生没想过自己未来的学业规划,认为"走一步算一步"。同时,大学生学习目标迷失现象也得到众多国内学者的广泛证实。[④] "大学生学习情况调查研究"2011—2014年连续四年的调查结果显示,每一年都有约1/4的大学生从未考虑过自己上大学的目标是什么。[⑤]

---

① 参见朱红,于津民.大学生求学动机对综合能力发展的影响[J].高等理科教育,2015(5):90-100.

② ENTWISITLE N J, PETERSON E R. Conceptions of learning and knowledge in higher education: relationships with study behaviour and influences of learning environments [J]. International Journal of Educational Research, 2004(6): 407-428.

③ 参见史静寰,涂冬波,王纾,等.基于学习过程的本科教育学情调查报告2009[J].清华大学教育研究,2011,32(4):9-23.

④ 参见鲍威,杨钋,朱红,等.首都高校教学质量与学生发展监测研究[M].北京:人民日报出版社,2016:119.

⑤ 参见史秋衡,汪雅霜.大学生学习情况调查研究[M].北京:教育科学出版社,2015:519.

廖满媛利用问卷调查得知,大学新生中仅有20%有明确的学习目标。[①] 刘献君通过长期研究认为,从中学到大学的过渡,首先要面对的便是目标的失落与确立。[②] 可见,我国当代大学生面临着严峻的动机不足、目标混乱、价值迷失的心理困境。

另外,当代大学生的"功利主义"学习观也受到国内学者的广泛关注。朱红、于津民通过对首都高校大学生的调查分析指出,实践学习动机的学生比例要略微高于知识学习动机的学生比例。83.9%的大学生认为在大学期间掌握未来职场需要的知识技能比较重要或重要。[③] 同时,刘淳松等的研究表明,大学生六种动机的强度水平由高到低依次是物质追求、求知进取、小群体取向、社会取向、害怕失败和个人成就。[④] 鲍威也同样指出,"找好工作"和"追求事业成功"是学生的主要学习动力。[⑤] 同时,西方学者比格斯和戴维·沃特金斯(David Watkins)的研究也支持了这一结论。他们指出,相较于受内在学习动机驱动的西方学习者,中国学习者多会通过对外在动机的反应来达到深层学习结果。[⑥] 著名西方学者迈克尔·邦德(Michael Bond)将中国大学生学习参与过程中存在的主动性、创造性等问题归因于"追求现实功绩"的学习动机。[⑦] 对此,有研究总结:中国学生的学习多数并不是真的对知识本身感兴趣,而更多的是出于外在动机,学生学习的功利性和目的性都非常强。[⑧] 以上研究结果皆指向我国当代大学生重视就业前景、关注未来发展走向的现实主义学习观。

另有一些研究则指出,我国大学生并非仅关注学习的工具主义价值。刘健的研究结果表明,"提高自身素质"与"将来事业成功"同为地方高校大学生最为关注的焦点。[⑨] 郭芳芳等通过质性研究考察大学生在大学期间的学习目的并证

---

① 参见廖满媛.大学新生学习目标的缺失与引导探析[J].中国电力教育,2008(21):172-173.

② 参见刘献君.论大学学习[J].江苏高教,2016(5):1-6.

③ 参见朱红,于津民.大学生求学动机对综合能力发展的影响[J].高等理科教育,2015(5):90-100.

④ 参见刘淳松,张益民,张红.大学生学习动机的性别、年级以学科差异[J].中国临床康复,2005(20):96-98.

⑤ 参见鲍威.扩招后中国高校学生的学习行为特征分析[J].清华大学教育研究,2009(2):78-87.

⑥ BIGGS J B. WATKINS D A. The Chinese learner Learner in retrospect[M]//WATKINS D A, BIGGS J B. The Chinese learner: cultural, psychological and contextual influences. Hong Kong: Comparative Education Research Center, the University of Hong Kong, 1996: 269-285.

⑦ BOND M H. The handbook of Chinese psychology [M]. Hong Kong: Oxford University Press, 1996: 208-226.

⑧ 参见李帆.教育期待深度变革:对模式、有效教学和童年价值的思考[J].人民教育,2013(2):17-20.

⑨ 参见刘健.地方高校大学生学习动机现状与对策:以广东为例[J].高教探索,2007(3):120-123.

实:大学生社会化目的与职业目的是其主要学习目的。[①] 其中,65%的被试将学习目的归结为"在未来过上好的生活",60%希望"获得职业资格,顺利毕业,找一份好工作"。而持有"通过学习提高素质、质疑已知、挑战未来"的个性化目的的大学生占比最小,仅是样本总体的20%。但值得关注的是,持有社会化目标的大学生群体在向往美好生活的基础上秉持着"做有意义的事,让社会变得更好"的心愿。可见,当代大学生并未一味贪图自身利益与主观享受,其中一部分将自身事业成就与个体素养、人生幸福乃至社会进步、社会贡献统一起来,在一定程度上凸显出新一代大学生的公民素养与家国情怀,同时也对视谋求个人利益为"功利"的传统价值评价体系展示了舆论突围的可能。

3.学习动机的影响因素研究

以往研究结果显示,中国大学生学习动机主要受性别、年级、家庭背景以及院校类型的影响,其中多暗含动机主体对未来发展的理性考量。性别方面,史静寰等通过对不同性别学生学习心理/状况特征的比较分析发现,在学业成就期望、学习动力和学习快乐感上,女生得分都高于男生,但学习意义感却普遍弱于男生,有56.2%的女生表示并不清楚所学东西对自己的意义。[②] 此外,刘健的研究结果表明,男大学生比女大学生更强调外在动机,重视成名成家、强调权力或地位的动机,而女大学生则相对更加注重个体自身素养的提升。[③] 可见,大学生中的女性群体更倾向于享受学习生活带来的乐趣,并在学习实践中更具积极性,但在学习外在动机与价值认同方面,男性群体更具优势。对此,以往研究推测或许可以归结于男性群体对就业发展前景的关注度更高、现实压力更大。

年级方面,一年级学生在专业兴趣、学业成就期望和学习意义感上表现较好,三年级学生学习动力较强,四年级学生学习快乐感最强但学习意义感最低。概而言之,大学生的学习快乐感随年级升高而增加,但意义感却随年级的升高而降低,且从二年级起逐年下降的幅度很大。[④] 对此,史静寰教授指出,解释这种现象的原因可能不仅在学校,还要从就业市场的现实、从学生面对不可预知

---

① 参见郭芳芳,白雯,郭宁娅.认知差异与互动协调:地方本科院校大学生学习的困境与超越研究[J].江苏高教,2019(4):42-49.

② 参见史静寰,涂冬波,王纾,等.基于学习过程的本科教育学情调查报告2009[J].清华大学教育研究,2011,32(4):9-23.

③ 参见刘健.地方高校大学生学习动机现状与对策:以广东为例[J].高教探索,2007(3):120-123.

④ 参见史静寰,涂冬波,王纾,等.基于学习过程的本科教育学情调查报告2009[J].清华大学教育研究,2011,32(4):9-23.

的未来而持有的心态当中去寻找。她推测，四年级学生面临就业压力，特别是求职所遇到的困难和耳闻目睹的职场规则使学生产生困惑，甚至影响其学习意义感。可以看出，越是临近毕业，大学生学习动机越趋向现实主义。

家庭背景方面，朱红、于津民通过对首都高校大学生的调查分析指出，农村学生知识学习及实践学习动机均高于城市学生。同时，城市学生的闲暇享乐动机强于农村学生。[①] 刘健的研究也证实了城乡大学生在学习动机层面的显著差异。[②] 其研究结果表明，农村大学生更加强调学习的奉献性与趣味性，而城市生源的大学生则更多关注学习的实用性。对此，黄敬宝指出，拥有社会资本的大学生即使不学习也能够实现就业，他们上大学只是为了拿到文凭，是否拥有真才实学并不重要。这将导致该群体中部分学生学习动机不足。[③]

院校类别方面的差异主要体现为重点高校的显著优势。比如，史秋衡、郭建鹏研究证实，"985"高校大学生在应用知识学习观方面得分最高，在内在动机方面也显著高于一般本科院校；而高职高专学生则在记忆知识学习观方面得分最高。[④] 朱红、于津民将学习动机分为知识学习动机、实践学习动机与闲暇享乐动机，在此基础上探讨不同院校类型大学生在学习动机方面的差异。结果显示，研究型院校学生的知识学习动机得分高于均值，其中"985"院校得分最高，"211"次之。高职高专学生的实践学习动机最强，其次是民办和独立学院的学生。该两类院校学生的实践学习动机比本科院校学生的实践学习动机更强。常规的本科类院校中"211"院校学生的实践学习动机最强，其次是一般本科、"985"院校。闲暇享乐动机方面，高职高专、一般本科院校得分最高，其次为民办独立院校，这三类院校学生的得分高于"985"院校和"211"院校。[⑤] 这在一定程度上反映出各级高校在生源、发展定位、教学理念以及教学资源等方面存在的巨大差距。

此外，学习目的不明确、学习意义感缺失、职业规划不足以及教育体制失焦、社会风气不良等也被认为是导致大学生学习动机不足的主要原因。路丽丽通过案例分析指出，大学生普遍存在缺乏学习兴趣和目标的问题，并总结原因

---

① 参见朱红，于津民.大学生求学动机对综合能力发展的影响[J].高等理科教育，2015(5):90-100.

② 参见刘健.地方高校大学生学习动机现状与对策:以广东为例[J].高教探索，2007(3):120-123.

③ 参见黄敬宝.人力资本和社会资本视角下的大学生就业研究[M].北京:中国社会科学出版社，2014:223。

④ 参见史秋衡，郭建鹏.我国大学生学情状态与影响机制的实证分析[J].教育研究，2012(2):109-121.

⑤ 参见朱红，于津民.大学生求学动机对综合能力发展的影响[J].高等理科教育，2015(5):90-100.

为自我认识不准确、职业规划意识薄弱等。[①] 廖满媛针对大学新生入学时目标缺失的现状指出，继续深造导致的目标淡化以及入学教育的效果不佳是造成此问题的主要原因。[②] 黄思、王建国也指出，大学生学习动力不足是高等院校普遍存在的问题，缺乏明确的学习目标是其主要原因。[③] 其中，缺乏学习目标是由学生自身起点低、基础差、缺乏专业学习兴趣以及不良社会风气、学校教学体制造成的。可见，社会风气、院校支持以及学生自身的生涯规划与素质能力问题等都是导致学习动机不足的重要原因。

4.学习动机的影响与"中国学习者悖论"

学习动机对学习投入的影响得到普遍证实。汪雅霜、汪霞通过大学生学习情况调查网络平台，对我国10所高职院校的8951名学生进行学习投入度及其影响因素调查并发现，高职院校学生个体因素影响学习投入度，其中学习兴趣的解释力最高。[④] 西方学者的大量研究证明，人的内在学习动机不仅有助于实现深层的理解性学习，并且是达成这种深层学习的先决条件。而外在动机则被认为会损害深层学习。这一观点也得到中国研究者的证实。但比格斯和沃特金斯认为，对于中国学习者来说，内在动机和深层学习的联系并不像西方学生那样十分明晰。中国学生常常会运用各种反映外在动机的策略来达到深层学习结果。[⑤] 以个人自主性选择为特征的内在动机对学业表现与成就的促进作用也被证明只适用于欧裔美国学童，亚裔学童则更喜欢让自己信任的权威人物或同伴替他们做出选择。[⑥] 后续研究进一步表明，亚洲学童不但乐于接受由他们关系非常亲密的人所选择的学习活动，而且还可以学得很好。[⑦] 李荣安认为，儒家文化通常会同时强调教育的内在意义和外在功用，这突出体现为"内圣外王"

① 参见路丽丽.大学新生学习目标缺损原因及对策研究[J].科技视界，2012(32)：60，67.

② 参见廖满媛.大学新生学习目标的缺失与引导探析[J].中国电力教育，2008(21)：172-173.

③ 参见黄思，王建国.浅谈学习目标的确立对大学新生成长成才的影响[J].教育教学论坛，2011(6)：129-130.

④ 参见汪雅霜，汪霞.高职院校学生学习投入度及其影响因素的实证研究[J].教育研究，2017(1)：77-84.

⑤ BIGGS J B，WATKINS D A. The Chinese learner in retrospect[M]//WATKINS D A，BIGGS J B. The Chinese learner：cultural，psychological and contextual influences. Hong Kong：Comparative Education Research Center，the University of Hong Kong，1996：269-285.

⑥ IYENGAR S S，LEPPER M R. Rethinking the value of choice：a cultural perspective on intrinsic motivation [J]. Journal of Personality & Social Psychology，2009，76(3)：349-366.

⑦ BAO X，LAM S. Who makes the choice? Rethinking the role of autonomy and relatedness in Chinese children's motivation [J]. Child Development，2008，79(2)：269-283.

的理念。在这个意义上，中国学习者的学习动机一方面表现为内在的求知与“立德”(内圣)，另一方面表现为外在的“立功”和“立言”(外王)。后者往往会彰显得更加强烈。[①] 中国学生往往更加看重自己的学习是否满足了父母、教师和家族的希望，并凭借学业、考试、就业以及之后的职业成就等表现出来。在这一“外王”的追求中，“内圣”常被视为实现目标的重要途径而呈现工具性价值。同样，戴维·肯博(David Kember)等针对中国大学生的访谈表明，如果专业/课程有助于学生的职业准备，那么学生就会产生更加浓厚的学习兴趣。也就是说，职业生涯取向的动机可以促进学习兴趣的产生。[②]因此有学者认为，即使是所谓的外在动机，中国学习者也能够将其转化为内部动力，借此获得深度和有意义的学习成果。[③] 著名学者邦德明确地把上述的中国人的成就动机扎根到儒家文化的影响上。评价一个人一生的成功尺度，更多地在于其事业的成功和对社会的贡献，即“立德、立功、立言”的“三不朽”。[④] 由此可见，建立在内在动机与外在动机二元论基础上的西方学习动机—学习投入模型在内在动机与外在动机相互转化且平行共生的中国并不具备足够的解释力。可以通过职业生涯发展视角对我国大学生的学习投入与生活规划展开调研。

(二)大学生学习过程研究

1.学习投入的概念与内涵

学习投入的概念最早可追溯到教育哲学家拉尔夫·泰勒(Ralph Tyler)在20世纪30年代的研究。该研究将学生参与定义为学生在学业中投入的时间以及努力程度。现代意义上的学习投入理论是1984年阿斯汀提出的。他指出，学习投入指的是投入到学习中的体力与心力，既可以指广义上的学习经历，也

---

① LEE W O. The cultural context for Chinese learners: conceptions of learning in the Confucian tradition [M]//WATKINS D A, BIGGS J B. The Chinese learner: cultural, psychological and contextual influences. Hong Kong: Comparative Education Research Center, the University of Hong Kong, 1996: 25-41.

② KEMBER D, WONG A, LEUNG D Y P. Reconsidering the dimensions of approaches to learning [J]. British Journal of Educational Psychology, 2011, 69(3): 323-343.

③ BIGGS J B. Western misperceptions of the Confucian-heritage learning culture [M]// WATKINS D A, BIGGS J B. The Chinese learner: cultural, psychological and contextual influences. Hong Kong: Comparative Education Research Centre, the University of Hong Kong, 1996: 45-67.

④ 参见吕林海，张红霞.中国研究型大学本科生学习参与的特征分析：基于12所中外研究型大学调查资料的比较[J].教育研究，2015(9):51-63; BOND M H. Chinese values [M]// BOND M H. The handbook of Chinese psychology. Hong Kong: Oxford University Press, 1996:208-226.

可以具体指某学科的学习。[1] 而其理论缘起及发展则离不开对学习"过程性指标"的关注。吕林海指出,相对于结果性指标,与本科教育的优质实践相联系的过程性指标具有实践价值,这源于其能够为实践改进提供具体的行动指导。"学习投入"概念的提出扭转了原本狭隘的大学质量观,促使大学回归育人之本。[2]

到目前为止,学术界对学习投入的概念及其内涵还未达成共识,因此,学习投入的测量工具也呈现多样化。对此,埃拉·卡胡(Ella Kahu)总结出大学生学习投入研究所遵循的四种逻辑:行为学逻辑、心理学逻辑、社会文化学逻辑以及整合性逻辑。[3] 其中,行为学逻辑的应用最为普遍。比如汀托认为,学生在大学学习期间的学习经历包括学生在各种学业活动中的自主投入程度,以及与教师、同伴之间互动交往情况这两个方面。[4] 当代大学生学习投入调查中最有影响力的"全美大学生学习投入性调查"(National Survey of Student Engagement, NSSE)以学生投入与院校环境为主体开发而成,充分体现了学习投入测量过程中的行为学逻辑。NSSE问卷的汉化版NSSE-China,由美国印第安纳大学与清华大学合作开发,探讨大学生学习投入五维度指标,包括学业挑战度、主动合作学习水平、生师互动、教育实践丰富度、校园环境支持度。[5] 此外,中国学者嵇艳等借鉴自我主导理论中"外在权威"与"内在声音"的概念,将学习投入分为规则性投入和自主性投入两种类型。[6] 李汪洋则通过学校和学业上的积极行为和越轨行为对青少年学习投入进行了操作化界定。[7] 基于行为学逻辑的大学生学习投入调查具有清晰易测量的优势,但由于对学习过程的过度简化,而遮蔽了学习者的动机、期望和情绪等对学习投入行为而言十分关键的隐性因素,因而

① ASTIN A W. Achieving educational excellence [M]. San Francisco: Jossey-Bass, 1985: 134-137.

② 参见吕林海.大学生学习参与的理论缘起、概念延展及测量方法争议[J].教育发展研究,2016(21):70-77.

③ KAHU E R. Framing student engagement in higher education [J]. Studies in Higher Education, 2013(5): 758-773.

④ TINTO V. Dropout from higher education: a theoretical synthesis of recent research [J]. Review of Educational Research, 1975(1): 89-125.

⑤ 参见罗燕,海蒂·罗斯,岑逾豪.国际比较视野中的高等教育测量——NSSE-China工具的开发:文化适应与信度、效度报告[J].复旦教育论坛,2009(7):12-18.

⑥ 参见嵇艳,汪雅霜.学习动机对大学生学习投入的影响:人际互动的中介效应[J].高教探索,2016(12):23-28.

⑦ 参见李汪洋.教育期望、学习投入与学业成就[J].中国青年研究,2017(1):23-31.

也"忽视了学生内部状态与外显行为之间可能存在的矛盾状态"[①]。

作为对行为学逻辑的纠偏，心理学逻辑指导下的学习投入研究将学习投入作为一个复杂的多维结构。比如，威尔玛·萧费利(Wilmar Schaufeli)等人将学习投入纳入积极心理学范畴，以活力、奉献、专注作为探讨的核心维度。[②] 詹妮弗·弗雷德里克斯(Jennifer Fredricks)则将学习投入分为行为投入、认知投入和情感投入[③]，通过兼顾行为学与心理学双重逻辑大大拓展了学习投入的内涵，因此得到了国内外学者的广泛认同。其中，行为投入包括学习者参与学术性、社会性与校外教育活动的行动及其程度；情感投入关注学习者对其教师、同学、课程以及所在专业、院校的情感认同；认知投入则反映学习者在理智方面对掌握复杂观念或技能所做的投资及其意愿。心理学逻辑指导下的学习投入研究在很大程度上拓展了行为学逻辑的狭隘视野，但仍局限于在个体水平上理解学习投入，忽视了社会情境对个体的行为塑造与意识规范。

社会文化学视野下的学习投入研究进一步将学习投入问题从个体层面延伸至社会文化领域，关注社会情境对学习者学习经验与行为决策的影响。在此背景下，诸多中国学者结合本国教育实际开发出具有本土化特色的大学生学习投入量表。例如，鲍威带领的"高校教育质量与学生发展监测专项项目组"所开发的"本专科生学生发展状况调查"调查问卷中，将"学习参与"分为规则性参与、过程性参与、自主性参与。其中，规则性参与主要使用逃课频率、抄袭作业和论文的频率、没有按时完成作业的频率等三个指标进行评定；过程性参与是指课前预习课后复习、课堂上提问或主动回答问题、课堂上做汇报、积极参加小组讨论、利用图书馆资源开展学习活动、课后与同学讨论、课后向老师请教等；自主性参与则包括课外投入学习的时间、精力、学生自学的内容。[④] 由于不同社会文化情境下人们对学习投入的期望与诠释千差万别，因此社会文化学逻辑将文化多元性理念代入学习投入研究，对其内涵进行了进一步拓展和延伸。此外，基于"中国学习者悖论"所阐发的关于中国文化情境下中国学习者学习特质

---

① 尹弘飚.大学生学习投入的研究路径及其转型[J].高等教育研究，2016，37(11)：70-76.

② SCHAUFELI W B, MARTÍNEZ I M, PINTO A M, et al. Burnout and engagement in university students: a cross-national study [J]. Journal of Cross-Cultural Psychology, 2002, 33(5): 464-481.

③ FREDRICKS J A, BLUMENFELD P C, PARIS A H. School engagement: potential of the concept, state of the evidence[J]. Review of Educational Research, 2004, 74(1): 59-109.

④ 参见鲍威，杨钋，朱红，等.首都高校教学质量与学生发展监测研究[M].北京：人民日报出版社，2016.

的研究也反映出学习投入研究的社会文化学逻辑。对此,本书将在下面关于中国大学生学习投入问题及其影响因素的先行研究中进行具体阐述。

在以上三种研究视野的基础上,卡胡提出整合行为学、心理学与社会文化学以实现对学习投入的全面性把握。但由于现实中操作难度较大,因此少有理想的研究范例。即便如此,在综合考察多种视野与逻辑指导下的学习投入研究后仍能为我们进一步考察大学生学习投入提供有效参照。

2.中国大学生学习投入问题研究

(1)学习越轨问题研究。学习过程中的越轨行为主要体现在学习倦怠与逃课等两个方面。学习倦怠是指学生在学习过程中因感到学业压力大、课业负担重或心理因素而产生的情绪低落、回避学习行为和缺乏成就感的现象。学习倦怠不仅妨碍了大学教育目标的实现,影响着学生自身素质的提高,而且有导致社会风气败坏的可能。大学生学习倦怠主要表现在学习动力不足、学习兴趣不高、学习效能感低、学习策略不当、学习目标不清楚以及网络成瘾等方面。① 同时,逃课作为学习倦怠的现实体现,为学习过程中备受批判的越轨行为提供了另一种解释路径。张二庆通过调查指出,有九成大学生承认自己有过逃课经历,且逃课频率随着年级升高而递增。② 但关于逃课背后的决策机制,有关学者提出"理性逃课"概念以突出学习者自主决策、理性取舍的能动性主体地位。比如,蔡红红等通过对文献的梳理及福建省3所高校514份逃课样本及其中237份理性逃课样本进行分析发现,大学生逃课发生率很高且理性逃课占逃课近一半的比例。③ 其中理性逃课学生较一般逃课学生逃课次数少、女生比例高、担任学生干部的比例较高。不同年级、不同学校、不同学科专业的学生在理性逃课方面也存在差异。逃课学生认为逃课对课程成绩影响很小。影响理性逃课的因素按影响程度大小排列依次是情境因素、行为态度因素、行为控制因素和主观规范因素。父母和教师反对理性逃课,但学生对理性逃课有自己的独立思考和价值判断,持比较理解和赞成的态度。教师教学问题、学校教学管理不严是引发学生理性逃课的因素。可见,中国大学生学习倦怠的原因不排除结构性背景下的理性判断。大学生对学习内容的取舍与学习价值的洞察成为其学习行

---

① 参见汪明春,张丽霞.大学生学习倦怠的表现及干预对策[J].教育探索,2011(6):143-144.

② 参见张二庆.关于大学生逃课问题的原因分析及对策研究[J].河北师范大学学报(教育科学版),2008(9):94-97.

③ 参见蔡红红,姚利民,杜小丽.大学生"逃课"的调查与分析[J].高教探索,2017(3):78-85.

为决策的重要依据。

(2)被动学习与沉默课堂。在诸多相关研究中，中国大学生学习投入的被动性屡遭诟病，其中尤以师生互动不足问题最为显著。根据普通本科高校版中国大学生学习与发展追踪研究(China College Student Survey，CCSS)2014—2017年的数据，中国大学一年级和大学四年级学生能够在课堂上经常提问或讨论的分别占30.73%和42.23%，远远低于美国同年级大学生(分别为61%和71%)；中国大学生经常质疑教师观点/提出不同意见的仅为23.93%。同时，CCSS数据表明，接近80%的中国大学生能够认真听讲，接近70%的同学能够通过笔记记录教师所讲的重点内容，55%左右的大学生在课后及时复习笔记以加深印象。可见，中国大学生在学习方面更具被动规训特点。① 陆春萍、赵明仁调查分析显示，我国重点大学大学生在学业投入方面存在学业挑战性低、主动性弱、缺乏师生互动等问题。② 史秋衡、郭建鹏研究发现，我国大学生的学习策略多表现为偏向知识记忆的表层策略，且师生在教学中缺乏足够的交流互动。③ 吕林海、张红霞则通过中国大学生与韩国、南非、欧美大学生的国际比较证实，中国大学生在学习习惯的遵守上表现较高，课堂学习时间投入较多，但课外学习时间投入较少，在课堂讨论上较为保守，师生互动明显不足，批判性思维和推理的参与明显较弱。④ 郭芳芳等的调查结果显示，地方本科院校大学生学习行为可控但被动，学生自主探究的学习志趣未得到有效激活。⑤ 这主要归因于师生的相互指责和消极互动、意义认同的缺失以及积极但兼具消极影响的生生互动与缺乏科学性、合理性的考评制度。

作为“中国学习者悖论”的重要表征，中国大学生保守沉默的课堂表现引起海内外学者的广泛关注，同时也掀起了一股以中国话语讲述中国教育故事的风潮。这是否会影响其对自身发展的探索以及对学习意义的建构，则成为解开中国大学生学习与发展密码的重要课题。

---

① 参见张华峰，史静寰.走出“中国学习者悖论”：中国大学生主体性学习解释框架的构建[J].中国高教研究，2018(12)：31-38.

② 参见陆春萍，赵明仁.大学生是如何学习的：学习投入的视角[J].高教探索，2012(6)：72-76.

③ 参见史秋衡，郭建鹏.我国大学生学情状态与影响机制的实证分析[J].教育研究，2012(2)：109-121.

④ 参见吕林海，张红霞.中国研究性大学本科生学习参与的特征分析：基于12所中外研究型大学调查资料的比较[J].教育研究，2015(9)：51-63.

⑤ 参见郭芳芳，白雯，郭宁娅.认知差异与互动协调：地方本科院校大学生学习的困境与超越研究[J].江苏高教，2019(4)：42-49.

(3)学习投入的影响因素研究。综观国内外研究,学习参与的影响因素错综复杂,多以家庭背景、社会支持、院校类型以及社会文化等为主,并且由早期对个人背景的研究逐渐转向对院校环境乃至社会文化的关注。

第一,家庭背景因素。布尔迪厄认为,社会出身是诸因素中唯一把影响扩散到大学生经历的各个方面和各个层次的。在既非天赋亦非个人因素的情况下,当前的成功还是失败实际上取决于早期的引导。归根结底,这是家庭环境作用的结果。来自家庭环境的一整套爱好和知识造成了大学生之间的差异。[①]家庭背景对学习投入的影响同样也得到中国学者的广泛证实。许俊卿等通过对广东省4所高校2600名大学生的问卷调查得出结论:贫困生的情绪投入明显低于非贫困生。[②] 王伟宜、刘秀娟分析证明,父母受教育程度、家庭文化习惯、家庭文化期待这三种家庭文化资本均对大学生的学习投入产生了积极的影响。[③] 张玉婷利用质性研究方法发现家庭背景较好的大学生学生投入水平较高。对此她指出,家庭背景较好的学生在文化资本传递和惯习形成过程中积累了一定的优势;他们在感到缺乏学业挑战、学习动力不足时易获得资源支持;他们在课堂外有更丰富的教育经验。家庭背景较差的学生易遭遇学业困境;他们在学习主动性不足时缺乏资源支持;他们的教育经验局限在课堂内、校园内。不同背景学生互相区隔,合作学习不足。[④]

然而,由于学习投入概念内涵的差异,家庭背景对学习投入的负面影响也得到证实。鲍威等利用首都大学生调查数据指出,京内生源和非农村生源更注重与未来学习和职业发展有关的学习,京外生源和农村生源则更注重与课程相关的内容,农村学生规则性参与度相对较高。[⑤] 综合农村大学生在学习动机方面的积极表现,可以看出,家庭背景较差的大学生并非完全在学习生活中处于消极、被动的劣势,但社会支持的不足以及不同文化资本所带来的未来视野上的差异都在一定程度上影响了家庭背景较差的大学生在学习过程中的参与方

---

① 参见布尔迪厄,帕斯隆.继承人:大学生与文化[M].邢克超,译.北京:商务印书馆,2002:14-24.

② 参见许俊卿,谭英耀,侯雪莹.大学生学习投入研究及其提升策略[J].高教探索 2014(6):132-136.

③ 参见王伟宜,刘秀娟.家庭文化资本对大学生学习投入影响的实证研究[J].高等教育研究,2016(4):71-79.

④ 参见张玉婷.不同家庭背景学生的高等教育经验:基于学生投入理论的质性研究[J].教育学报,2016(6):88-97.

⑤ 参见鲍威,杨钋,朱红,等.首都高校教学质量与学生发展监测研究[M].北京:人民日报出版社,2016:56-63.

式与策略抉择。总而言之，近年来的相关研究逐渐打破了以往对家庭资本正向影响大学生学习投入的单纯描述，而是在突出个体主观能动性的基础上更加关注不同文化资本的生命个体对学习意义的洞察与建构，以及在此基础上对学习策略、学习内容的甄选与偏向。其中，家庭资本对学习价值建构的影响预示着学业与就业的关联性在文化生产甚至社会再生产过程中的重要地位。

第二，院校支持因素。尤里、纽曼和美国国家研究委员会等都通过研究证实了院校提供的学习环境是影响学生参与的关键因素这一结论。阿斯汀提出的院校影响理论认为，院校环境对学生学业发展的促进作用，不仅受学生个体特征的直接影响，而且反过来能够激励学生参与教学活动，或促进学生提升努力程度。我国研究证实，"985"院校明显优于"211"和地方本科院校，且差异主要体现在"学业支持""经济支持"和"人际关系/情感支持"等层面。史静寰等分析指出，"985"院校倾向于学习导向的拓展性学习，"211"高校注重社会导向的拓展性行为，地方院校则在就业导向的拓展性行为上表现突出。[①] 汪雅霜、汪霞通过大学生学习情况调查网络平台，对我国 10 所高职院校的 8951 名学生进行学习投入度及其影响因素调查发现，高职院校学生有着较高的互动性学习投入，但自主性学习投入较低；与院校声誉相比，院校支持力度对学习投入度的影响较大。[②] 这一倾向在史秋衡、郭建鹏的研究结果中亦有体现。他们研究证实，在学生主体的教学方式、同伴关系和教学组织方面，高职高专学生得分最高，一般本科在表层学习方式上得分最低。[③] 鲍威等利用首都大学生调查数据分析指出，高职院校大学生规则性参与度相对较高，民办高校大学生的过程性参与高于其他类别高校并且民办高校的自主性参与也比"985""211"高校大学生稍高；"985""211"院校大学生规则性参与度有上升趋势，高职院校则持续下降；有 20.7%的民办院校大学生课后进行职业资格、升学、留学相关考试学习。[④] 此外，鲍威等还证实了院校教学实践对不同学生参与维度的促进作用。他们通过分析不同教学方法对大学生学习参与的影响表明，教学方法的四个维度都与学

① 参见史静寰，涂冬波，王纾，等.基于学习过程的本科教育学情调查报告 2009[J].清华大学教育研究，2011，32(4)：9-23.

② 参见汪雅霜，汪霞.高职院校学生学习投入度及其影响因素的实证研究[J].教育研究，2017(1)：77-84.

③ 参见史秋衡，郭建鹏.我国大学生学情状态与影响机制的实证分析[J].教育研究，2012(2)：109-121.

④ 参见鲍威，杨钋，朱红，等.首都高校教学质量与学生发展监测研究[M].北京：人民日报出版社，2016：56-63.

习参与呈显著正相关关系。具体表现为:对于过程性参与,规制型教学与互动型教学呈现正向影响,探究型教学影响较弱,课外反馈影响为负向;对于自主性参与,四种教学方式都表现出显著正向影响,其中影响最大的是互动型教学,最小的是课外反馈;对于规则性参与,规制型教学和探究型教学呈现正向影响,课外反馈呈现反向影响,互动型教学影响效果不显著。可见,大学生学习投入并非如一般舆论所认为的重点大学、普通本科、高职高专的人才筛选顺序呈现差序格局,而是各有侧重、各有优势。尤其是中国大学生广为诟病的师生互动,高职高专学生展现出的显著优势值得深思。

第三,人口学因素。人口学因素的影响体现在性别、年级、专业等方面。比如性别方面,女生的行为投入显著高于男生。史静寰等研究得出结论,女生在任何学习投入行为上的主动性都明显优于男生,其认为这是女生的就业压力较大的缘故。[①]

年级方面,大二现象、大四现象等皆在研究中得到证实。汪雅霜调查证实,大学生学习投入度随着年级的升高呈现"高—低—低—高"的趋势,尤其以元认知策略、深层学习策略、师生互动等三个方面最为显著。[②] 鲍威等通过对首都高校大学生的调查分析得出结论:年级的增长对自主性参与和规则性参与有正向影响,大四学生对相关学习的参与度相对较高。[③] 许俊卿等则指出,大学四个年级学生的学习投入度呈现"高—低—高—更高"的趋势。[④] 此外,不同于以往研究对学年间变化趋势的单一解读,部分学者通过对学习投入复杂内涵的把握,将学年间学习投入差异与大学生的生涯发展联系起来,企图实现对大学生成长规律与生涯实践的生动再现。郑雅君等对"大二低谷"现象的分析结果显示,大二学生仅在外部支持满意度方面出现了所谓"低谷",在认知、意图与行为方面并未出现下降趋势。由此,他们指出,大二学生的满意度"低谷"更可能体现了其在目标寻求、角色转换这一转折阶段的成长之痛,而并非一种发展的停滞或

---

① 参见史静寰,涂冬波,王纾,等.基于学习过程的本科教育学情调查报告 2009[J].清华大学教育研究,2011,32(4):9-23.

② 参见汪雅霜.大学生学习投入度的实证研究:基于 2012 年"国家大学生学习情况调查"数据分析[J].中国高教研究,2013(1):32-36.

③ 参见鲍威,杨钋,朱红,等.首都高校教学质量与学生发展监测研究[M].北京:人民日报出版社,2016:56-63.

④ 参见许俊卿,谭英耀,侯雪莹.大学生学习投入研究及其提升策略[J].高教探索,2014(6):132-136.

倒退。[①] 张萌、李若兰通过对某高校大学生的问卷调查发现，大一学生的学习投入高于大二、大三学生。[②] 他们推测，这是由于大二、大三学生随着对社会和专业的认识与了解不断深入会慢慢发现，实际上所学专业知识可能不能直接应用到现实生活或工作中，与之前的期待有所出入，于是难免会产生失落感，从而导致学习投入程度下降。史静寰等也明确指出，拓展性学习行为随年级升高而得到提升，说明随着年级的升高，学生在校生活的中心从学业逐渐延伸，越来越重视那些与个人成长和发展相关的各类拓展性活动。[③] 可见，作为自身学习与发展的能动性主体，大学生的学习投入受到其不同阶段意义认同与文化洞察的影响。其中，对就业前景与发展方向的洞察发挥重要作用。

专业方面，已有研究发现，受知识特性的驱动和学科文化建构的影响，软硬学科在教学模式上存在基本差异，这一差异也在一定程度上影响了大学生学习投入。有国外研究证实，理工科大学生学习投入水平高于人文社科[④]，应用学科大学生的学习投入水平高于基础学科[⑤]。这一结论在中国也得到一定的证实。徐丹等采用一所研究型大学本科生就读经历调查数据，探讨学生学习投入水平及其影响因素的学科差异。结果显示：应用学科学生学术挑战度、课程参与、师生互动水平均显著高于纯学科。输入特征对学习投入的影响在应用学科中更显著；院校环境和学科/专业亚环境对学习投入的影响包括一般性影响和因学科而异的条件性影响，应用学科学生学习投入受学科/专业亚环境中教师和教学的影响比纯学科显著。[⑥] 但有研究也提出了不同意见。比如，鲍威等指出，与理科专业相比，人文专业和社会科学专业学生的过程性参与更强，工科学生的过程性参与更弱；人文专业的自主性参与比理科强，工科比理科弱；规则性参与

---

① 参见郑雅君，李晓，牛新春."大二低谷"现象探究[J].高教发展与评估，2018(5)：46-59，115-116.

② 参见张萌，李若兰.大学生专业认同对学习投入的影响研究：学校归属感的中介作用[J].黑龙江高教研究，2018(3)：94-99.

③ 参见史静寰，涂冬波，王纾，等.基于学习过程的本科教育学情调查报告 2009[J].清华大学教育研究，2011，32(4)：9-23.

④ BRINT S，CANTWELL A M，SAXENA P. Disciplinary categories，majors，and undergraduate academic experiences：rethinking Bok's "underachieving colleges" thesis [J]. Research in Higher Education，2012(53)：1-25.

⑤ BRINT S，CANTWELL A M. Undergraduate time use and academic outcomes：results from the university of California undergraduate experience survey 2006 [J]. Teachers College Record，2010，112 (9)：2441-2470.

⑥ 参见徐丹，蒋扇扇，刘声涛.研究型大学本科生学习投入及其影响因素的学科差异[J].大学教育科学，2018(5)：31-37，125.

方面,人文专业和社会科学专业比理科专业弱,但是工科学生比理科强。一般认为,应用学科以职业准备为教学重心,更强调参与实践与操作应用;而纯学科则以专业素养为教学重心,强调自主思考与知识创新。[①] 虽然以往研究结果在学习投入的学科差异方面存在分歧,但仍可窥见大学生在洞察、衡量学习的现实意义与实用价值的基础上进行学习投入行为决策的迹象。

第四,其他因素。除家庭背景、院校支持以及人口学要素以外,以往研究还从心理学角度探索大学生学习投入的意识与心理差异。比如,有研究探讨学术期待与职业期待对学习投入的影响,并证实了相比学术期待,职业期待对学术性投入(自主学习、课程学习)的消极影响以及对社交性学习投入(生生互动、师生互动)的积极影响更明显,而学术期待与职业期待的有机结合更能有效激发大学生的全面发展。这在国外研究中也有证实:计划在本专业领域就业的大学生的学习投入高于计划跨专业就业的大学生。但其对就读期待的二元论忽视了在学术期待与职业期待的夹缝之中,总有一部分大学生缺乏明确目标与就读期待,也忽视了学术期待中跨专业考研可能对学习带来的影响。

部分学者论证了专业承诺、社会支持、学习动机以及归属感等对学习投入的影响。比如,张信勇证实了社会支持通过专业承诺影响学习投入。他指出,若大学生对就业前景迷茫,即使能得到一些社会支持,如果这些支持不能增强专业承诺,大学生的学习积极性仍然会不高。[②] 在汪雅霜、汪霞的研究中,学习兴趣对学习投入的解释力最高。[③] 嵇艳等证实了学习动机对学习投入的影响以及人际互动的中介效应。[④] 周菲等遵循"结构—主体—行动"的理论线索,指出家庭背景通过期望价值影响大学生学习投入。[⑤] 杨院从获取知识和发展自我两个方面分析了学习信念影响学习投入、促进学习收获的作用机制。[⑥] 雷玉菊等

① 参见鲍威,杨钋,朱红,等.首都高校教学质量与学生发展监测研究[M].北京:人民日报出版社,2016:56-63.

② 参见张信勇.社会支持对大学生学习投入的影响研究:基于专业承诺的中介作用[J].教育发展研究,2015(9):59-64.

③ 参见汪雅霜,汪霞.高职院校学生学习投入度及其影响因素的实证研究[J].教育研究,2017(1):77-84.

④ 参见嵇艳,汪雅霜.学习动机对大学生学习投入的影响:人际互动的中介效应[J].高教探索,2016(12):23-28.

⑤ 参见周菲,余秀兰.家庭背景对大学生学术性投入的影响及其作用机制[J].教育研究,2016(2):78-88.

⑥ 参见杨院.以学习投入为中介:学生学习信念影响学习收获的机制探究——以"985 高校"本科生为例的分析[J].高教探索,2016(3):75-78.

在期望—价值动机理论基础上，探讨了学习者的动机信念对学习投入的影响。① 李汪洋也指出，教育期望影响学习投入，并借此进一步影响学业成就。② 张萌、李若兰分析得出，自主选择专业的大学生的学习投入水平更高，专业认同能显著预测学习投入，同时学校归属感在专业认同对学习投入的预测中发挥了部分中介作用。③ 杨立军等从人口学变量、认知变量和感知变量等三方面考察了大学生学习投入的影响因素及其作用机制，并提出：人口学特征是认识学生学习投入的基础；学生的认知是学生学习投入的关键；学生的归属感与满意度是学生学习投入的催化剂。④ 可见，职业期待与学术期待、他人期待与个人期待，以及就业前景与专业认同等情感—认知因素对学生学习投入的影响也广受关注。

(4)学习投入的国际比较。大学生学习投入的国际比较研究也取得了一定进展，以此证实了社会文化对学习投入的影响。在《基于学习过程的本科教育学情调查报告 2009》中，史静寰等通过对中美、国内不同类型大学、不同专业以及性别和年级的比较分析，全面考察了我国大学生学习投入的整体情况及问题倾向。研究得出结论：在“主动合作学习水平”和“学业挑战度”“生师互动水平”三方面，中国学生的表现远不如美国同类学生；对课程认知目标及完成情况的分析结果显示，我国本科院校的课程比较强调“分析”和“记忆”等传统或低阶认知目标的达成，这与美国高校对“综合”“运用”等“创新”能力的重视存在较大差距。⑤ 龚放、吕林海基于 SERU 数据的比较研究亦呈现出中西方大学生的不同特点：在课堂参与与创新、同伴合作与互动、批判性推理与创新思维等维度，南京大学的学生都明显不及美国加州大学伯克利分校的学生，而表现较好的是课前准备、按时完成作业、不缺课等学习行为。⑥ 吕林海、张红霞的研究也指向同样的结论：中国大学生在遵守学习规范方面表现良好，而西方大学生在诸如师

---

① 参见雷玉菊，周宗奎，田媛.网络学习环境下学习者的动机信念对学习投入的影响[J].中国电化教育，2017(2)：82-88.

② 参见李汪洋.教育期望、学习投入与学业成就[J].中国青年研究，2017(1)：23-31.

③ 参见张萌，李若兰. 大学生专业认同对学习投入的影响研究：学校归属感的中介作用[J].黑龙江高教研究，2018(3)：94-99.

④ 参见杨立军，张薇.大学生学习投入的影响因素及其作用机制[J]. 高教发展与评估，2016(6)：49-61，92-93.

⑤ 参见史静寰，文雯.清华大学本科教育学情调查报告 2010[J].清华大学教育研究，2012(1)：4-16.

⑥ 参见龚放，吕林海. 中美研究型大学本科生学习参与差异的研究：基于南京大学和加州大学伯克利分校的问卷调查[J].高等教育研究，2012(9)：90-100.

生互动与同班合作、批判性思维等方面具有明显优势。①

综上所述,我国大学生学习投入的内涵特质与影响因素受到国内外学者的广泛关注。但由于问题的复杂性与多样性,以往研究在评价标准、测量方式、研究对象、研究视角等方面缺乏有效衔接,因此未形成完整的学术体系,导致问题领域结构化欠缺、学术性积累受到阻隔。但从中也不难看到我国学者建构本土化学习投入话语体系、探究本国学习过程"黑箱"的信念与决心。

(三)大学生学业成就研究

在以往认知中,学习投入必然会带来学业成就,学习积极性的提高也理应带来学业成就的不断提升。然而,在此之前需要考虑的是,大学生的学习应当获得哪些成就?换言之,大学生通过在大学阶段的学习应当获得哪些方面的进步?他们是否获得了应有的进步?又是否对自身的进步有所感知?这在一定程度上将作用于学习动机、专业承诺或学习效能感等心理动因,并成为大学生进一步参与学习的信心来源与精神动力。

1.大学生学业成就的构成要素与测量

依据著名教育心理学家本杰明·布鲁姆(Benjamin Bloom)的教育目标分类学标准,学业成就可分为认知、情感和动作技能等三个领域。在此基础上,阿斯汀、佩特·艾威尔(Peter Ewell)、帕特里克·特伦兹尼(Patrick Terenzini)等人结合高等教育的组织形式,提出了大学生学业成就的分类与测量方式。其中,阿斯汀主张通过效果类型、数据类型及时间维度测量大学生学业成就,效果类型包括认知性效果和情感性效果。艾威尔将学业成就分为知识、技能、态度与价值观、行为等四个层次。特伦兹尼在艾威尔的基础上构筑学习效果评估立方体,从评估层次、评估目的及评估对象三个维度考虑学业成就。

大学生学业成就测量主要集中于对学生认知与情感收获的考察。除标准化考试以外,学生调查与心理测量是大学生学业成就的主要测量方式。其中,学生调查以学生自我报告的方式考察其认知与非认知方面的获得感。尽管学生自我报告的客观性与有效性受到质疑,但作为了解学生就读经验与教育效果认知的重要途径,其意义仍值得肯定。心理测量通过认知与情感收获的测量与

① 参见吕林海,张红霞.中国研究型大学本科生学习参与的特征分析:基于12所中外研究型大学调查资料的比较[J].教育研究,2015(9):51-63.

分析考察学生学业成就。相对认知性效果测量,情感性效果测量的技术较显落后。但认知性效果的测量受到的条件限制却大于情感性效果测量。

我国对大学生学业成就的考察主要有外在与内在两种指标。外在指标包括利用标准化考试成绩、学校排名、奖学金及证书、在校期间所担任的组织职务等具体指标。但这种测量方式仅仅关注大学生学业成就的表层性指标,难以综合判断大学生成长与发展。内在指标通过特定途径界定学业成就构成因素,编制学业成就量表,并将学生本人对其学业成就的主观评价作为评测标准。这一类研究主要从能力发展的视角展开调查。其中,界定内在指标的途径主要包括以下三种:一是以学生成长与发展需求为出发点,通过对学生的质性访谈或结合相关理论分析确定学业成就的大概表现,再以量化分析对大学生学业成就进行归类。比如李宪印等通过对地方院校的调查结果的探索性因子分析与验证性因子分析,将大学生学业成就归纳为人际促进、学习认知能力、自我管理能力和沟通能力等四种类型[①];黄雨恒等则基于心理学的需求理论,通过大学生健康、安全、生活、学业的基本需求以及人际关系需求,认知发展需求,自我认识需求等四个方面考察大学生在校期间的成长与收获[②]。二是以高校人才培养计划为依据,结合相关理论分析大学生应具有的学业成就。比如,魏署光等考察目标高校中 68 个专业的人才培养计划,结合相关理论与以往研究,将大学生学业成就总结为学科知识、人文底蕴、创新意识、国际视野和实践能力等五种类型。[③] 三是以市场需求的就业基础能力、可雇用能力等作为学业成就。[④] 吉姆·赫拉吉(Jim Hillage)等提出的概念强调,可就业能力包括劳动者所需知识技能、职业规划与相应测量、体现能力的相关资格或经验、个人特质与劳动力市场背景因素四大方面。[⑤] 内维尔·贝内特(Neville Bennett)等侧重专业知识的重要性,将专业

① 参见李宪印,杨娜,刘钟毓.大学生学业成就的构成因素及其实证研究:以地方普通高等学校为例[J].教育研究,2016(10):78-86.

② 参见黄雨恒,郭菲,史静寰.大学生满意度调查能告诉我们什么[J].北京大学教育评论,2016(4):139-154,189.

③ 参见魏署光,杜鑫,陈敏.研究型大学本科生就读经验及学习效果差异的类型学分析:以 H 大学为例[J].中国高教研究,2020(1):49-56.

④ 参见吉田圭一.大学教育与劳动力市场的适切性:基于日欧毕业生调查的实证分析[J].鲍威,译,北京大学教育评论,2012(1):72-90,189-190.

⑤ HILLAGE J, POLLARD E. Employability: policy and performance in higher education in the UK [J]. Economic Journal, 2000, 110(464): 383-411.

学科知识、专门学科技能、对工作场域的觉察纳入可就业能力的内涵。① 哈维·李(Harvey Lee)等则进一步将可就业能力区分为"能够广泛适应和胜任不同工作要求的核心胜任力""针对特定产业或工作要求的专业技术能力"两大部分，并且指出核心可就业能力包括三要素：有利于就业的个人特质和态度；职业生涯的管理能力和自我营销能力；积极的学习意愿与反思能力。② 澳大利亚政府在《可就业能力架构》(*Employment Skills Framework*)中，将可就业能力定义为个体实现就业、更好的职场发展、实现个人潜能、为企业发展做出贡献的能力素质，具体包括沟通能力、问题解决能力、主动性与进取精神、规划与组织能力、自我管理能力、科技技能等。③ 由世界领先企业与大学、非政府组织联合组成的21世纪学习联盟提出"21世纪技能"，从学习与创新技能、数码精通领域以及职业与生活能力三方面归纳了21世纪人才所需具备的关键技能与发展方向。2019年，经济合作与发展组织在2005年"核心素养"结构模型的基础上发布《OECD学习罗盘2030》，主张应培养具有责任心与执行力、能够创造新价值并克服矛盾对立的"变革型人才"。北京师范大学在21世纪学习联盟的基础上对"21世纪技能"中的学习与创新技能进行了补充，将"文化理解与继承"纳入其中。④ 日本政府从社会成人所需具备基础能力的视角，界定了可就业能力的具体内涵，提出了包括12项要素的主动进取的行动力、思维能力、团队领导能力三大能力核心维度。⑤ 个体内在的性格特质、针对特定工作情景的专业知识技能、适用于不同职业岗位的可迁移性能力成为我国高校毕业生可就业能力的三大核心维度。并且多数研究发现，语言或文字沟通交流能力、团队合作或领导能力、问题解决能力等，成为构成可迁移能力的核心要素。⑥

由上述研究成果可见，大学生学业成就的评价标准多元而复杂，反映了个

---

① BENNETT N，DUNNE E，CARRE C. Skills development in higher education and employment [M]. Florence：Taylor & Francis，Inc.，2000.

② HARVEY L，LOCKE W，MOREY A. Enhancing employability，recognising diversity [M]. London，England：University UK Press，2002.

③ MCLEAN P，PERKINS K，TOUT D，et al. Australian core skills framework：5 core skills，5 levels of performance，3 domains of communication [EB/OL].(2012)[2021-05-03]. https://research.acer.edu.au/cgi/viewcontent.cgi? referer=&httpsredir=1&article=1011&context=transitions_misc.

④ 参见魏锐，刘坚，白新文，等."21世纪核心素养5C模型"研究设计[J].华东师范大学学报(教育科学版)，2020(2)：20-28.

⑤ 日本経済産業省.社会人基礎力に関する研究会報告[R].2006.

⑥ 参见鲍威，刘薇.高校毕业生可就业能力形成机制的实证研究[J].教育发展研究，2016(1)：48-55.

体、社会、学校等多方立场。其中对个体能力发展的关注最为密切。这充分反映了学校教育“为未来做准备”的基本立场，同时也体现了大学生个体与社会、学校之间的利益关系在现实主义层面的辩证统一，再次确证了以就业发展作为大学生学习研究基本切入点的合理性。

2.大学生学业成就的影响因素

大学生学业成就的影响因素最早见于阿斯汀的学生投入理论和汀托的院校影响力理论。阿斯汀提出的学生投入理论认为，学生的学习投入程度影响着学生的教育收获。① 汀托的院校影响力理论认为，学术融合和社会融合程度影响着学生的教育收获。② 其中，学术融合包括学业表现、生师互动，社会融合包括课外活动与生生互动。帕斯卡雷拉的变化评定模型认为，学生特征、教育过程、院校环境三因素共同影响着学生的教育收获。③ 其中，教育过程包括社会化互动和学生努力的质量，院校环境包括学校组织特征和学校环境。卡胡进一步提出大学发展影响模型理论，认为学生的教育收获是学生的学习投入以及学校教育实践活动和环境互动的结果。④ 他将学业成就的影响因素总结为学业挑战度、主动合作学习水平、生师互动、教育经验丰富程度和校园环境支持度，认为导致新生学业表现不佳、中断学业或者辍学的最主要因素是大学参与程度低。⑤ 大量研究已经表明，大学生的学习参与对学生的学习结果具有积极的正向作用。罗伯特·卡里尼(Robert Carini)等人发现，虽然大学生学习参与的许多测量指标与学生学习结果之间的相关系数不高，但其显著的正相关关系却是存在的，无论与学生创造性思维的关系还是与学生自我报告的学习成绩的关系均是如此。⑥ 厄恩斯特·理查德·休斯(Ernest Richard Hughes)和 C. 罗伯特·佩斯(C. Robert Pace)通过对学生的 NSSE 得分和 GPA 分数的分析，同样得出了学习

---

① ASTIN A W. Achieving educational excellence: a critical assessment of priorities and practices in higher education [M]. San Francisco: Jossey-Bass, 1985.

② TINTO V. Leaving college: rethinking the causes and cures of student attrition [M]. Chicago: University of Chicago Press, 1987.

③ PASCARELLA E, TERENZINI P T. How college affects students: a third decade of research [Z]. San Francisco: Jossey-Bass, 2005: 602.

④ KUH G D, KINZIE J, BUCKLEY J A, et al. What matters to student success: a review of the literature [R]. National Postsecondary Education Cooperative (NPEC) Commissioned Paper, 2006.

⑤ KUH G D. Assessing what really matters to student learning inside the national survey of student engagement [J]. Change: The Magazine of Higher Learning, 2001(3): 10-17.

⑥ CARINI R M, KUH G D, KLEIN S P. Student engagement and student learning: testing the linkages [J]. Research in Higher Education, 2006, 47(1): 1-32.

参与和学习结果显著正相关的结论。[①]

学习投入对学业成就的影响同样得到了中国学者的证实。基于学生分类的视角，鲍威的研究表明，高匹配型学生对学习的积极投入是他们获得优异成绩的重要保证。[②] 胡子祥、雷斌指出，大学生对学习投入的时间和精力越多，那么所感受到的高等教育服务质量也就越高。[③] 相反地，大学生投入到学业中的时间和精力越少，获得的满意度越低，这一点尤其明显地体现在贫困大学生身上。[④] 王纾以大学影响力模型尤其是帕斯卡雷拉的"整体变化评定模型"为理论基础，以 2009 年"中国大学生学习性投入调查"中五所"985"院校为分析对象，通过结构方程模型取向的路径分析，考察了学习投入在大学生学习经验中的作用、各个要素之间的关系以及对学生学习收获的影响机制。研究结果表明：学生学习投入的各个维度都会对学习收获产生积极影响，且影响大于学生家庭背景、院校教学资源等"输入"性变量；从"过程"变量的作用机制来看，院校主导的学习投入不仅对学生的学习收获具有直接影响，还会通过作用于学生主导的学习投入来间接地正向影响其学习收获；学习收获自评方面，院校主导的学习投入（院校支持和课程要求）影响大于学生主导的学习投入（努力质量和社会性人际关系）；相反，成绩排名和获奖情况方面，学生主导的学习投入影响大于院校主导的学习投入，其中，社会性人际关系的影响甚为显著。基于以上结论，王纾针对加强院校政策及环境建设、改善校园中社会性人际关系、加强对大学生学习状况及影响机制的实证研究等提出明确意见。同时，有学者证实，不同学习参与类型对不同维度学习成就的影响方向与程度各有不同。[⑤] 具体表现为：自学时间投入在一定区间内对学生认知能力、当代社会意识和身心健康发展影响显著为正，对学生事务处理与人际关系发展水平影响则显著为负，积极课堂参与指数对学生当代社会意识发展没有显著影响。研究者认为原因可能是其对学生进行社会活动从而在实践中锻炼相关能力的时间有挤出效应，而课堂也许

① HUGHES R, PACE C R. Using NSSE to study student retention and withdrawal [J]. Assessment Update, 2003, 15(4): 1-2.

② 参见鲍威.扩招后中国高校学生的学习行为特征分析[J].清华大学教育研究，2009 (1):78-87.

③ 参见胡子祥，雷斌.大学生参与对高等教育服务质量影响的实证研究[J].现代大学教育，2008(03): 104-110.

④ 参见熊静，余秀兰.研究型大学贫困生与非贫困生的学习经历差异分析[J].高等教育研究，2015, 36(2): 46-55.

⑤ 参见孙汭睿，丁小浩.大学生课外参与与投入的适度性研究[J].大学教育科学，2010 (6) : 53-61.

不是促进学生当代社会意识发展的最佳场所。

另外，诸多研究表明了学习参与预测学业成就的局限性。如，卡里尼指出，学习参与虽然能够有效预测学业成就，但两者之间的相关系数或回归系数并不高。① 王纾针对研究不足指出，研究建立的路径模型对学生整体学习收获的解释力为 38.3%，还有其他许多重要变量需要进一步地验证，比如学习动机、学习态度等。② 因此，可以考虑存在干扰变量影响学习参与转化为学业成就。

综合已有研究成果，几个重要的大学影响力模型都将学生个人层面的因素作为输入变量的重要维度。阿斯汀的 I-E-O(投入—环境—产出)模型将个人层面的输入变量确定为学生人口学特征、家庭背景、入学前的经历。汀托在大学生退学模型中，将学生的家庭背景、个人能力、大学前经历、求学的目标/承诺作为个人层面的输入变量。在帕斯卡雷拉的整体变化评定模型中，个人层面的输入变量则包括大学前的背景及特征。可见，个人层面的要素主要体现在人口学特征、家庭背景、入学前经历以及学年等方面。其中，家庭背景的影响最受关注。詹姆斯·科尔曼(James Coleman)指出，家庭社会经济背景尤其是父母的社会经济状况对于学生学业产出具有非常重要的影响。帕崔克·麦克伊万(Patrick McEwan)也通过调查分析得出父母文化水平对孩子学习成绩有正向影响，且母亲的受教育程度对子女的学业成绩影响更大。③ 国际学生评价项目结果证实，国家内部贫富差距与相应的学生产出差异间存在着正相关，家庭的社会经济地位越高，他们的教育产出水平也越高。这从国际化视角证明了社会阶层的分化对教育产出有重大影响。朱红、于津民通过对首都高校大学生的调查分析指出，在能力得分上，城市学生专业能力、表达能力、思维能力均高于农村学生，尤其是表达能力差距较大。④ 如果说以上结论只意味着家庭背景对个体能力水平的影响，那么鲍威的研究则进一步证实了大学生入学后的成长与发展。⑤ 鲍威的调查结果显示，相对于第二代大学生，第一代大学生在核心胜任力

---

① CARINI R M, KUH G D, KLEIN S P. Student engagement and student learning: testing the linkages [J]. Research in Higher Education, 2006, 47(1): 1-24.

② 参见王纾.研究型大学学生学习性投入对学习收获的影响机制研究:基于 2009 年“中国大学生学情调查”的数据分析[J].清华大学教育研究,2011(4):24-32.

③ MCEWAN P J. Peer effects on student achievement: evidence form Chile [J]. Economics of Education Review, 2003(22):131-141.

④ 参见朱红,于津民.大学生求学动机对综合能力发展的影响[J].高等理科教育,2015(5):90-100.

⑤ 参见鲍威.大学生学业成就增值效应研究[J].江苏高教,2015(1):65-69.

和专业素养的提升方面处于明显的劣势，但在公民意识的形成方面表现出显著的优势。陆根书等的调查结果显示：第一代大学生入学后能力发展水平高于非第一代大学生。[①] 初云宝研究得出，城市户籍大学生选修课成绩高于农村户籍大学生，而农村户籍大学生的必修课成绩高于城市户籍学生。[②] 对此，初云宝认为这种现象是不同家庭背景的大学生对学习注意力分配的差异所造成的，反映出不同户籍大学生不同的学习目的与行为决策。具体而言，城市户籍大学生希望更早地适应和融入社会，因而更加关注通识教育与个性培养，而农村户籍大学生侧重学习并希望为进入社会积蓄能量，因而选择继续依赖应试教育以获得进一步的发展。但杨立军、韩晓玲基于 CCSS 调查的南京某工科高校本科生四年的追踪数据分析发现，大学生教育收获发展中存在性别和城乡差异，但相对于学习投入指标和教育过程诊断指标，性别和城乡因素作用较小。[③]

此外，人口学变量的影响体现在学年、性别、是否独生子女等因素上。鲍威等的调查指出，学年、女生、非独生子女对成绩排名呈现显著的正向影响，且非独生子女正向预测学生的公民意识水平。[④] 黄雨恒等通过调查分析指出，大学期间我国大学生对自身成长与发展的满意度呈 U 形变化趋势。[⑤] 具体表现为大一学生满意度最高，大二逐渐降低并于大三期间达到低谷，最后在大四阶段恢复较高水准。对此，黄雨恒等认为这是由于大学生在大一期间延续高中时期的学习惯性；但随着年级的升高其惯性作用逐渐消退，反而因未来发展的不确定而进入迷茫状态；这一迷茫状态在大三时期达到顶峰，并随着临近毕业时未来规划的逐渐明确而重新恢复高满意度。这一解释与以往研究中对“大二现象”的归因不谋而合，凸显出大学生发展过程中不可避免的“迷茫”“探索”与“突围”过程。由此也可以看出以就业为主线的大学生职业生涯规划对其学业成就的影响。

---

① 参见陆根书，胡文静.师生、同伴互动与大学生能力发展：第一代与非第一代大学生的差异分析[J].高等工程教育研究. 2015(5)：51-58.

② 参见初云宝.户籍与大学生学习成绩相关研究：以广东省三所大学为例的实证分析[J].高教探索，2011(3)：110-116.

③ 参见杨立军，韩晓玲.什么影响了大学生的教育收获？——基于校内追踪的实证研究[J].复旦教育论坛，2014 (6)：33-40.

④ 参见鲍威，杨钋，朱红，等.首都高校教学质量与学生发展监测研究[M].北京：人民日报出版社，2016：64-66.

⑤ 参见黄雨恒，郭菲，史静寰.大学生满意度调查能告诉我们什么[J].北京大学教育评论，2016(4)：139-154.

入学前经历对大学生学业成就的影响主要体现在高中阶段的学习准备方面。杨钋利用结构方程模型分析得知，高中阶段的学术准备和学术参与对大学第一年的成功具有显著的积极影响，但父母支持的影响不大。同时，鲍威等指出社会经济背景直接并且通过对高中时期大学准备的影响间接地影响大学新生的发展。① 匹克也证实，高中阶段的学习成绩与大学成绩相关。② 阿德尔曼通过对美国学生的追踪调查得出结论：提升高中阶段的学业强度和课程质量对降低大学辍学率、提高学业成绩具有至关重要的影响，其作用甚至大于高中绩点和高考成绩的影响。③

同时，院校支持对学业成就的影响得到了广泛关注与论证。这类研究最早起源于阿斯汀的院校影响理论，他的I-E-O模型认为，学生学习成就是在学生投入与院校环境共同作用下形成的。杨钋、许申指出，院校类型会通过高校期望环境对个人能力产生直接影响，并且通过对个人学习参与和社会参与的作用对学生能力产生间接影响。④ 朱红、于津民的分析结果显示，民办和独立学院、高职高专学生的专业能力的自评得分高于其他本科院校，而本科院校中“985”院校学生与一般本科院校学生分数接近，远超过“211”院校；在所有院校类型中，“985”院校学生在表达能力上自评分最低，高职高专学生自评分最高，其他三类院校基本持平；思维能力得分上，“985”院校得分最高，其次是民办和独立学院；其他三类院校学生自评分数均低于均值。⑤ 通过对首都高校大学生的调查得出结论，“985”院校、人文专业、学生干部经历以及日常教学投入、课外活动等对大学生能力产生显著影响，这也说明了在大学生能力培养过程中院校因素的影响不容忽视。⑥ 鲍威等发现，提升课程设置的体系性和应用性、课堂教学方

---

① 参见鲍威，杨钋，朱红，等.首都高校教学质量与学生发展监测研究[M].北京：人民日报出版社，2016：158.

② PICK G R, SAUPE J L. Does high school matter? An analysis of three methods of predicting first-year grades [J]. Research in Higher Education, 2002, 43(2): 187-207.

③ ADELMAN C. Answers in the tool box: academic intensity, attendance patterns, and bachelor's degree attainment [J]. Academic Achievement, 1999.

④ 参见杨钋，许申.本专科学生能力发展的对比研究：基于“2008年首都高校学生发展状况调查”相关数据的分析[J].教育发展研究，2010(5)：17-22.

⑤ 参见朱红，于津民.大学生求学动机对综合能力发展的影响[J].高等理科教育，2015(5)：90-100.

⑥ 参见鲍威，杨钋，朱红，等.首都高校教学质量与学生发展监测研究[M].北京：人民日报出版社，2016：95.

法的生动灵活性，可以显著提升学生的院校满意度和学业成就。① 石卫林利用学生参与的多维度结构，进一步验证了高等院校的课程设置和教学方法在直接影响学生学业成就的同时，通过学生学业参与间接影响其学业成就。②

此外，大学生心理认同感同样影响其学业成就认知。这主要体现在学习动机和满意度两个方面。首先，大学生学习动机可以同时从直接、间接两个途径影响其学业成就，而不同学习动机的影响也不尽相同。比如，史秋衡等通过全国大学生调查得出结论：学习动机在直接影响学业成绩的同时，还通过影响学习策略间接影响学业成绩。③ 朱红、于津民的研究显示，学习动机对学生综合能力的发展有显著影响，且不同学习动机对专业能力、表达能力、思维能力等综合能力的影响也不尽相同。④ 具体表现为：实践学习动机负向影响专业能力，知识学习动机正向提升专业能力；实践学习动机正向提升表达能力，知识学习动机对表达能力有负向的影响；实践学习动机正向提升思维能力，闲暇享乐动机对表达能力有负向的影响。其次，对大学生活的满意度同样影响大学生对自身的学业成就评价。比如，黄雨恒等的研究指出，我国大学生对人际关系、自我认识、环境支持以及认知发展的满意度显著影响其对学业成就的认同感。⑤ 其中，高年级大学生对学业成就的认同感更加受到认知发展层面影响，而低年级大学生则更受到环境支持的影响。黄雨恒等认为这一现象充分反映出不同阶段的大学生对人际交往、未来发展的内在需求。

3.学习成就的迟效性以及我国大学生对学习成就的感知

吉本圭一的研究表明，目前社会普遍关注的高等教育成效的体现需要一定的时间跨度，即“大学教育迟效性”⑥。他认为对于该问题的深入探讨如果仅依赖于院校研究，开展高校学生在校期间或毕业时点学业成就的调查，则存在着

---

① 参见鲍威，杨钋，朱红，等.首都高校教学质量与学生发展监测研究[M].北京：人民日报出版社，2016：164.

② 参见石卫林.本科院校教学质量改进路径研究[J].高教发展与评估，2012(4)：34-41，122.

③ 参见史秋衡，郭建鹏.我国大学生学情状态与影响机制的实证分析[J].教育研究，2012(2)：109-121；陆根书.学习环境与学习方式联系紧密[N].中国社会科学报，2011-03-17.

④ 参见朱红，于津民.大学生求学动机对综合能力发展的影响[J].高等理科教育，2015(5)：90-100.

⑤ 参见黄雨恒，郭菲，史静寰.大学生满意度调查能告诉我们什么[J].北京大学教育评论，2016(4)：139-154.

⑥ 参见吉田圭一.大学教育与劳动力市场的适切性：基于日欧毕业生调查的实证分析[J].鲍威，译.北京大学教育评论，2012(1)：73-90.

本质上的局限。他还指出日本大学毕业生在就职之前，往往是在不偏离标准就学年限的情况下，快速完成学校教育。在此期间，大学所实施的与其说是与职业相关的专业性、特殊性教育，不如说是宽泛的教育，为青年人未来面对广泛的职业生活提供准备教育。在大学毕业生入职初期经历反复摸索的过程中，大学教育并未形成其效用，反而是在大学生拥有了一定的职场经历，在 30 岁成为成熟职业人士时，大学教育赋予学生的职业能力效用才有所体现。因此，培养学生的可塑造性成为日本大学教育的基本目标。在这里，日本高等教育的职业教育取向与传统概念中的“为了职业的教育”有所不同，准确而言是“基于职场(经历)的教育”。因此有利于学生职业生涯规划的实习或就业体验受到了高度重视。

对应高等教育成效的延迟性特征，我国大学生对自身学业成就的感知呈现出的问题亟待解释。由于诸多研究以大学生的主观自评作为其学业成就的测量指标，因此能够同时反映出我国大学生对自身学业成就的认知与满意度。其中，黄雨恒等的研究表明，我国大学生对自身成长与发展的满意度并不理想。[①]具体表现为，我国大学生对自身成长与发展的满意度均在平均值 60 分左右徘徊，其中仅代表我国高等教育最高水平的“985”高校大学生对自身成长与发展的满意度得分为 63.57，略高于平均分，普通本科、“211”高校等其余类型院校得分皆低于 60 分的“及格线”。李宪印等对地方高校大学生学业成就的测量也证明了以上观点，认为地方高校大学生的学业成就有待提高。[②] 鲍威通过大学生对大学入学前与入学后能力发展变化的主观评价，指出高等教育在学生能力提升中的增值效应主要聚敛为核心胜任力、公民意识和专业素养三个维度。[③] 其中，增值效应最显著的是专业素养，其次是公民意识。而代表未来职业发展之基础性通用能力的核心胜任力在大学阶段升幅最小，甚至在“985”高校呈现微弱的降低趋势。不同的是，相对于“985”高校在专业素养、公民意识层面的增值与在核心胜任力层面的贬值，“211”高校大学生在三个层面的增幅都较低。而

① 参见黄雨恒，郭菲，史静寰.大学生满意度调查能告诉我们什么[J].北京大学教育评论，2016(4)：139-154.

② 参见李宪印，杨娜，刘钟毓.大学生学业成就的构成因素及其实证研究：以地方普通高等学校为例[J].教育研究，2016(10)：78-86.

③ 参见鲍威.大学生学业成就增值效应研究[J].江苏高教，2015(1)：65-69.

公办普通本科和民办普通本科则在核心胜任力层面表现为增幅，在专业素养和公民意识层面表现为降幅。同时，高职学生在三个层面都表现为降幅，为高职教育提出了预警。

以往研究反映出，我国大学生群体中普遍存在学业成就认同感低，且其学业成就认同感尤其是对核心胜任力的认知并没有随着高校级别的提升而得到更多认同。这是否反映出我国高等教育资源的浪费乃至教育的"无效"？抑或只是由于教育成效的延迟性而导致大学生无法客观认知其学业收获？换言之，高等教育的影响力究竟如何体现？又怎样获得认知与认同？其客观影响力是否与主观影响力相照应？假如以往研究关注的多是高等教育的客观影响力，即大学怎样影响大学生的成长，那么对其影响力的主观认同作为大学生持续参与学习活动、实现积极意义建构的参照物，是否也应得到应有的重视？综观我国大学生学习动机不足、学习倦怠严重等实际问题，以及社会范围内"读书无用论"的死灰复燃，教育成就认同或将成为问题的关键。而教育成效的延迟性、隐蔽性、复杂性特征又为这一问题增加了难度。在教育成就认知方面，仍然存在一个过程"黑箱"有待解密。

（四）"中国学习者悖论"及其启示

1."中国学习者悖论"的主要观点

20 世纪 90 年代，澳大利亚籍学者约翰·比格斯在一次国际会议上提出了"中国学习者悖论"现象：中国学生在学习过程中重视知识的接收和死记硬背，依赖教师的知识传授，追求学习可能带来的外部收益；但是，这种被西方学者认为消极被动乃至压抑个性的学习方式，却使得他们在国际数学和科学等多项测试中的表现优于西方国家的学生。这一观点引起了世界各国对中国学习者学习特质的热切关注，同时也引出了更多西方价值体系难以解释的新悖论。

在比格斯基于西方教学实践提出的深层学习的概念框架中，只有以兴趣为代表的学习动机和以深层思考为代表的认知方式，才体现出学习者内生的主体性，才能促进学生的学习成果。反之，看重考试和就业的外在动机以及强调浅层接收的认知策略,被认为是消极被动的,会对学习成果产生负面影响。[①] 但是,针对中国学习者的研究表明,浅层学习认知方式与外部学习动机并不必然与深层认知策略、内在动机相冲突,甚至也可以对学生学习成果产生积极作用。[②] 西方学界提出主动学习/参与的概念,强调大学生要在课堂中积极提问、讨论甚至质疑教师的观点,以表明自己是主动地、批判性地加工知识。但是,中国大学生学习与发展追踪调查结果显示,中国大学生的主动学习/参与水平明显低于欧美大学生,但大学新生批判性思维能力的平均表现却领先美国和俄罗斯。[③] 而心理学研究结果表明,中国学生学习成绩好、考试分数高,但自信水平低、焦虑程度高,这与西方学生恰恰相反。[④] 更有研究表明,中国学生具有独特的自我意识,并由此带来独特的学习动机。尽管中国学生"自我"量表得分很低,但"公我意识"与"私我意识"难以分离,呈现正相关。[⑤] 一项关于学生自主性与学习动机之关系的研究揭示,较之欧裔美国学童,亚裔美国学童更喜欢让他们信任的权威人物或同伴替他们做出选择。[⑥] 而且,中国学生在没有自主选择学习活动的情况下,仍然具有较高的学习动机。[⑦] 同样,一项对入选中国某一流大学"拔尖计划"项目的杰出大学生的研究显示,他们同时具有较高的内在学习动机和外在学习动机,而西方学生的内外学习动机之间通常是此消彼长的关系。

---

① WATKINS D, HATTIE J. The internal structure and predictive validity of the inventory of learning processes: some Australian and Filipino data [J]. Educational and Psychological Measurement, 1981, 41(2): 511-514; ELEY M. Different adoption of study approaches within individual students [J]. Higher Education, 1992, 23(3): 231-254; BOOTH P, LUCKETT P, MLADENOVIC R. The quality of learning in accounting education: the impact of approaches to learning on academic performance [J]. Accounting Education: An International Journal, 1999, 8(4): 277-300.

② BIGGS J B. Western misperceptions of the Confucian-heritage learning culture [M]// WATKINS D A, BIGGS J B. The Chinese learner: cultural, psychological and contextual influences. Hong Kong: Comparative Education Research Centre, the University of Hong Kong, 1996: 45-67.

③ 参见张华峰,史静寰.走出"中国学习者悖论":中国大学生主体性学习解释框架的构建[J].中国高教研究,2018(12):31-38.

④ MARSH H W, HAU K T. Big-fish-little-pond effect on academic self-concept: a cross-cultural (26-country) test of the negative effects of academically selective schools [J]. American Psychologist, 2003, 58(5): 364-376.

⑤ CAI H, BROWN J D, DENG C, OAKES M A. Self-esteem and culture: differences in cognitive self-evaluations or affective self-regard? [J]. Asian Journal of Social Psychology, 2007(10): 162-170.

⑥ IYENGAR S S, LEPPER M R. Rethinking the value of choice: a cultural perspective on intrinsic motivation [J]. Journal of Personality and Social Psychology, 1999, 76(3): 349-366.

⑦ BAO X, LAM S. Who makes the choice? Rethinking the role of autonomy and relatedness in Chinese children's motivation [J]. Child Development, 2008, 79(2): 269-283.

对于"中国学习者悖论",张红霞以学习参与量表为例,论述了该量表对中国学习者的不适用性。[①] 比如,"我在课堂上积极发言"的题项,中国学习者在选择时通常会考虑班级大小、教师秉性、教师教学计划与课时安排等环境因素。而能够考虑复杂情境的学生,其批判性思维和中庸量表的得分通常并不低。同样,面对不合理的学校课程设置,部分学生会统筹考虑学习精力的分配,这部分学生的批判性思维往往也较强。此外,中国学生的焦虑情绪往往是责任心的表现,而非病理性体验。自主选择对西方学习者学习积极性的预测效应,也难以在族群意识浓厚的中国学习者中得到证实。因此,张红霞认为,相对于西方学生在课堂上单一的学习参与模式与直观的学习策略,中国学习者的学习行为与认知心理更为复杂。由此可见,西方理论经验难以对我国大学生的学习做出适当解释。

然而,以中庸为特征的中国式批判性思维实则危机四伏。比如,调查显示,在总体投入高于美国同类大学的情况下,中国顶尖高校大学生在认知能力方面较美国同类大学学生发展缓慢,且随着年级的升高双方能力水平差异也越来越大。其中,"只有27%的学生表示了解所学东西对自己具有的意义,超过72%的学生表示对此不甚明了"[②]。有海外学者运用派瑞理论对中美普通高校大学生的认知发展过程进行多次比较研究发现,美国学生的表现与派瑞理论一致,但中国学生发展阶段混乱。[③]

2."中国学习者悖论"的产生机制

对于"中国学习者悖论"的产生机制,李瑾、张红霞以及赫伯特·马什(Herbert Marsh)等人从不同角度进行了阐释。李瑾提出了以"美德导向"与"心智导向"为分野的中西方学生学习行为模式的论断。她认为,西方学习者学习评价的重点在于认知领域,即外在于自我的客观规律认知。相对地,以中国为代表的东方学习者则相对更关注人际关系。[④] 因此,西方基于科学认知论的学习理论对以道德情感为基本逻辑的中国学习者的不适用性不言而喻。

---

① 参见张红霞."美德导向"的根源与前途:"中国学习者悖论"再考查[J].复旦教育论坛,2019(1):53-67.

② 罗燕,史静寰,涂东波.清华大学本科教育学情调查报告2009:与美国顶尖研究型大学相比较[J].清华大学教育研究,2009(5):1-13.

③ ZHANG L F, WATKINS D. Cognitive development and student approaches to learning: an investigation of Perry's theory with Chinese and U.S. [J]. Higher Education, 2001, 41(3): 239-261.

④ 参见李瑾.文化溯源:东方与西方的学习理念[M].上海:华东师范大学出版社,2015:112.

然而，对于李瑾的论断，张红霞提出了疑问。她指出，用儒家文化解释美德导向近乎同义反复，且已有量化研究的普适性与解释率较低。更有诸多研究证实，美德导向的学习行为并没有促进批判性思维和创新能力的发展，而仅仅作用于考试分数的提高。[①] 张红霞、吕林海通过对“中国学习者悖论”进行文化解读指出，所谓的“悖论”是中西方不同价值文化体系的现实表征，并认为西方对中国学习者表现出的学习文化冠以“悖论”之名实则是一种文化偏见。张红霞、吕林海以“大历史”视角进行追根溯源，指出其根源在于人口与资源冲突。东西方教育功能与目的的差异源于不同自然环境下演化出的不同生存技巧：东方通过协调人际关系、建立差序格局以减少资源消耗，而西方则通过提高科技水平以征服自然、扩展生存空间。[②] 由此形成的以整理、综合、诠释为主旨的东方治学范式以及“后人不能超过前人”的礼仪规范决定了强调批判、创新思维的科学理念在中国难以得到发展，而西方则以重视反思、质疑和修正的治学范式成为创新与批判精神的文化载体。

另外，马什和候杰泰将社会对比理论应用于学生学习环境对其社会认知和学习动机的影响研究中，提出“大鱼小池效应说”，为研究中国学习者特征提供了重要线索。“大鱼小池效应”意指在相同的能力条件下，高选择性学校的学生比普通学校的学生具有较低的“学术自我概念”和较高的焦虑心理，而这种现象在中国学生身上体现得更为普遍。有研究者指出，中国学生在认知上的自我概念是建立在将自己的能力与学习任务的难度进行对比衡量之上的实用主义态度，因任务而异，因周围环境而异，诸如同伴的竞争力、家庭的期望，而不是像西方人那样，将自我与人生达到的最高理想成就相联系。[③]

张红霞、吕林海分析“中国学习者悖论”的体制性原因，认为这与我国分裂的双重教育目标以及松散的课程设置有关。他们指出：“我们一方面号召继承传统道德理念，另一方面引进现代公民教育理念；一方面坚持旧有思想政治教育模式，另一方面强调教学与社会客观现实相结合；一方面复兴儒学经典，强调

① 参见张红霞.“美德导向”的根源与前途：“中国学习者悖论”再考查[J].复旦教育论坛，2019(1)：53-67.

② 参见张红霞，吕林海.如何走出“中国学习者悖论”：中西方教育哲学的双重价值及其统合[J].探索与争鸣，2015(10)：87-93.

③ WANG J, LIN E. An alternative interpretation of relationship between self-concept and mathematics achievement: comparison of Chinese and US students as a context [J]. Evaluation & Research in Education, 2008, 21(3): 154-174.

吸纳接受,另一方面加强科学素养教育,鼓励自主创新。"[①]可见,大学生学习研究急需在统合社会结构、文化观念与教育体制的基础上,通过学习与发展的有机结合实现学习生活的整全性分析。

3.理论延伸:是"悖论"还是拓展?

对于欧美教学情境下总结出的学习者学习与发展规律而言,中国学习者的表现确属"异常"。然而,这究竟能否被称为"悖论",又是对谁而言的"悖论"?对于这一问题,中国教育学研究者提出了异议,认为将中国学习者呈现的不同于欧美的学业表现称为"悖论",是欧美文化霸权主义在学习研究中的体现。例如,针对大学生的"课堂沉默"问题,吕林海指出"课堂沉默"并不影响学生对学习的思维参与,其内在机制在于中国传统的"中庸"思维与"沉默是金"的美德理念,并以此勾勒出中国学习者独特的成长画卷。[②] 可见在沉默背后是中国大学生良好的学习习惯。他们习惯于通过认真研习将知识内化于心。以"沉默课堂"为特色的课堂参与模式的提出,不仅打破了以往西方教育理论在中国的话语霸权,同时也向一味依凭西方教育价值体系的中国本土教育研究者提出了前所未有的挑战。通过中国话语描述中国大学生学习投入现状,以中国逻辑探讨中国大学生学习过程中的文化底蕴,并以此为基础建构反映中国文化、符合中国国情的高等教育评估与改革体系,成为当今大学生与高等教育相关研究的重中之重。卡罗尔·陈等结合中国传统价值理念及其现代性变革开发出21世纪中国学习者学习特质的解释框架,指出中国传统文化指导下的教育思想与现代教育情境之间的张力共同影响了学校、课程与教学,进而构成了中国学习者学习特质。[③] 张华峰等在儒学价值理念的基础上建立了"中国大学生主体性学习解释框架",以"学思结合"的认知策略、"内圣外王"的学习动机以及"敬师乐群"的互动原则概括中国学习者的学习特质。[④]

---

① 张红霞,吕林海.如何走出"中国学习者悖论":中西方教育哲学的双重价值及其统合[J].探索与争鸣,2015(10):87-93.

② 参见吕林海.中国大学生的课堂沉默及其演生机制:审思"犹豫说话者"的长成与适应[J].中国高教研究,2018(12):23-30.

③ CHAN C K, RAO N. The paradox revisited: the Chinese learner in changing educational contexts [M]// CHAN C K, RAO N. Revisiting the Chinese learner: changing contexts, changing education. Hong Kong: Comparative Education Research Center, the University of Hong Kong, 2009: 315-350.

④ 参见张华峰,史静寰.走出"中国学习者悖论":中国大学生主体性学习解释框架的构建[J].中国高教研究,2018(12):31-38.

无论是“理性逃课”中对学习对象的取舍，“内圣外王”对学习投入的动力支持，还是影响因素分析中以“专业认同”“未来期待”“生涯规划”为主题的探索与讨论，都隐匿着大学生对自身学习投入的文化洞察与意义建构，而这背后无不牵涉就业与发展的现实课题。结合中国传统文化中“学而优则仕”的现实主义学习观，我们不难假定，大学生对自身未来发展课题的洞察，便是社会文化、个体资源、院校环境等因素在个体生命中介入其学习动机与行为的重要媒介，也极有可能成为解读大学生如何做出学习投入决策并付诸行动的关键所在。

(五)小结与概念界定

1.结论总结

综上可见，以往大学生学习研究主要体现在学习动机、学习过程与学习成就三个方面。其中，中国大学生学习具有学习动机混合化、学习投入复杂化、学业成就内隐化的特征。

(1)中国大学生学习动机呈现兼具内在与外在双重驱动的混合性特征，且存在功利性动机较强、学习动机不足等问题。其中，尤以中国大学生显著的外在动机最具独特性。不同于西方既有理论对外在动机侵蚀学习积极性的论断，中国学习者的外在动机并不阻碍学习投入的积极性与学习成就的获得，甚至具有一定的积极作用。此外，研究显示，大学生的年级、性别、家庭背景、院校支持等因素影响学习动机，导致大学生学习目的不明确、学习意义感缺失、职业规划不足等，由此造成中国大学生学习动机不足问题。可见，中国大学生学习动机深受社会环境与文化背景的影响。对此，博克在《回归大学之道：对美国大学本科教育的反思与展望》中指出，教师认为大学教育就是探索和传授知识与思想；而学生很少认为知识本身是大学教育的目的，而更多地将其视为实现其他目标的手段。[①] 而现在的大学管理者和教师没有积极地调整以适应可以同时处理多个信息渠道的当代大学生，未能促进其更好地实现个性化学习与发展。[②] 可见，造成中国大学生学习动机问题的根本原因在于对中国特有社会文化的忽视，由此导致了大学生生命经验的浪费。

---

① 参见博克.回归大学之道：对美国大学本科教育的反思与展望[M].侯定凯，梁爽，陈琼琼，译.上海：华东师范大学出版社，2008：21.

② MENAND L. The marketplace of ideas: reform and resistance in the American university[M]. New York: W. W. Norton & Company, 2010: 19.

(2)中国大学生学习投入呈现被动性、多样性特征,并表现出以"沉默课堂""理性逃课"等现象为代表的本土化特征。这一特征一方面体现出中国传统教育理念在现代社会的传承,另一方面也反映出大学生基于自身现实发展需要所做出的理性判断与取舍。中国教学情境下偏重重复记忆与反复练习、忽视自由探索与独立批判的价值取向是传统读经文化的延伸,"尊师重道"的治学品格造就了谦逊内敛的"沉默课堂"现象。而"沉默"未必意味着不思考,反而可能是中国学习者慎思明辨的表现。然而,这一充分反映了传统理性的本土化特征也为揭示我国大学生学习过程"黑箱"带来了挑战。正是由于大学生群体的"谨言慎行",导致我国大学生学习问题如深海中的冰山一般难以窥其全貌。好在青年人面对自身、面对未来的迷茫总是抹不去也藏不住,兀自从深海里冒出个尖来。无论是"理性逃课"时做出的取舍还是"大二现象"和"大四现象"中对学习意义的建构和摸索,都体现出大学生对自身发展的迷茫与摸索、洞察与规划。

(3)中国大学生学业成就呈现内隐化特征。以往学者对中国大学生学业成就的考察由于其各自对内涵与评价指标的指定而呈现割裂状态。而相对于对学业成就的主观自评所呈现的内隐化特征,对大学生学业成就的客观评价更是难以仅仅依凭成绩、证书、就业合同等可视化指标来测量和呈现。大部分研究证实中国大学生对自身学业成就的评价偏低,尤其是代表未来职业发展之基础性通用能力的核心胜任力。需要注意的是,核心胜任力的获得感不足问题甚至并未随着"985"高校学生年级的升高而得到改善,反而出现了贬值效应。造成这种现象的原因究竟是学业成就的延迟性还是相对剥夺感,是临近毕业的就业压力抑或高校培养方案确实导致了教学质量的偏差,难以得到有效说明。可见,该课题仍有待进一步的阐释与探究。

大学生学习研究必须服务于高等教育改革。研究大学生学习不能仅仅局限于现状研究,而是应当深入到高等教育定位与改革的探讨中去,应当以大学生学习为切入点对当今高等教育正在培养什么人、需要培养什么人以及如何培养人等进行更深层面的探讨。因此,大学生学习研究应当与院校环境、教育机制,甚至大学生所生活的社会环境、市场机制相结合,在综合各方需求与教育实际的基础上,探讨大学生学习与教育的发展方向。为此,大学生学习需要最大限度地体现微观世界中学习者与外界的联合互动。然而,关于我国大学生学习的微观研究仍处于刚起步阶段。香港大学教授、前副校长程介明指出:目前在中国的高教研究中,宏观研究很多,微观的深入研究教与学的太少,而后者是教育学者真正的专业研究领域。① 任友群也在《人是如何学习的：大脑、心理、经验及学校》的总序中指出："相较于国外学界对大学生学习的研究热度和成熟度，'学习'在惯于宏大叙事的国内教育界的研究视野中依然是个既'微'且'窄'的领域。"②尽管随着国际高等教育领域将大学生学习质量作为高等教育质量评估的重点，越来越多的国内学者开始关注大学生学习，但总体而言，我国大学生学习问题尚未得到深入的研究，甚至还有部分学者忽视"以人为本"的教育理念，将大学生学习当作理所应当的、学生自己的事情。对此，史秋衡等在其著作中指出，仅把学习当作大学生自己的事而忽视外部情景对其效果的影响是既不合理也不科学的。③ 史静寰在文章中写道：在以学生为本的教育理念下，教育教学改革应该使学生受益，着眼于学生学习质量的提高，关注学生的学习经历与感受，让学生真正参与到教育教学改革的过程中。④ 此外，已有相关研究多将重点聚焦于西方学习理论的内涵解读及学习行为现状分析上，对大学生学习影响因素的探讨多着眼于教师的"教"如何影响学生的"学"，而对于学习行为背后的行为动机的关注相对欠缺。这也同样体现在已有研究严重的行为主义倾向方面。比如，在学习投入方面，诸多研究忽视了感情投入与认知投入的重要性，也没能考虑到情感与行为的隔断现象，对社会文化的影响也几乎忽略不计。对此，尹弘飚指出，(学习投入的)主流研究路径所持的"行为观"无法描绘大学生学习投入的复杂性以及外显行为与内隐心理之间的冲突，也难以解释那些个人与院校层面之外的、影响大学生学习投入的社会文化因素。⑤ 同时，在学业成就方面，一方面侧重于大学生对学业成就的主观自评，另一方面又偏向于学习行为对成就认同的影响，却忽视了大学生学习意义的主观建构对其学业成就认同的影响。

2.研究发展前景与课题

作为大学生成长与发展的重要课题，对大学生学习的研究应脱离单线式、扁平化的分析模式。只有探讨大学生学习参与背后的价值认同与行为动机，找出其作用机制，才能为进一步建立以学生为中心的高等教育体系指明方向。对

① 2015 年 7 月 10 日程介明在北京召开的"2015 第二届学习科学与在线教育学术研讨会"上的发言。

② 布兰思福特，等.人是如何学习的：大脑、心理、经验及学校(扩展版)[M].程可拉，孙亚玲，王旭卿，译.上海：华东师范大学出版社，2013：1.

③ 参见史秋衡，汪雅霜.大学生学习情况调查研究[M].北京：教育科学出版社，2015：7.

④ 参见史静寰.走向质量治理：中国大学生学情调查的现状与发展[J].中国高教研究，2016(2)：37-41.

⑤ 参见尹弘飚.大学生学习投入的研究路径及其转型[J].高等教育研究，2016，37(11)：70-76.

此，张红霞指出，中国学习者研究应超越个人主义或集体主义价值判断，但这类研究实属凤毛麟角。① 她认为，后发国家面对教育改革的困难，解决问题的办法不是抓住学生的学习行为不放，也不是抓住教师的教学行为不放，而是要从形成这些行为的教育目标和教育环境中去寻找答案，并且需要追溯到地理、历史甚至生物学的"初始自然状态"才能真正理解其中的奥妙。② 项贤明则指出，在行为注定成为学校教育活动的基本支配逻辑的时代，放弃对行为的简单"塑造"尤为重要。③

2013 年 12 月发布的《教育部关于开展普通高等学校本科教学工作审核评估的通知》，明确提出要将"学生对自我学习与成长的满意度"作为本科教学工作审核的指标之一。④ 诸多研究表明，学习参与虽然能够有效预测学业成就，但两者之间的相关系数或回归系数并不高，因此可以考虑存在其他重要变量影响学业成就甚至影响学习参与向学业成就的转化。⑤ 这一干扰因素或许是文化资本，也可能是大学生学习的效能感与意义建构。李瑾的"心智—美德"说指出，中国学习者将学习本身作为一种美德，并希望通过学习达成自我的社会实现。值得关注的是，虽然有传统美德观念的支撑，但失去了外在支持与内在驱动的学习参与却仍面临"何以为继"以及如何有效转化为学业成就的问题。结合唐江澎将学业、就业、职业、事业与志业"五业"贯通的学习发展观⑥，我们可以推测，大学生对就业问题的主观认知与情感体验将成为我们考察社会文化、勘探外在支持与内在驱动的重要切入点。为此，本书在重视课程学习的基础上，从宏观角度将"学习"定义为个体获得和修正自己的知识、技能、策略、信念和行为的过程，以期从整体上把握大学生在其学习生活中的意义建构与行为决策。其中，本书所述"大学生"专指包括高等职业院校、独立学院等在内的具有高等教

① 张红霞."美德导向"的根源与前途："中国学习者悖论"再考查[J].复旦教育论坛，2019(1)：53-67.

② 参见张红霞，吕林海.如何走出"中国学习者悖论"：中西方教育哲学的双重价值及其统合[J].探索与争鸣，2015(10)：87-93.

③ 参见项贤明.作为建构之前提和基础的批判：20 世纪中叶美国"学校消亡论"的当代思想价值初探[J].比较教育研究，2019(7)：3-12.

④ 参见教育部关于开展普通高等学校本科教学工作审核评估的通知[DB/OL].(2013-12-12)[2021-03-29].http://www.moe.gov.cn/srcsite/A08/s7056/201312/t20131212_160919.html.

⑤ 参见刘珊珊，吕林海.本科生学习参与对其能力发展的影响的实证研究：基于南京大学 SERU 问卷调查[J].教学研究，2015(5)：1-5；汪雅霜.大学生学习投入度的实证研究：基于 2012 年"国家大学生学习情况调查"数据分析[J].中国高教研究，2013(1)：32-36.

⑥ 参见唐江澎.改变教育，在我们的一念之间[J].人民教育，2017(13)：97-98.

育招生资质的所有高校的在校大学生。

三、就业困境对学习的影响

作为关系到民计民生的关键要素，就业对我国学习者学习的影响得到了国内外学者的广泛认同。对于就业困境影响大学生学习的具体表现，以往研究主要从就业压力、就业规划、就业公平困境以及就业妥协等方面进行了探讨。

（一）就业压力对学习的影响

就业压力常作为大学生学习问题的解释变量受到关注。我们尝试对就业压力影响大学生学习的相关研究进行了整理，发现以往研究对该问题的关注不仅在形式上局限于经验性论述，而且对于“就业压力是否影响大学生学习”以及“如何影响大学生学习”的问题也尚存争议。

一方面，部分学者认为，就业压力对大学生学习的影响表现为正面的激励性作用。刘健针对地方高校大学生“对生活与就业的追求大于求知”这一现象，提出就业压力下的“实用观”已成为大学生学习的主要动力。① 钱民辉也将就业压力对大学生学习的促进作用作为本科生学习能动性产生差异的重要原因。钱民辉从教育社会学的角度分析了本科生学习能动性差异的原因，其认为在大学里，社会出身低微的青年在学校里会特别努力地学习以弥补就业资本的不足，而女生学习比男生更努力的原因之一是女性更难找到工作。② 周平等通过调查分析证明了个体特征、家庭背景对学习能动性的影响，并指出，女性、贫困家庭的学生学习更努力，这意味着不公平环境下的就业压力在一定程度上激发了大学生学习能动性。③

另一方面，对于就业压力对大学生学习活动的激励性作用，部分学者提出了质疑。陈昌华在学生学习动力的调查中发现，虽然有62.88%的学生认为自己的学习动力来源于就业竞争的压力，但大学生学习动力不足的问题仍然显著，他由此提出，就业压力对学习活动的激励性作用或许受到了就业竞争的间

① 参见刘健.地方高校大学生学习动机现状与对策：以广东为例[J].高教探索，2007(3)：120-123.

② 参见钱民辉.教育社会学：现代性的思考与建构[M].北京：北京大学出版社，2004：117-120.

③ 参见周平，蒋香仙，洪大用.大学本科生学习能动性偏低的影响因素：理论与实证[J].中国人民大学教育学刊，2012(2)：27-36.

接性及非学习活动的干扰。[①] 曹玉玲等也在对学生的调查中发现,面对如此大的就业压力,学生们在学习上的投入从主观和客观上都表现为不足,形成了大学生就业压力大而学习动力不足的矛盾状态。[②] 这也从侧面证明了就业压力对学习活动的影响并非单一、直接的刺激作用。

更有部分学者指出就业压力不仅无法激励大学生学习,反而会削减其学习积极性。田虎等指出,大学生就业过程中学业成就与就业机会的弱相关,导致了在市场机制下就业竞争非但难以激发大学生努力学习的热情,反而导致大学生学习自觉性的减弱甚至丧失。[③] 庞明礼通过调查分析证明了"读书无用论"中大学生就业压力的显著影响,认为就业压力促进了"读书无用论"在大学生群体中的蔓延。[④] 张源源、刘善槐也认为就业不公平带来的就业压力导致"新读书无用论"沉渣泛起。[⑤]

通过对以往研究的考察可以看出,以往研究中"就业压力如何影响大学生学习"这一问题存在争议。这一争议既源于分析手法的不同,也源于以往研究对就业压力内涵的不同解读。分析手法方面,对于就业压力"激励"学习的论述多为对现象的经验论解释,而"压抑作用"则多是通过实证分析得出的结论。内涵解读方面,部分学者将大学生面对就业问题的焦虑心理定义为就业压力,另有学者将"为就业而学习"这一行为动机理解为就业压力对学习的影响。

(二)就业规划对学习的影响

就业规划问题对大学生学习动机、学习成果的影响也得到了一定程度的证明。李汪洋指出,青少年的职业期望不仅可以直接驱动学业动机和兴趣,还在一定程度上通过激发一系列学习实践和行动,最终提高学业成就。[⑥] 周平等的调查显示,大学一年级学生学习能动性较低,而家庭富裕的大学生比经济情况

① 参见陈昌华.大学生就业压力大与学习动力不足的矛盾分析与对策[J].重庆工学院学报(社会科学),2007(9):173-176.

② 参见曹玉玲,王曙光.大学生就业市场信息机制研究[J].辽宁行政学院学报,2007(1):112-113.

③ 参见田虎,姬建锋,贾玉霞.学业与就业强相关:高校教育质量的给力保障[J].现代教育研究(高教研究),2011(3):25-29.

④ 参见庞明礼."新读书无用论"与大学生就业压力相关性研究[J].高校教育管理,2013(2):110-115.

⑤ 参见张源源,刘善槐.大学生就业不公平问题探析[J].教育研究,2011 (9):51-55.

⑥ 参见李汪洋.教育期望、学习投入与学业成就[J].中国青年研究,2017(1):23-31.

一般的大学生学习能动性高。[①] 他们将产生这些差异的原因归结为是否具有明确的目标设置，即大学一年级学生尚未形成专业兴趣、缺乏明确的目标，因此学习能动性低；而家庭富裕的大学生能够调动更多的经济资本和社会资本实现理想的职业规划，明确的目标促使他们形成较高的学习能动性。段陆生等通过对大学生专业承诺、学习倦怠与学习投入关联性的分析与探讨指出，专业设置与就业要求的脱节促使大学生对专业前途认知不足，影响了学习投入积极性。[②] 张信勇也得出了同样的研究结论，即大学生在对专业学习缺乏兴趣，对就业前景感到迷茫的前提下，即使能得到一些社会支持，其学习积极性也无法得到提高。[③] 陆根书、张晓磊从心理学视角出发，探讨了大学生自我效能感、成就动机与职业价值观的关系，并指出明确职业方向的效能知觉对大学生的社会化和智力发展有着重要作用。[④] 蒋承、周丽萍对不同类型高校大学生的对比分析结果显示，民办高校大学生对自身有明确发展规划的比例较高，民办高校大学生自主实习的比例也最高，也最看重职业资格或公务员考试，由此推论出发展规划对自主性学习以及就业准备型学习有促进作用。[⑤] 闫丽英通过对新升本科院校大学生的调查也指出，新升本科院校的部分大学生就业信息不足，缺乏合理的职业生涯规划，且对自己所学专业认识不清，专业前景模糊，因而导致学习目标不明确，失去了学习的主动性。[⑥]

另外，有研究提出，就业准备与专业学习之间存在协调与冲突的辩证关系。比如，王淼认为就业准备与专业知识的学习的关系是此消彼长、相互冲突的，这是由于部分大学生无法合理安排专业学习与就业能力训练时间。[⑦] 而闫丽英将专业知识的学习作为大学生就业准备的一部分进行讨论。她将专业知识作为

---

① 参见周平，蒋香仙，洪大用.大学本科生学习能动性偏低的影响因素：理论与实证[J].中国人民大学教育学刊，2012(2)：27-36.

② 参见段陆生，李永鑫.大学生专业承诺、学习倦怠与学习投入的关系[J].中国健康心理学杂志，2008，16(4)：407-409.

③ 参见张信勇.社会支持对大学生学习投入的影响研究：基于专业承诺的中介作用[J].教育发展研究，2015(9)：59-64.

④ 参见陆根书，张晓磊.大学生成就动机、自我效能感与职业价值观的相关研究[J].西安交通大学学报(社会科学版)，2008(5)：82-86.

⑤ 参见蒋承，周丽萍.向职业生涯的成功过渡[M]//鲍威，杨钋，朱红，等.首都高校教学质量与学生发展监测研究.北京：人民日报出版社，2016：119.

⑥ 参见闫丽英.新升本科院校大学生就业准备状况的调查研究：以山西省新升本科院校为例[J].教育理论与实践，2014(30)：15-17.

⑦ 参见王淼.当代大学生就业困境：表征·原因·对策[J].技术经济与管理研究，2011(5)：46-49.

职业资产的重要组成部分，并指出新升本科院校大学生专业知识储备尚显不足。① 宋洁也在研究中指出，大学生通过考取英语/计算机等级证书、考取各专业技能证书、积极参加各类社会活动、刻苦学习、努力提高学习成绩以及做兼职等方式为就业做准备。② 其中，女大学生的就业准备与就业态度更积极。文科大学生的就业态度比理工科高，理工科大学生的就业准备得分比文科高。此外，泰西勒的研究表明，学习与直接工作经验之间的联系似乎是提升专业相关能力和“劳动力市场产出”最有影响力的因素之一。③

由上可见，无论是间接推测还是直接证实，就业规划对大学生学习的激励作用得到了学者们的普遍认同。这与以美国为代表的国外政府为解决大学生学习问题而导入生涯教育理念的潜在前提不谋而合。可以推断，就业规划对大学生学习的激励作用是毋庸置疑的。但就业规划对大学生学习乃至生涯发展的影响路径却仍在“黑箱”之中。面对我国大学普遍以专业为核心的教学模式，选择跨专业就业与考研的大学生在明确就业规划的基础上是否仍能对课程学习保持积极的参与态度，还是会将学习重心转移到更能实现就业目标的环节中去，进而表现出“理性逃课”“沉默课堂”等消极学习策略。而不同文化背景下的大学生面对就业规划与学习投入所做的权衡抉择，或将成为解读其学习投入差异的重要视角。

（三）就业公平困境对学习的影响

就业公平困境对大学生学习的影响体现在对升学机会的主观性剥夺。张源源、刘善槐同样认为，大学生就业不公平容易导致社会阶层趋于固化，使人力资本错位配置，不利于高等教育的健康发展。④ 他们尤其指出了就业不公平对家庭背景不利大学生教育投资的影响。他们认为，就业不公平导致的“新读书无用论”会促使家庭背景不利学生降低教育投资。同样，侯勇、徐海楠也通过理性经济人理论推理得出，教育成本增加与收益下降的“剪刀差”使得其“产出”难

---

① 参见闫丽英.新升本科院校大学生就业准备状况的调查研究：以山西省新升本科院校为例[J].教育理论与实践，2014(30)：15-17.

② 参见宋洁.90后大学生就业意识的调查分析：以上海电机学院为例[J].高等工程教育研究，2012(2)：63-69，80.

③ 参见泰西勒.高等教育和毕业生就业：变化的条件与挑战[J].张怡真，译.北京大学教育评论，2019(3)：13-14，187-188.

④ 参见张源源，刘善槐.大学生就业不公平问题探析[J].教育研究，2011(9)：51-55.

以大于“投入”，收益受损，农村家长往往会“理性”地选择放弃。[①] 他们指出市场供需矛盾、就业公平性缺失等“就业难”问题是导致“读书无用论”沉渣泛起的重要原因。

作为“读书无用论”的祸首之一，就业不公平对大学生学习的影响体现在两个方面。首先，就业不公平会促进大学生进一步的教育投入。张源源、刘善槐指出，就业不公平导致的“新读书无用论”不仅会促使家庭背景不利学生降低教育投资，当部分家庭背景不利学生接受完高等教育后凭借大学的教育经历无法获得预期回报时，他们会进一步增加教育投入，进入研究生教育阶段，以使自己能够在就业市场上向招聘单位发出更强的筛选信号，而实际上持续增加的教育经历未必能够使其在就业岗位上进一步提高工作效率。这最终将会导致“教育致贫”，造成“读书无用论”的恶性循环。[②] 林成华、洪成文也提出了相同的意见，认为就业不公平会导致“因教返贫”，诱发“读书无用论”。[③] 其次，就业不公平会侵蚀大学生的学习热情，导致学习倦怠。黄敬宝分析了社会资本取代人力资本成为招聘录用的主要依据这种场景下的一系列不良后果，指出社会资本主导的雇用模式大行其道，将会强化对人力资本投资的打压效果，影响国民教育投入热情，抑制国民素质的提高，甚至会导致高校教育价值取向的迷失。[④] 对此，蔡小慎等指出，随着我国就业形势日益严峻，大学生就业不公平问题将弱化人才素质能力的竞争，导致大学生不重视自身人力资本的积累与素质的提高。[⑤] 就业过程中社会资本的差异淡化甚至掩盖了学业成就的差异，弱化了大学生学习的自觉性，导致高校教育质量去优化、教育产品同质化和质量管理形式化。周菲、余秀兰从阶层差异的角度分析了就业率低下造成不同家庭背景的大学生对大学价值形成的理解差异，即对于家庭背景优越的学生而言，大学更可能是助推器，而对于家庭背景不利的学生来讲，大学则成了“鸡肋”。大学价值认同较

---

① 参见侯勇，徐海楠.教育效用僭越与价值复归：“新读书无用论”的社会学分析[J].中国青年研究，2014(6)：77-81.

② 参见张源源，刘善槐.大学生就业不公平问题探析[J].教育研究，2011(9)：51-55.

③ 参见林成华，洪成文.大学生就业公平失衡的社会危机与化解对策研究：基于政府责任的视角[J].中国高教研究，2014(7)：8-13.

④ 参见黄敬宝.人力资本和社会资本视角下的大学生就业研究[M].北京：中国社会科学出版社，2014：222.

⑤ 参见蔡小慎，刘存亮.我国社会网络中强关系对大学生就业的正负效应及对策[J].现代教育管理，2012(2)：106-110.

低的学生更可能在"无知与无望"中草率地结束"这原本可以发生改变的过程"。[①] 在以往研究描述中,因家庭背景、性别歧视等因素在就业中处于不利处境的大学生更倾向于将学习视为提升社会地位的工具。他们一方面希望通过努力学习以增加自身的就业优势,另一方面也更容易受到高学历失业的影响从而降低对学习的价值认同。

要之,就业不公平及其对大学生就业公平感的侵蚀给高校的教育质量造成了严重的负面影响,正在阻碍高校教育质量的最优化,导致高校教育产品渐趋同质性,使高校教育质量管理变得日益形式化。如果任其发展,最终不可避免地会把大学由一个学习中心变为一个证书认定机构。[②]

(四)就业妥协对学习的影响

就业妥协作为大学生就业困境的重要表现之一,在以往研究中多以低就业期待的形式出现。就业期待主要分为外在期待与内在期待。鲍威分析升学选择背后的约束因素发现,除了家庭背景等因素以外,高中生对毕业后起薪的预期也会影响升学意愿,农村学生预期的大学与高中毕业生起薪之间差距越大,即预期收益越高,其做出毕业后继续升学选择的可能性越高,选择一本院校升学的概率也越大。[③] 周平等通过调查分析得出结论,对未来的信心能够促进大学生积极投入学习。[④] 对此,黄敬宝也谈到,就业意愿对人力资本的动员作用是值得肯定的。[⑤] 虽然没有充分证据证明,但以上种种线索都侧面说明了大学生就业妥协对学习投入的消极作用。

综上可见,大学生就业困境是其发展困境的一个重要缩影,是大学生面对未知的未来所感受到的焦虑、不安、恐慌与踌躇等负面情绪,受到自身资本、环境支持、心理资源以及认知能力等多种因素的综合影响,并通过意义建构、价值取舍、情感驱动等方式影响大学生的学习生活。然而,既有研究虽然为我们研

---

① 周菲,余秀兰.家庭背景对大学生学术性投入的影响及其作用机制[J].教育研究,2016(2):78-88.

② 参见 Michael J. Osborne,阎光才.未来的大学[J].开放教育研究,2001(3):10-13.

③ 参见鲍威.未完成的转型:普及化阶段首都高等教育的人才培养与学生发展[J].北京大学教育评论,2010(8):27-44,189.

④ 参见周平,蒋香仙,洪大用.大学本科生学习能动性偏低的影响因素:理论与实证[J].中国人民大学教育学刊,2012(2):27-36.

⑤ 参见黄敬宝.人力资本和社会资本视角下的大学生就业研究[M].北京:中国社会科学出版社,2014:215。

究就业困境对大学生学习的影响提供了启示，但缺乏对就业困境影响大学生学习的系统性分析，也忽视了大学生在认知就业困境的基础上建构学习意义、做出学习决策的文化生产过程与能动性地位。

四、职业生涯教育与大学的使命

(一)我国高等教育问题现状与改革方向

以上研究既反映了我国大学生在学习与就业中遭遇的问题与困境，也反映出我国高等教育面临的挑战。黄敬宝的调查显示，2011年北京某高校814名大学生中，全勤率仅有9%、逃课率达88%，75.2%的大学生曾在课堂上学习其他功课，65.6%曾在课堂上看手机、玩游戏，曾经在课堂上睡觉或闲聊的比例也超过了半数。① 很多大学生将自己不认真学习的原因归咎于高校教学存在问题，其中，有73.7%的大学生认为教学内容没意思或没用，61.2%认为教学方法无法调动其积极性，11.9%认为是由于教育管理不完善而缺乏学习动力。对于大学生的学习倦怠与意义缺失，我国高校教学与支持体系面临的挑战与可能的改革路径受到广泛关注。对于我国高等教育体制，剑桥大学教育学院院长杰夫·海沃德(Geoff Hayward)教授指出，中国年轻人数量庞大，其中很多人都想进入大学学习，以便将来能找到一份稳定且体面的工作，这给中国的高等教育提出了挑战，即如何满足这种教育需求。② 然而，我国高等教育的现状也预示着改革的艰辛。长期以来，我国高效课堂教学的基本模式可以说是“单向灌输式”占主导地位。其主要特点有五点：一是将教师定位为活动主体，学生为课堂的附庸；二是学生的思维活动以教师思维为中心，缺乏主动思维的时间和空间，从而导致学生思维惰性；三是学生被动地获取静态知识和信息，并且这些知识和信息是单向的；四是缺乏师生间的交流；五是课程教学组织比较简单，教师对教学内容和形式的控制力强。③

随着21世纪院校信息化的不断深入，翻转课堂、微课等新的教学模式打破

① 参见黄敬宝.以就业能力为导向的高校教学内容改革[J].高等农业教育，2013(3)：99-102.

② 参见谢凌凌.世界一流大学的学院治理与高等教育创新：对剑桥大学教育学院院长杰夫·海沃德教授的访谈[J].高等教育研究，2017(5)：1-8.

③ 参见鲍威，杨钋，朱红，等.首都高校教学质量与学生发展监测研究[M].北京：人民日报出版社，2016：165.

了以往"单向灌输式"的僵局,为教学改革提供了新的突破口。但资源在各类高校中的不均衡分布导致不同大学教学模式存在差异性特征。鲍威等利用2013年本专科生的调查数据,将教学方法分为规制型教学、互动型教学、探究型教学以及课外反馈四种取向。分析结果显示:学术选拔性低、生源质量较差的普通公办大学与民办本科院校倾向于采用规制型教学方法,侧重于实践应用型人才培养的民办本科院校积极引入互动型教学方法,"985"高校在探究型教学与课外反馈机制方面凸显优势。①

同时,人们发现,仅仅依靠教学模式的改良无法从根本上解决我国高等教育体制存在的问题。市场化体制对人才的需求决定了我国大学作为"人才培育基地"的工具价值,大众化阶段大学生群体的多元化、异质化特征则意味着我国大学不得不采取措施应对学生需求的多样化与生源质量的不均。这在一定程度上制约着大学向本体价值的回归。然而,大学的产生源于学习的需要,而学习的需要源于生产力发展的需要。面对不可避免的发展需求,我们不能奢望大学一味固守传统,而应在不违背本体价值的基础上积极顺应历史发展潮流。国内学者也认识到了我国高等教育改革面临的这一局面。对此,魏爱德、范皑皑从个人发展需求与社会问责的角度指出,在知识经济时代,教育系统具有以下使命:第一,教育要帮助个人为未来的工作场所做好准备;第二,教育系统要创造学习机会以满足显著增加的个人学习需求;第三,政府部门要重新定位在公共治理中的角色,教育应该受到监督和问责。② 我国大学发展中出现的诸多问题,都在一定程度上来源于以自由和自治为标准的传统内生性大学精神与市场和政治裹挟下的当代外生性生存环境之间的矛盾性和不适应性。③ 由此可以看出,随着我国高等教育市场化进程的不断深入,教育越来越多地被赋予促进就业、提升个人综合能力的使命。这种以就业为导向、以能力发展为基础的教育思想被定义为"以能力为基础的教育",最早出现在第二次世界大战之后的欧美发达国家。它是以胜任岗位工作要求为出发点的教学体系。其特点表现为,教学目标是使受教育者如何具备从事某种职业所必需的能力(包括相应的知识、

① 参见鲍威,杨钋,朱红,等.首都高校教学质量与学生发展监测研究[M].北京:人民日报出版社,2016:168.

② 参见魏爱德,范皑皑.知识经济时代的人力资本政策:教育系统的使命与面临的挑战[J].北京大学教育评论,2011(3):56-64,189.

③ 参见高学德.我国大学信任的历史脉络和现代意蕴[J].高等教育研究,2017(5):9-13.

技能、态度、经验等)。[①]

然而,在充分认识到我国高等教育改革必须满足消费者需求的同时,我国教育体系的工具主义价值观也受到了学者的批判。海沃德教授指出,我国痴迷于将大学建设看成发展经济、促进就业的一种手段,这种偏狭的看法不利于高等教育的健康发展。[②] 朱文辉等将我国教学系统的功利化总结为国家所秉持的工具主义人才观、教师所践履的契约主义教化观、学生所领悟的实利主义求知观,并指出在这种实利主义求知观的驱使下,学生并没有将自己视为能够成贤成士的独立主体和自由个体,而是将自己视为一件具有某种使用价值从而在市场上待价而沽的商品,他们多将学习作为达到获取外在功利性目的的敲门砖,而非教学本身所固有的目的之一。[③] "当人只知道尽力适应外界的需要,将自己存在的全部目的作为计算利润、价值和收益时的变量而计算在内时,他就丧失了存在的本真,沦落为没有自身规定性的、有待交易的商品。"[④]对此,龙安邦指出,教育的单一性是以"读书无用论"为代表的功利主义学习观产生的根源。教育的单一性主要表现为:以培养社会人才为目的、忽视个人教育价值的教育目标,以理论知识为主导的教育内容,以学术型人才培养模式为主的教育培养方式,单一的扩招模式与教育评价、分流机制。[⑤] 其中,过多的功利性诉求已然成为异化教学的"漩涡"和根源。[⑥] 总而言之,我国民众的实力主义求知观与国家政府的工具主义人才观相辅相成,扭曲了教育的本质意义。如何既满足市场需求,又不动摇教育本体价值,成为每个教育工作者都应重视的问题。

当然,实用主义教育观并非我国独有。在市场化大潮席卷下,高等教育人文素养的萎靡成为世界趋势,制造出了大量"有学习能力的无知者"[⑦]。但不得不警惕的是,相比在国际化市场中占主导地位的西方,处于劣势的"后进"国家

---

① 参见杨黎明.以能力为基础的教育体系(CBE)的长处及其不足之处分析[J].机械职业教育,1998(8):2-3.

② 参见谢凌凌.世界一流大学的学院治理与高等教育创新:对剑桥大学教育学院院长杰夫·海沃德教授的访谈[J].高等教育研究,2017(5):1-8.

③ 参见朱文辉,靳玉乐.教学功利化剖析与出路探讨[J].中国教育学刊,2015(12):1-5.

④ 弗洛姆.健全的社会[M].孙恺祥,译.上海:上海译文出版社,2011:126.

⑤ 参见龙安邦.教育价值选择的困境与对策:解读新"读书无用论"[J].河北师范大学学报(教育科学版),2009(8):24-28.

⑥ 参见朱文辉,靳玉乐.教学功利化剖析与出路探讨[J].中国教育学刊,2015(12):1-5.

⑦ 叶启政.高等教育"国际化/在地化"的吊诡与超越的彼岸[J].北京大学教育评论,2017(3):73-91,189-190.

更加倾向于通过形式化的量化指标来评价高等教育体制的"品质"。这无疑加速了高等教育的沉沦。随着社会发展进入重要转型期,高速扩张后的中国大学面临着由外延式发展向内涵式发展转型的挑战,一直以来被"大众化"盛况掩盖的大学精神危机也随之暴露出来。反观今天的中国大学,在创下在校生世界第一、教学时长世界第一、必修课比例世界第一、高校数量世界第二、学分数世界领先等瞩目成就之余,却无暇省思这些成就是否意味着大学的繁盛和全人教育的发展。相关学者指摘当今我国大学"理想暗淡、观念落后、精神失落、形象扭曲、使命弱化、目标混乱"①,从"育人使命意识的淡漠、尊师重教理念的淡漠、人才培养理念的落后、文化理性的失偏"②等多个方面论证了我国大学精神的异化。以至于继"钱学森之问"后有学者感叹"中国大学还是大学吗?越来越多的人感到心里没底"。③ 其实,我国大学的异化现象早在扩招伊始便有所体现,甚至一度被贴上"后高中教育"的标签。

另外,研究发现,高等教育对职业型人才的培养并未得到我国劳动力市场的认可,如此不得不让我们反思两个关键性问题:一是我国高等教育是否有效增加受教育者的人力资本储备?低效率的学校教育体制会导致资源以一种无生产价值的方式被利用,对提高学生成绩和表现贡献不大。而当前我国高等教育确实存在管理体制未理顺、办学定位同质化、总量规模过大、专业和层级结构分布不合理、学校办学质量低等问题。④ 越来越多的迹象表明,当今学校教育培养出来的受教育者难以满足或适应社会的需求,一方面是雇主不愿意招收应届大学毕业生,另一方面是学生抱怨在学校里学不到有用的知识,或走上工作岗位后发现所学的专业知识都已过时。⑤ 对此,黄敬宝也在其著作中阐述了自己的意见。他认为:"就业是大学生生存的基础,如果连就业这个基本问题都解决不了,'人的全面发展'只能是空中楼阁。很多高校似乎并没有完全认识到社会需要和劳动力市场的重要性,培养目标、专业设置、课程设置、教育方法和教育

① 潘懋元.多学科观点的高等教育研究[M].上海:上海教育出版社,2001:11.

② 眭依凡.大学理念建构及其现实问题思考[J].中国高教研究,2011(6):8-15.

③ 参见王建华,贾佳.中国大学的文化性格:历史省思与理想建构[J].高校教育管理,2016(1):6-11,32.

④ 参见张青根,沈红."一纸文凭"究竟价值几许?——基于中国家庭追踪调查数据的实证分析[J].教育发展研究,2016(3):26-35.

⑤ 参见王美.什么知识最有价值:从常规专长到适应性专长——知识社会背景下对知识价值与学习目标的反思[J].远程教育杂志,2010(6):62-69.

管理都存在着与现实脱节的问题。这在一定程度上为读书无用论提供了依据。事实上，更多关注市场需求和社会变化，并不意味着高等教育的功利化。”①

针对我国高等教育体制出现的问题，一部分学者给出了相关提议，旨在平衡自由教育与职业教育，实现教育价值的回归。闫广芬等通过对美国相关案例的系统分析，从通识教育、就业服务、创业教育等三个角度出发对大学生就业背景下我国高等教育改革进行了理性的思考。② 黄敬宝认为，推动就业能力导向的高校教育改革要遵循以下四大原则：第一，全面性原则，造就复合型人才；第二，实效性原则，增强教学内容的实用性；第三，灵活性原则，强调大学生主体性参与和选择空间，提高实际学习效果；第四，严格性原则，从严要求，严把“毕业关”。③ 侯勇、徐海楠指出，应当解决投入与产出的矛盾，提高教育投资收益率，促进教育价值的回归。④ 明确教育目标的同时，学校教育的多元化发展也成为重要议题。学校教育的多元化主要体现在教育内容的多元化、培养方式与途径的多元化、教育评价方式的多元化等方面。⑤ 此外，张旸通过对“读书无用论”的反思，提出应明确教育需要与人们其他需要的复杂关系，建构多样的可供选择的学校教育价值观。⑥

可以看出，我国高等教育正处于一种两难的境地：一方面，多方利益主体导致其工具主义价值取向；另一方面，教育本身的滞后性与落后的管理模式导致我国高等教育连其工具化价值都难以实现。在教育走出“象牙塔”的今天，实用性作为我们赋予教育的基本属性之一，对其一味地批判显然是片面的。另外，虽然以就业为导向的工具主义价值观屡受非议，但其主要运作机制却尚不明确。这为高等教育本体价值的实现埋下了隐患。探讨就业与学习的关系，不仅

---

① 黄敬宝.人力资本和社会资本视角下的大学生就业研究[M].北京：中国社会科学出版社，2014：215.

② 参见闫广芬，吴俊.大学生就业背景下的美国高等教育改革及其启示[J].中国高教研究，2011(5)：49-52.

③ 参见黄敬宝.人力资本和社会资本视角下的大学生就业研究[M].北京：中国社会科学出版社，2014：217-218.

④ 参见侯勇，徐海楠.教育效用僭越与价值复归：“新读书无用论”的社会学分析[J].中国青年研究，2014(6)：77-81.

⑤ 参见龙安邦.教育价值选择的困境与对策：解读新“读书无用论”[J].河北师范大学学报(教育科学版)，2009(8)：24-28.

⑥ 参见张旸.学校教育价值危机的凸显及超越：基于对“读书无用论”的反思[J].中国教育学刊，2013(3)：16-19.

能够促进大学生学习热情以及大学生职业生涯指导，也有利于明确当今大学教育的价值导向，为高等教育改革提供参考路径。

（二）大学生生涯教育的现状与问题

美国联邦教育署前署长西德尼·马兰（Sidney Marland）于 1971 年正式提出了“生涯教育”理念，旨在消除教育与现实生活和工作之间的壁垒，改善当今人们的生活方式、学习态度与就业状态，促使其在适应社会发展与变迁的基础上实现自我发展的最大化。为此，生涯教育将以往单一的以知识技能和从事职业为中心的就业指导与个人的价值观和职业观教育联系在一起，以期将就业指导拓展为贯穿人一生的生涯指导。① 针对大众化阶段大学生群体呈现出的学习与发展问题，在发达国家“先进经验”的带领下，我国开始自上而下导入生涯教育并在全国范围内迅速普及。在此背景下，关于大学生生涯教育的问题研究也得到广泛关注。此类研究大致关注两个问题：一是生涯教育的组织与实施，二是生涯教育的影响力。

我国学者关于大学生职业生涯教育的组织与实施多聚焦于揭发职业生涯教育迅速普及背后的质量问题。比如，蒋承、周丽萍指出，首都高校大学生调查数据显示，院校提供的求职指导存在覆盖面小、满意度低的特点。② 经常获得职业规划及求职帮助与指导的学生仅占 21%，将近 30%的学生从未或很少接受过辅导员关于职业规划的指导。另外，有 8%的学生从未参加过院校提供的生涯规划、创业教育和职业指导课程。其中，大一和大四学生、学生干部、民办高校大学生接受求职指导的频率更高，“985”高校最低。在 92%上过相关课程的学生中，只有不到 1/4 的学生认为该课程有用。此外，院校提供的实习机会也相对较少，仅有 35.5%的院校为学生统一安排实习，仅有 1.35%的大学生参加过半年以上的实习。但学生对院校提供的实习机会整体评价良好，表示满意的学生占到 73.6%。另外，我国学者试图证明生涯教育的具体功用。比如，窦雅琴主张通过生涯教育帮助大学生明确生涯发展目标与职业能力需求，进而促进

① 参见潘黎，孙莉.国际生涯教育研究的主题、趋势与特征[J].教育研究，2018(11)：144-151.

② 参见蒋承，周丽萍.向职业生涯的成功过渡[M]//鲍威，杨钋，朱红，等.首都高校教学质量与学生发展监测研究.北京：人民日报出版社，2016：119.

高校学风建设。[①] 靳葛调查发现，学生对专业的认知了解及自主选择意识均对专业满意度产生显著的促进作用，所学知识匹配度和相关能力匹配度与职业满意度高度相关。由此。靳葛指出生涯教育的影响会贯穿学生入学专业志愿选择和毕业职业决策的全过程。[②] 部分学者通过调查研究证实了大学生职业生涯教育的实际影响力。有研究证实，大学实践类课程与就业能力关联最高，但大学实践类课程效果不佳，各类课程对毕业生就业能力的促进作用浮于浅表。[③] 其中，大学课程对毕业生的自我管理能力、沟通表达能力、职业认识能力以及领导力的培养作用不大，而在专业一般能力、获取各类证书、学习意愿等方面有较好的促进作用。

综上可见，相对于学者对生涯教育重要性的推崇与强调，生涯教育在我国实施过程中存在起步晚、普及快、发展程度不高、实际效果有限的特征，并由此导致本应因此受益的大学生群体对生涯教育接受率低、满意度低、认同感低的现实困境。潘黎等考察国际生涯教育研究的嬗变，指出研究者越来越意识到个体主观能动性对生涯教育的重要性，并逐渐将以往单一的课堂教学转变为以情境化、叙事化等为代表的多元化教学方法。[④]

（三）小结与概念界定

如果忽视就业与学习这两大过程性因素的交互作用和关系，就无法充分理解大学生发展需求与学习目标，更勿论生涯教育的有效实施。以往研究多将大学生学习与就业结果相关联，意图探讨学习成就对于大学生就业结果的作用，以期证明大学教育的经济回报率。但过程性指标的导入才更能激发院校层面的干预性，进而促进教育体制的改革。在国内外学者的推动下，当代生涯教育的教学方法从单一的职业咨询逐渐转变为以“叙事生涯理论”为基础的叙事化指导，同时开始主张致力于将职业教育置于世纪情境之中以调动学生的学习兴趣和对知识的渴望。[⑤] 在此背景下，本书将大学生涯教育定义为帮助大学生在

① 参见窦雅琴.论高校生涯教育与学风建设的有效互动[J].学校党建与思想教育，2020(16)：83-85.

② 参见靳葛.生涯教育影响下的专业志愿选择与职业决策[J].江苏高教，2020(10)：106-110.

③ 参见孙志凤，汪霞，郁诗铭.促进就业能力提升的大学课程结构性调整策略探索：对大学毕业生的调查研究[J].清华大学教育研究，2013(4)：108-111.

④ 参见潘黎，孙莉.国际生涯教育研究的主题、趋势与特征[J].教育研究，2018(11)：144-151.

⑤ 参见潘黎，孙莉.国际生涯教育研究的主题、趋势与特征[J].教育研究，2018(11)：144-151.

明晰学习与就业关系的基础上建构积极生涯学习与发展观的教育理念。其中，生涯教育不再局限于特定职业指导机构或学校提供的特定生涯规划与职业发展课程(或讲座、竞赛等)，而指涉大学生在校期间所接受的一切旨在促进其生涯发展观念建立与能力发展的教益性活动。比如，包括任课教师在内的相关教师在明确专业知识实践途径与现实影响的基础上协助学习者建构生涯发展与学习关联性、明确学习意义与发展方向的实践性活动，以提升人文素养、养成科学思维为主旨的读书会活动、通识课程建设，以及加强社会经验的实习实践活动等，都是生涯教育理念的重要体现形式。在此基础上，我们试图以大学生就业困境为切入点，探讨就业与学习这两大过程性因素在大学生群体中的交互作用和关系，在充分理解大学生发展需求与学习目标的前提下，探讨生涯教育与高等教育改革的可能路径。

第三节　梳理与简评

以往研究表明，我国大学生在就业与学习方面面临诸多困境。二者之间的关联互动也得到一定的证实。中国学习者特有的混合型学习动机与“就业难”背景下的教育效用贬值更是导致了“新读书无用论”甚嚣尘上。这进一步将“学习—就业”的衔接问题推上舆论的风口浪尖，然而，作为高等教育“出口”与大学生主要学习动机之一的就业因素对我国大学生学习的影响虽然在一定程度上得到证实，但由于缺乏理论基础与系统分析，仍存在诸多问题值得进一步探究。

首先，该问题缺乏理论基础上的问题假设与模型建构。以往大学生学习研究要么从不平等与院校影响力视角考察社会支持的影响，要么从行为学、心理学视角关注学习过程中的外界刺激与内部归因，却忽视了影响大学生对学习价值的文化洞察以及建构学习价值、参与学习生活过程的情感体验。“学而优则仕”的文化语境与“知识改变命运”的现实期待贯穿于大学生学习与发展的各个阶段，与自我实现的内在需求一同影响着大学生学习意义的建构。可以说，对社会环境、社会期待与自身发展前景之间的关联性的文化洞察为我国大学生学习生活中的意义建构与行为决策提供了重要参照。其中，对于自身就业问题的态度、认知与探索就是大学生以自身文化“洞察”社会环境、社会期待与自身发展前景之间关联性的重要投影。作为学习参与的主体，大学生对自身就业前景、就业形势、就业期许以及发展可能性的主观认知影响着大学生对学习价值的建构。而学习价值的建构决定着大学生学习目标的确定、学习内容的取舍、学习手段的选择，进而影响学习参与与实践分流。因此可以假设，大学生就业困境将在一定程度上左右其对“学习意义”的建构，并进一步影响其学习行为决策和学习成就获得。

其次，该问题缺乏系统性的实证分析。即便就业压力、就业规划等因素对大学生学习的影响得到了一定程度的关注与证实，但分析结果存在争议，且缺乏对其作用机制的系统性研究。以往研究在解释诸如女生或大四学生的学习积极性时，总是将其就业压力作为默认事实用以佐证。同样，在阐释“大二现象”等问题时，也常将大二学生面对就业方向的迷茫与困惑作为导致该问题的可能原因之一。在以往研究中，就业因素对大学生学习的影响往往作为解析其学习现状形成机制时的一个“信手拈来”的假说。而这一假说是否反映了实际，却缺乏一个证实的过程。大学生的就业迷茫期是否从大二开始？女大学生是否比男大学生感知到更强烈的就业压力？若真如此，就业压力与就业迷茫等就业困境又是如何作用于大学生学习的？这些问题都值得进一步探究。

再次，以往研究多以经验论及单因素的线性分析为主，缺少多元分析基础上的归因分析及影响机制构建，更缺乏对大学生“文化洞察”的质性探究。就业与学习的关联性是大学生学习发展问题的重要课题之一，也是反映我国青年多元文化的重要切入点，更为反思我国高等教育功能与改革现状、完善我国青年就业与发展政策提供了重要依据。问题的复杂性与多样性决定了单纯通过量化分析手法证实就业困境“是否”影响大学生学习，不足以实现对大学生学习与发展文化脉络的深入探究，更不足以胜任反思我国高等教育功能与改革现状、完善我国青年就业与发展政策等重要使命。值得注意的是，文化隐匿于主观意识与日常行为却不轻易为人所察觉，仅仅通过对当事人的问卷调查或许难以窥得其中奥秘。比起量化研究对既定问题的假设与证实，质性研究中对文化事实的“深描”更有助于对未知领域的探索与挖掘。因此，可以使用量化与质性相结合的研究方法，在此基础上建构就业困境对大学生学习生活的影响模型，完善对我国大学生学习与发展的文化阐释。

最后，研究结论方面，以往研究所提对策多以“协调多方利益”“落实生涯教育”等宏观政策与建议为主，关于“如何协调”“如何落实”却缺乏理论与实证基础上的可行性与针对性分析。根据以往的研究可以看出，就业因素对我国大学生学习的影响显著，且一定程度上代表了社会需求、大众需求与教育体制之间的复杂关系，能够为建构多样的、可供选择的学校教育价值观提供有利视角。[①] 这也决定了从就业角度研究学习参与问题的重要性。然而，由于以往研究主要作为“学习问题原因分析”的一个子项，忽视了就业困境的形成机制及其对学习的系统影响，容易导致问题意识不够细化，导致所提对策不够实际、具体。虽然市场因素对大学生学习的影响尚未得到国内学者的证实，但史静寰教授却对这一课题表现出特有的关注。她指出，以大学人才培养为例，表面看来这是高校的日常工作，但实际上却受各种非教育性因素的影响。因此，针对这一问题的研究需要在宏观社会环境与微观课堂教学中找到可以确定和明晰问题的立足之处，构建能全面、深入分析问题的研究设计，创造能容纳不同学科、不同视角、不同类型研究的条件与规则。[②] 基于以上分析，本书针对就业困境影响我国大学生学习的过程“黑箱”，通过对就业困境下大学生学习问题的结构性论证提出切实有效的教育对策。

周志强等指出，目前关于知识价值观的研究多集中于从学校角度，探讨什么知识最有价值、选择什么知识进入人才培养模式的问题，很少从学生的角度来探讨学生认为什么知识最有价值、什么知识对学生最有价值，即以学生为中心探讨知识价值的实然与应然形态。[③] 大学的目的是什么？这是值得我们不断探讨的课题。

大学生的学习与发展脱离不了宏观环境的影响。大学生的学情作为高等教育质量监测的重要指标，同时受到个人背景、院校环境、教育机制以及大学生所处社会文化背景、市场环境的多重影响，为探讨个人—学校—社会三者联系提供了极具实践价值的现实依据。因此，大学生学情研究不应只考虑教育因素，还应与大学生所面临的市场环境结合起来，从市场化的角度探讨高等教育的立身之本与生存之道，并在此基础上探讨促进大学生学习与发展的可能措

① 参见张旸.学校教育价值危机的凸显及超越：基于对“读书无用论”的反思[J].中国教育学刊，2013(3):16-19.

② 参见史静寰.走向质量治理：中国大学生学情调查的现状与发展[J].中国高教研究，2016(2):37-41.

③ 参见周志强，亓晶.从纯粹到实用：大学生知识价值观的“漂移”与审视——以就业为导向的现实倾向分析[J].中国青年研究，2018(3):91-96.

施。然而,以往对教育与就业关系的反思性研究多集中于理论性、经验性考察,缺乏实证性分析,也忽视了对大学生情感认同与价值建构的关注。这与以往教育学研究“重教轻学”的时代性特征有关。随着当今社会对“以人为本”的推崇,教育学界也越来越多地将关注点聚焦于学习的主体——大学生本身。在此背景下,本书在教育影响力研究、生涯发展研究以及大学生学习与发展研究的基础上,结合我国当前就业形势、传统价值理念与文化特色,从微观层面反思学习与就业、教育与市场的关系,以期为我国本土化高等教育改革提供参考依据。

第四章　研究设计与数据信息

第一节　“就业—学习”问题的阐释模型

在社会科学的众多学科中，教育学往往因其学科同一性与科学性的不足而面临窘境。从世界各国教育改革与发展中也不难看到，教育学对教育实践的指导的确显得有些力不从心。任何一门学科活动都是以对事物的解释力为目标的。由于涉及人类社会的发展，社会科学不仅需要具备对社会现象的解释力，还需要以卓越的批判力和对社会实践的指导力来反思和推进社会进步。这是社会科学不同于自然科学的特征之一，也预示着教育学科发展面临的复杂挑战。而正如所有学科都是用来解释世界的理论体系，教育学问题的研究也应建立一个具有高度可信度与普适性的理论机制，以此保障研究的解释力、批判力与指导力。在此，我们主要从教育问题研究的宏观理论框架以及大学生问题的微观理论框架两方面构建本书的理论机制，提出研究假设与实践方法。

一、教育活动中主客体关系的解释模型

项贤明在其著作《泛教育论：广义教育学的实步探索》中对于教育活动中主客体关系的解释模型，是通过理论模型考察教育问题的重要尝试。他以来自社会生活中的经验事实为基础，运用关于主体际关系的交往行动理论等，对社会生活中相关经验事实进行分析、抽象和概括，从而建构起教育活动中主客体关系的解释模型（见图4-1）。该模型的形式化表述源于这样一个命题：“教育是作

为主体的人在共同的社会生活过程中开发、占有和消化人的发展资源，从而生成特定的、完整的、社会的个人之过程。”[①]模型以一个菱形结构呈现，简洁明了地展现了工具性教育客体与对象性教育客体加持下两个教育主体之间的互动关系。其中，教育主体有四重表现形态，即个人、小型集体、大型集体和人类。个人为参与到教育活动中的个体；小型集体为以家庭、班级为代表的，与个人生活学习紧密相关的小规模社会群体；大型集体则是多以文化和意识形态的认同为组织基础，与整个社会总体结构直接相关的包括民族、阶级、政党在内的大规模社会群体。在图 4-1 中，无论是教育主体 A 还是教育主体 B 都可以是这四种表现形态中的任意一种。教育客体包括工具性教育客体与对象性教育客体。工具性教育客体指涉教育活动中使用的各种中介手段，如语言、教材、教具等。对象性教育客体是指在教育活动中要开发利用的人的发展资源，包括科学文化知识、道德品质以及经验等。项贤明认为，人通过教育这种实践活动实现主客体统一，从而将这些发展资源转化为自身的本质力量，实现人的发展。值得称赞的是，这一解释模型将教育活动解释为两大教育主体之间的互动，且强调被教育者接纳、阐释与建构知识的主体地位以及“教育者同为被教育者”的双向教育路径。

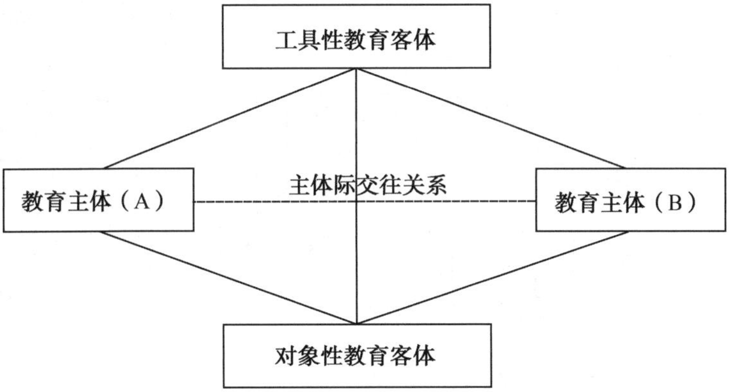

图 4-1　关于教育活动中主客体关系的解释模型

二、教育活动中主客体关系的解释模型在本书中的应用

本书考察就业困境对大学生学习的影响，立足于高等教育市场化前提下就

① 项贤明.泛教育论：广义教育学的初步探索[M].太原：山西教育出版社，2000：40.

业市场对高校大学生发展的指导作用。因此,可以沿用上述教育活动中的主客体关系解释模型,以此为基础构建以就业市场为主的社会文化情境影响大学生的解释模型。如图 4-2 所示,本书构建的模型中的教育主体 A 为就业市场,教育主体 B 为大学生。工具性教育客体为就业市场影响大学生的社会教育过程中所用的手段与途径,主要体现为社会舆论、教育方针以及家庭期待等。对象性教育客体为就业市场影响大学生的社会教育活动中要开发利用的发展资源,主要包括市场需求、运作机制、实践经验等。因此,我们可以将本书的理论框架定位于对就业市场影响大学生的社会教育过程的解释:就业市场以社会舆论、教育方针以及家庭安排、他人期待等为媒介,将市场需求、运作机制以及实践经验等传递给大学生;大学生通过对社会舆论、教育方针以及家庭期待的解读,理解相关的市场需求、运作机制以及实践经验,并通过对市场需求、运作机制以及实践经验的建构,形成对就业以及学习的认知,在此基础上做出资源配置决策、形成自身学习发展模式。

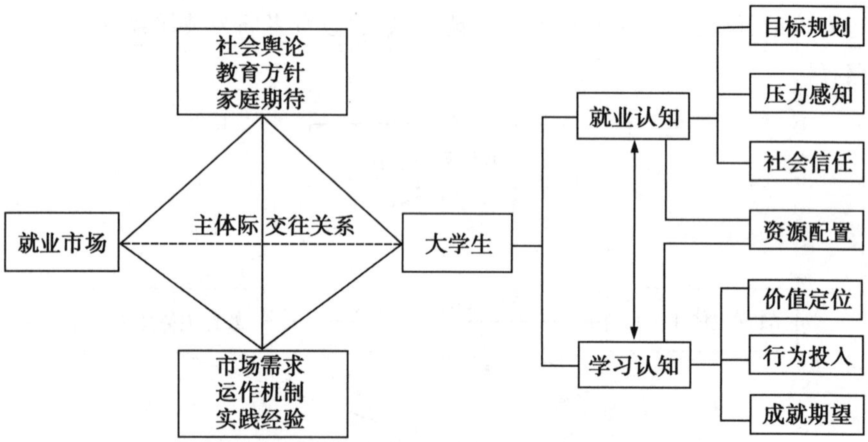

图 4-2　就业市场影响大学生学习的解释模型

第二节　分析思路与模型建构

本书在分析大学生就业困境的现状与形成机制的基础上,考察其对学习的影响机制,探讨就业困境下大学生学习与发展存在的问题,进而为我国生涯教育以及高等教育体制改革提出具有针对性的意见。

一、中国大学生就业困境的现状与影响因素

对于中国大学生就业困境，可从情感与认知两方面展开考察。首先，情感方面主要体现为大学生面对就业问题表现出的焦虑、逃避等应激反应，主要以就业压力作为测量变量。其次，中国大学生对就业问题的认知情况也是其就业困境的重要组成部分。比如，大学生在自身就业方向、就业资本以及市场需求与就业环境等方面体现出的消极、悲观的认知状态，都可能成为其就业困境的具现化表征。在此以就业规划困境、就业公平困境以及就业妥协作为测量变量。

对于就业困境的影响因素，基于以往研究结论，主要从大学生性别、院校、专业、年级以及家庭背景、社会支持等因素展开分析。同时，就业困境相关要素之间的关联性也值得探究。

二、中国大学生就业困境对学习的影响

史静寰等曾指出，关注大学生学习，不仅需要考察大学内部的问题，还需要“从就业市场的现实、从学生面对不可预知的未来而持有的心态当中去寻找”[①]原因。在我国，就业问题对大学生学习的目标导向以及环境导向作用更加显著。邦德认为，儒家文化特别强调对现世功绩的强调，评价一个人一生的成功尺度，更多地在于其事业的成功和对社会的贡献。[②] 中国学习者秉承“内圣外王”的价值理念，尤其对外部的功名和事业的“完满成功”（外王）更加重视。[③] 他们往往更加看重自己的学习是否满足了父母、教师和家族的希望[④]，而通过学习赢得的就业机会、职业成就则是父母家族乃至社会评价学生生涯成就的重要依

① 史静寰，涂冬波，王纾，等.基于学习过程的本科教育学情调查报告2009[J].清华大学教育研究，2011,32(4):9-23.

② BOND M H. Chinese values [M]// BOND M H. The handbook of Chinese psychology. Hong Kong: Oxford University Press, 1996:208-226.

③ LEE W O. The cultural context for Chinese learners: conceptions of learning in the Confucian tradition [M]//WATKINS D A, BIGGS J B. The Chinese learner: cultural, psychological and contextual influences. Hong Kong: Comparative Education Research Center, the University of Hong Kong, 1996: 25-41.

④ 参见吕林海，张红霞.中国研究型大学本科生学习参与的特征分析：基于12所中外研究型大学调查资料的比较[J].教育研究，2015(9):51-63.

据。因此,就业问题直接或间接地影响着中国学习者对学习的价值判断与行为决策。

就业问题对学习价值认同的影响也可以从"读书无用论"的屡次卷土重来中一窥端倪。对此,侯勇、徐海楠利用理性选择理论分析"读书无用论"现象。他们指出,人们大多从工具理性角度将读书和学习知识作为实用性工具来看待。一旦有人没有因为读书而获得财富、权力、地位的提升,其便给读书贴上了"无用"的标签。① 有调查显示,中国学生学习多数并不是真的对知识本身感兴趣,而更多的是出于外在动机,学生学习的功利性和目的性都非常强。② 鲍威也同样指出,"找好工作""追求事业成功"是学生的主要学习动力。③ 然而,相对于大学生对毕业后就业前景的热切关注,转型期下高等教育与市场需求的脱节却日益凸显。那么,当个体以"千军万马过独木桥"之势付出千辛万苦获得的高等教育无法满足其发展需求时,重视现实功用的中国学习者如何建构学习意义并参与教学活动就成为值得考察的问题之一。

另外,中国学习者的美德导向学习观预示着中国大学生的学习未必完全依托于职业取向的价值判断。李瑾的"美德—才智"理论指出,中国学习者将学习本身作为一种回报家族、自我成就的"美德"。因此,中国学习者的学习行为未必受到其内在学习动机抑或工具理性的驱动,而是可以理解为一种迎合社会道德规范、追求社会认同的"集体无意识"。这一倾向也在我国相关研究中得到证实:中国人对学习的重视并不随着文化资本与社会分层的差异而存在显著区别。④ 也就是说,威利斯强调的"文化洞察"所产生的阶级差异在中国学习者身上或许并不像西方世界那般表现为对主流的抵制与叛逆,而是被共同裹挟在"知识改变命运"的宏大叙事中不可自拔。这也向我们提供了某种可能,即学习动机与学习过程的割裂。即便大学生的学习动机以就业为基本价值取向,其学习动机对学习行为的影响也有可能具有一定程度的有限性。简单而言,即便中国大学生对其学习的职业价值持有疑惑甚至质疑态度,也仍有可能"无意识地"

---

① 侯勇,徐海楠.教育效用僭越与价值复归:"新读书无用论"的社会学分析[J].中国青年研究,2014(6):77-81.

② 参见李帆.教育期待深度变革:对模式、有效教学和童年价值的思考[J].人民教育,2013(2):17-20.

③ 参见鲍威.扩招后中国高校学生的学习行为特征分析[J].清华大学教育研究,2009(1):78-87.

④ 参见程猛."读书的料"及其文化生产:当代农家子弟成长叙事研究[M].北京:中国社会科学出版社,2018:135.

或“逃避性地”延续认真、刻苦的学习行为惯习。

假如就业困境对学习的影响确实存在，那么其最终将影响大学生的学业成就。鉴于以往研究主要通过成绩、获奖、证书等客观指标与主观评估的方式考察学业成就，本书也将以客观指标与主观认知相结合的方式综合把握大学生学业成就。

可以肯定的是，相比成就动机驱动下的西方学习观，中国学习者的学习问题更加复杂难解。他们秉承“内圣外王”的传统美德观，背负着家族的殷切期望，对教育寄予厚望的同时，面对教育与市场的脱轨又不得不在“尊师重教”的美德论与“学难以为仕”的无用论之间辗转。因此，中国大学生在就业语境下如何建构学习意义并参与学习活动，反映了中国学习者面对美德、才智与现实需求三者之间矛盾统一关系的价值取向与行为决策。

三、教育对策探析

基于大学生就业困境的现状、产生及其对学习的影响，能够明确我国生涯教育存在的不足，进而为高等教育改革提出针对性建议。因此，本书拟在现状分析的基础上提炼问题，并以此展开理论探索，结合其他国家生涯教育与高等教育改革经验，构建符合我国国情、切中问题要害的改善机制，并在可能范围内将其应用于教学实践以进一步改进方案。考虑到儒家文化对个人学习观及整个社会群体价值取向的影响，本书决定选取同样受儒家文化影响且教育发展水平相对较高的日本作为问题与对策的参考对象。

基于以上分析模型，本书研究框架可分解为问题提炼和对策形成两大路线，如图 4-3 所示。其中，问题提炼通过文献考察、提出假设；设计方程、结构分析（路径①②③）；分析影响、提炼过程（路径④）等三个步骤完成。对策形成主要通过绩效评测、归纳问题（路径⑤）；综合分析、理论探索；归纳总结、机制形成等三个步骤完成。

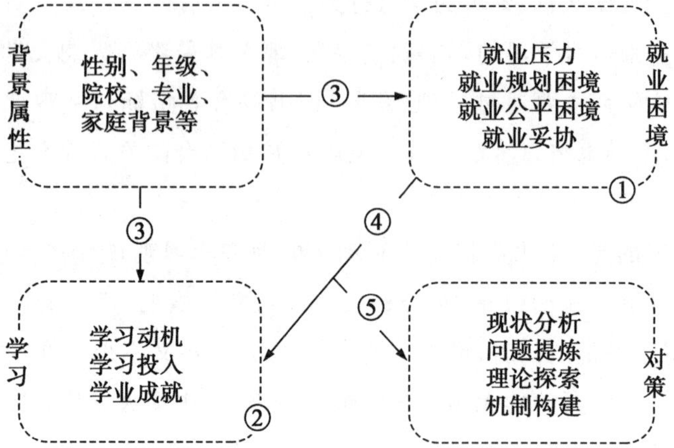

图 4-3 研究框架

第三节 研究意义与方法

基于以上文献述评与理论探索可以推断,如果我们试图探讨大学生学习问题背后的文化形成机制,就不可避免地遭遇大学生对其就业前景与发展规划的"洞见"与"偏见"。这种文化洞察或显或隐、或理性或感性,甚至可能体现在"学而优则仕"的集体无意识之中,为大学生的学习意义建构与学习行为决策提供心理动因与价值支撑。无论如何,我们难以将大学生学习与其所面临的的就业发展问题相剥离。而这正是以往一部分研究者所试图做到的。这部分研究者往往将就业导向的"功利主义"学习作为批判的对象,并借此强调"学习目的在于学习过程本身"的应然论。同时,他们也致力于将教育与一切世俗利益相剥离,否定教育的工具主义价值而强调教育的人文主义价值。作为教育理念,无论是对功利性的否定抑或对人文性的宣扬,都是无可厚非的。但如果因为理念而忽视了人的实际需求,则将在很大程度上削弱教育理念对教育实践的指导作用。因此,我们既要对教育理想心怀敬畏,同时也应正视教育实践所处的客观情境与个体的现实需求。

一、研究意义

如果从儿童身上舍去了社会的因素,只剩下一个抽象的东西;如果舍去了个人的心理因素,只剩下一个死板的、没有生命力的集体。因此教育必须从心理学上探索儿童的能量、兴趣和习惯开始……儿童自己的本能和能力为一切教育提供了素材，并指出了起点……如果对于个人的心理结构和活动缺乏深入的观察，教育的过程将会变成偶然性的、独断的。如果它碰巧能与儿童的活动相一致，便可以起作用；如果不是，那么它将会碰到阻力，不协调，或者束缚了儿童的天性。[①]

教育必须尊重个人发展需求，而非打击否定它。反实证主义(anti-positivism)认为，"人的主观意志是一切社会行为的根据，要了解社会现象和问题，首先就要了解人作为一个介体如何影响社会现状"。[②] 同样，斯坦尼斯劳·奥索夫斯基(Stanislaw Ossowski)指出，对社会结构的理解和认知其实也是一种"社会事实"。[③] 它是对现实存在的人类关系的一种回应，而且"对这种结构的解释模式与实际存在的结构类型是相关联的"。[④] 美国著名认知教育心理学家戴维·奥苏伯尔(David Ausubel)则在其著作《教育心理学：认知观点》中写道："如果我不得不将教育心理学还原为一条原理的话，我将会说，影响学习的最重要的因素是学生已经知道了什么，我们应当根据学生原有的知识状况去进行教学。"[⑤]

大学生的就业困境是大学生对自身教育历程与现实发展需求之间矛盾的主观认知，是高等教育与市场之间的关联性在大学生知觉层面的内化，是当代大学生对自身所处社会情境的文化洞察，是一种不可忽视的"社会事实"。以就业困境为背景挖掘我国大学生学习问题背后的文化逻辑，提炼教育支持机制，有助于拓展大学生学习研究途径，丰富大学生生涯发展研究内容，通过教育数据分析，进一步显性化我国高等教育过程"黑箱"。同时，对大学生发展需求的关注有利于为我国高等教育质量监管提供新的借鉴和参考，进而为反思市场化进程中高等教育的根本目标与定位提供材料。

以往研究多从"就业能力"与"就业压力"的角度解读学习与就业的关系，因此难免掉入能力中心主义或心理主义窠臼。本书通过考察大学生对"就业难"问题

---

① 参见杜威. 学校与社会·明日之学校[M].赵祥麟，任忠印，吴志宏，译.北京：人民教育出版社，1994:4-5.

② 李明堃，李江涛.中国社会分层：改革中的巨变[M].香港：商务印书馆(香港)有限公司，1993:6.

③ OSSOWSKI S. Class structure in the social consciousness [M]. London: Routledge and Kegan Paul, 1998: 6-7.

④ OSSOWSKI S. Class structure in the social consciousness [M]. London: Routledge and Kegan Paul, 1998: 172.

⑤ 奥苏伯尔，等.教育心理学：认知观点[M].余星南，宋钧，译.北京：人民教育出版社，1994:序言.

的主观建构及其对学习的影响，挖掘大学生学习活动背后的文化意涵，反思现今市场经济环境下高等教育的价值认同与理想定位，为高等教育改革提供参考。其现实意义将体现在以下三个方面：从社会文化角度探讨大学生学习的形成机制，有利于学校针对不同学生群体调整课程设置及教学方法，完善学生职业生涯教育体系，并最终达到提升学生整体学业成就的目的；从目标、环境两方面考察当代大学生就业困境，为大学生职业生涯指导提供科学、有效的参考依据；促进我国高等教育与个人发展需求的有机结合，为高等教育改革提出针对性意见。

当代高等教育改革主张从学生出发，就是要从学生的价值困境与心理矛盾出发。大学生就业作为反映大学与社会关系的重要视点，也是关乎民计民生的关键环节之一。而大学生对其就业发展所持有的困惑与疑虑则极有可能关系到其当前学习的价值支撑与意义认同。因此可以说，大学生主观层面上对就业困境的建构所折射出的问题是整个教育系统的问题。厘清大学生就业困境的形成与现状，分析就业困境对其学习生活的影响，意味着从职业生涯教育的角度关注大学生在学习过程中的自我发展、自我实现模式，考察就业难背景下不同类型高等教育机构所面临的学生群体特质及其教育需求的差异性，有利于切实建立以学生为中心的高等教育体制。

大学是大学生的大学。学生的学情是社会社情的缩影。对教育与学习的思考从不可能脱离社会环境的大背景，也永远无法忽视教育情境中人的主体性作用。大学生对学习生活的参与是大学得以成立的基础，也是大学不断深化改革发展的基本目标和评价标准。而大学生终将走向社会，这意味着大学也应走出“象牙塔”，去不断适应社会需求。只有满足了生存层面的需求，才能促使人们去重视精神层面的需求。所以，大学生就业所意味着的不仅仅是“功利主义”需求，更是大学生实现个人价值的重要手段，是个人追求更高精神境界的基本条件。大学只有深深扎根于社会关系的框架与网络之中，才能找到发展的出路。可以说，大学生的学习与就业是高等教育改革的两大支柱，是人才培养体系建设过程中不可忽略的重要问题，如果处理不善将会触动高等教育改革的根基。因此，只有将大学生的学情与社会的社情有机结合起来，才能够真正“从学生出发”厘清高等教育发展现状，以此探讨高等教育改革方向。为此，本书通过分析就业因素对大学生学习的影响，考察学习过程中存在的问题，从微观层面探索高等教育结构优化路径。

二、方法论与科学逻辑探究

实证主义因其与行为主义的关联性而广受争议，围绕量化与质性的方法与范式之争也一直是教育研究领域的热点议题。马丁·霍利斯（Martin Hollis）在狭义上将社会科学领域中的实证主义称作“拒斥一切心灵性数据和定性方法的激进行为主义”，马克斯·韦伯（Max Weber）更是批评实证主义没有正视社会规律的复杂性，反而采取了回避的态度。我国学者项贤明指出，实证主义效法自然科学解释归纳自然规律，试图通过某些现象的公式化总结来归纳社会规律，却忽视了社会科学不同于自然科学的复杂性。特别是人自由选择的能动性决定了必然的因果关系已经被概率关系所替代。因此，自然科学中对于“相同条件下必然产生相同结果”的假设难以适用于社会科学，人与人、人与事物的互动导致社会事实的偶然性，造成社会科学中“相同条件指向一组不同结果系列中的任何一个可能”。因此，利用实证主义简单模型过滤掉大量信息而揭示出的所谓“因果律”所描述的社会规律是残缺不全的，“只是某些特定条件下有效的特殊规律，而那些无法用规律来描述的事实，都被排斥于其所谓科学的视野之外了”[①]。

以上观点揭示了实证主义的局限性，对于提醒人们警惕陷入实证主义窠臼具有重要意义。同时，在警示实证主义局限性的同时，“后实证主义”的修正性意义以及经验研究作为研究手段的合理性也值得关注。相对于实证研究的排斥性，经验研究更具包容性和开放性，“经验研究的观察方式可以是远距离的也可以是参与式的观察；它可以是带有因果推断的解释取向，也可以是带有意义理解的诠释取向；研究素材可以是带有客观化、可测量的数据，也可以是有意义的文本和符号；它可以是量化也可以是质性的，甚至二者兼顾；经验研究未必苛求于推断性结论的结论证实，它可能是解释性研究，但也可以是探索性、描述性和诠释性的研究”[②]。最重要的是，具有实证取向的经验研究不排斥理论思辨，反而将理论思辨视为做好研究的基本素养。因此，虽然实证取向的经验研究同样无法超越“中立”与“客观”的迷思，但其包容性、开放性特征对于考察复杂的社会问题中的“知其所是”以及“何以为是”更具有效性。基于以上讨论，本书主要使用经验研究的方法，并以此引导对我国高等教育所面临课题的思辨。

归根结底，无论研究方法如何，没有科学精神的方法论都是伪科学，而一味

① 项贤明.论教育科学中的实证问题[J].教育学报，2017(4)：17-24.

② 阎光才.关于教育中的实证与经验研究[J].中国高教研究，2016(1)：74-76，82.

证实而非证伪的研究也无疑是缺乏科学性的。因此，我们需要将关注点由特定的方法论转向方法论背后的科学逻辑。正如项贤明所言，"逻辑作为理性精神的形式表达，才是科学的重要理性骨架"①。我们需要在充分考虑其局限性的基础上重视数理统计等技术手段在教育领域的运用，但无论是对于思辨研究还是经验研究，数理统计与逻辑都是理性论证的工具。而要保障研究的科学性，需要的是对科学精神的尊崇而不是对个别研究方法的膜拜。在此，本书借鉴沃尔特·华莱士(Walter Wallace)关于科学过程中的信息成分、方法控制和信息转换的"科学环"模型，在明确研究逻辑的基础上制定研究方法、探索研究路径。

华莱士提出的"科学环"反映了科学是理论与研究之间不断相互作用的过程，并指出了研究的两条基本路径，如图 4-4 所示。研究者首先从观察事实、记录事实入手，通过描述和解释他们所观察到的事实，形成经验概括并上升为理论；然后在其理论的基础上做出预测和解释，形成对未知事物的假设，再通过观察新的事实以检验这种预测和解释。研究者从已有理论出发，由理论通过演绎推理形成假设，再由假设引导观察，然后由观察形成经验概括，并利用这种经验概括支持、反对或修改理论，或提出新的理论。②

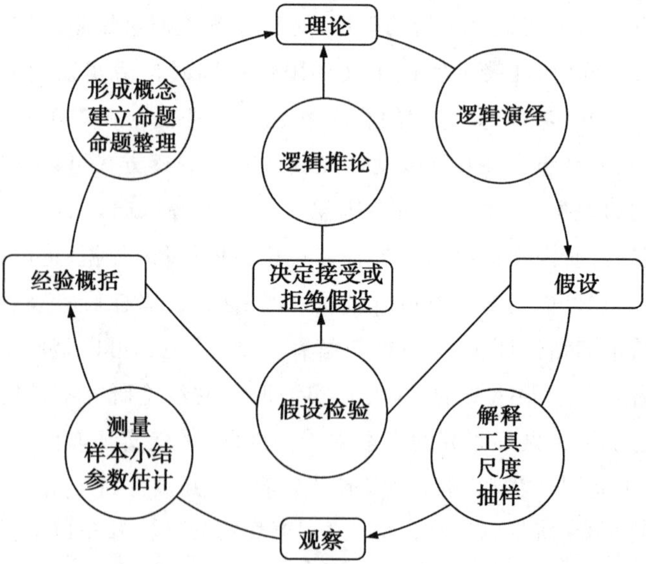

图 4-4　科学过程中的主要信息成分、方法控制和信息转换

注：矩形表示信息成分，圆形表示方法控制，箭头表示信息转换。

① 项贤明.论教育科学中的实证问题[J].教育学报，2017(4)：17-24.

② WALLACE W L. The logic of science in sociology [M]. New York: Routledge, 1971:18-23.

另外,华莱士还从另外一种角度对其构建的“科学环”进行了分析(见图4-5)。[①] 他认为,“科学环”的左边一半意味着从观察和对观察的理解中进行归纳和理论构建;“科学环”的右边一半意味着从理论出发,通过演绎,将理论应用于观察中,进行理论检验;“科学环”的上面一半代表着运用归纳和演绎等逻辑方法的理论化过程;“科学环”的下面一半则代表着运用研究方法所从事的经验研究过程。

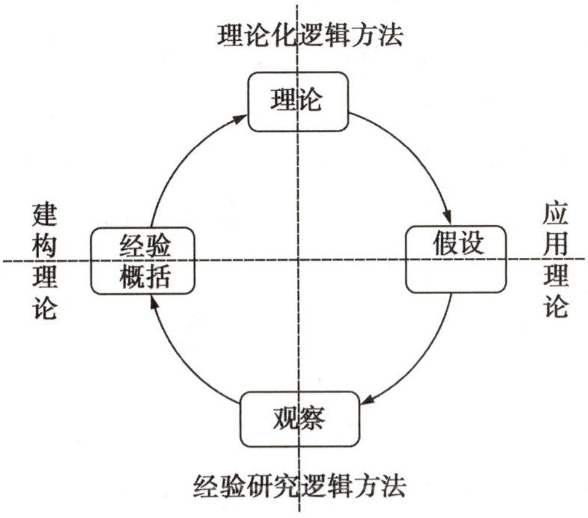

图 4-5　科学过程中主要成分、控制和转变的分类

可以看出,华莱士的“科学环”较为成功地将自然科学的研究逻辑运用到社会科学的研究情境中,尤其对经验研究与思辨研究的有机结合具有较突出的指导意义。因此,本书以此为依据构建研究实践路径。

三、研究方法与数据采集

本书采用质性与量化相结合的研究方法,使用自传研究法与访谈法、问卷调查法等探讨大学生学习价值认同所面临的困境及其重构路径。分析当下大学生学习意义建构中就业因素的影响现状与路径,既要探究当下各因素的逻辑关系与相互作用,也要从过往生命历程中探索大学生学习文化背后的意义世界。每个人都在各自文化背景、社会结构、价值体验的基础上解释社会行动。因此,对大学生学习文化的理解、对其意义世界的探寻需要围绕“符号样式”展

① WALLACE W L. The logic of science in sociology [M]. New York: Routledge, 1971:18-23.

开。这些符号与意义产生的蛛丝马迹存在于大学生日常生活中的言语、行为、情绪、感受以及由它们组成的故事之中,可以通过“写下来”或“聊出来”的方式进行探索与寻觅。同时,文化的产生并非一时之物,而是经历了一个文化熏陶与经验积累的漫长过程。对符号样式的捕捉不能仅仅局限于当下,而是要覆盖个体的整个生命历程。为此,可以通过自传社会学与访谈相结合的方式挖掘大学生学习文化背后的意义世界,并对应问卷调查结果,以求从深度和广度两方面考察大学生对就业与学习关联性的建构。

本书采用问卷调查法提高调查结果的普适性。本书数据来自2018年4—6月对全国11所高校大学生进行的“大学生就业与学习”问卷调查。在正式调查前针对207名大学生展开预调查。通过对预调查问卷的题目鉴定力检验和可靠性分析,删除对项目鉴定力较低的题目,最大限度地提高鉴别度和可靠性并简化量表,在此基础上拟定正式调查所用问卷。正式调查采用分层随机抽样方法,在抽样前按照“双一流”高校、普通本科高校、高职院校进行分层,在综合考虑东中西部高校差异以及学科性质、学生性别等要素的基础上进行随机抽样。11所高校包括“双一流”高校3所,公办普通本科高校4所,民办普通本科高校2所,高职专科院校2所。问卷由教师征得学生同意后发放,并由答卷学生主动提交。在充分尊重调查对象主动性的基础上保证了问卷的质量和回收率。总计发放问卷1575份,得到有效问卷1459份,有效率为93.0%。其中,男生448名(30.7%)、女生1001名(69.3%)。各年级学生分别为大一474名(32.5%)、大二574名(39.3%)、大三270名(18.5%)、大四141名(9.7%)。“双一流”高校大学生247名(16.9%)、普通本科高校学生862名(59.1%)、高职专科院校学生350名(24.0%)。城市户籍761名(52.2%)、农村户籍698名(47.9%)。人文学科556名(38.1%)、自然学科462名(31.7%)、社会/教育学科441名(30.3%)。采用SPSS 24.0与AMOS 24.0工具检验大学生就业困境与学习问题现状,探讨就业困境下大学生学习意义重构与行为决策的形成路径。

自传研究起源于美国社会学家罗伯特·默顿(Robert Merton)提出的自传社会学。因其“以他人所不能的方式反省和回顾自我”[①]的特殊优势受到社会学者的青睐,成为研究个体生涯历程、情感经验以及意义世界的重要研究手段之一。通过布置作业的方式,本书共收集到某本科院校大学新生的教育自传820篇。自

① 鲍磊.社会学的传记取向:当代社会学进展的一种维度[J].社会,2014(5):174-205.

2020年10月起，笔者要求履修“教育概论”课程的大学新生以两周一篇的频率提交教育自传。由于大学生对自身主体身份、学习内容及形式、人际交往范围及方式的转换适应通常集中发生于新生入学的第一个学年[①]，因此，选择大学新生进行自传研究能够有效考察大学生在初入大学的生涯转型期对学习经验的整理、对学习意义的重构以及对大学学习计划的制订。在对自传的内容、形式与字数不做要求的前提下，截至11月末，162名大学新生共提交教育自传820篇，平均每人5篇。在此过程中，这群大学新生从一开始的“不知道写什么”到“这是我第一次那么直白地面对自己”。可见，教育自传不仅使教师有了充分了解学生成长经历与意义世界的机会，也成为撰写者自我认知、自我反省、自我和解、自我超越的重要契机。同时，为有效考察大学生学习意义建构的过程经历，采用半结构化访谈的方式，选取大一新生9名、高年级大学生4名与毕业生3名作为访谈对象。访谈主要围绕“大学期间的学习经历与意义理解”展开开放式对话。

① 参见杜敏菊.大学边缘学生的生活现状与转变路径[J].高教探索，2020(3)：115-122.

第五章　大学生就业困境与学习的现状分析

第一节　指标体系的构建

一、大学生学习指标体系

（一）学习投入指标体系

学习投入量表参考了北京大学教育学院“首都高等教育质量与学生发展”检测项目中所采用的“学业投入量表”[①]和清华大学“中国大学生学习性投入调查问卷”（NSSE-China）中“高影响力教育活动量表”[②]。不同于清华大学“中国大学生学习性投入调查问卷”（NSSE-China）对院校影响的关注，北京大学教育学院“首都高等教育质量与学生发展”检测项目中所采用的“学业投入量表”着重考察大学生学业投入行为，将学业投入划分为规则性投入、过程性投入和自主性投入。这与本书的研究目的相符。同时，鉴于该量表没有涉及社会性学习投入的测量，本书引用了清华大学“中国大学生学习性投入调查问卷”（NSSE-China）中“高影响力教育活动量表”，以期对大学生课堂学习、课外学习以及社会实践进行较为全面的把握。重组后的量表共有 9 个题目。运用 SPSS 进行探

① 参见鲍威，张晓玥.中国高校学生学业投入的多维结构及其影响机制[J].复旦教育论坛，2012(6)：20-28.

② 参见史静寰，文雯.清华大学本科教育学情调查报告 2010[J].清华大学教育研究，2012(1)：4-16.

索性因子分析。KMO 统计值为 0.871，大于 0.8，适合做因子分析。采用主成分分析方法抽取特征值大于 1 的公因子，运用最大方差法进行正交旋转得到旋转成分矩阵。五次迭代后最终聚合出 3 个维度，累计解释的总方差达到 72.2%。其中，第一个因子由 3 个项目组成，主要涉及积极参加课外实践活动、积累社会经验，因此命名为“社会性学习投入”；第二个因子由 3 个项目组成，主要涉及认真听讲、按时完成课程任务以及不迟到、不早退等对学习基本规则的遵守，因此命名为“规则性学习投入”；第三个因子由 3 个项目组成，主要涉及在学习过程中主动探索与讨论，因此命名为“自主性学习投入”。

在探索性因子分析形成模型的基础上，利用 AMOS 24.0 进行一阶验证性因子分析，得到学习投入三因子模型的路径图和模型的适配度指标。结果显示，近似均方根误差（RMSEA）为 0.059，小于 0.08，表明模型达到理想水平；拟合优度指数（GFI）为 0.977，调整的拟合优度指数（AGFI）为 0.956，均大于 0.9，表明模型适配度较佳。相对拟合指数（CFI）为 0.980，非规范拟合指数（TLI）为 0.969，均大于 0.9，达到了理想水平。

利用 AMOS 24.0 对模型中各维度进行收敛与区别效度分析，结果如表 5-1 所示，各维度的因子载荷量均大于 0.6，说明具有题目信度。各维度的组成信度均大于 0.7，说明具有内部一致性。除竞争惯习略低以外，收敛效度均大于 0.5。维度的 AVE 开根号值均大于维度与其他维度之间的相关性，说明区别效度良好。可见，学习投入各因子的信效度都比较理想。

表 5-1　学习投入因子的信效度分析

	因子载荷量	组成信度	收敛效度	规则性学习投入	社会性学习投入	自主性学习投入
规则性学习投入	0.660—0.876	0.826	0.615	**0.784**		
社会性学习投入	0.699—0.880	0.809	0.588	0.532	**0.767**	
自主性学习投入	0.753—0.831	0.824	0.610	0.744	0.620	**0.781**

注：对角线粗体字为 AVE 开根号值，下三角为维度之皮尔森相关系数。

（二）学习动机指标体系

学习动机量表依据美国心理学家德西和瑞安的自我决定理论[①]，参考嵇艳、汪雅霜"大学生学习动机调查问卷"[②]以及田中希穗编制的学习动机量表[③]编制而成。量表采用李克特5点计分方法，共有13个题目。运用SPSS进行探索性因子分析。KMO统计值为0.783，适合做因子分析。采用主成分分析方法抽取特征值大于1的公因子，运用最大方差法进行正交旋转得到旋转成分矩阵。五次迭代后最终聚合出4个维度，累计解释的总方差达到66.6%。其中，第一个因子由4个项目组成，主要涉及为就业而学习的工具主义学习观，因此命名为"就业导向型动机"；第二个因子由3个项目组成，主要涉及学习生活的空虚与无意义感，因此命名为"无动机"；第三个因子由3个项目组成，主要涉及对学习的兴趣与满足感，因此命名为"内在动机"；第四个因子由3个项目组成，主要涉及对学业竞争的恐慌与不学习带来的不安，因此命名为"竞争惯习"。

利用AMOS 24.0对模型中各维度进行收敛与区别效度分析，结果如表5-2所示。其中，除竞争惯习略低以外，其他维度的因子载荷量均大于0.6，说明具有题目信度。除竞争惯习略低以外，其他维度的组成信度均大于0.7，说明具有内部一致性。除竞争惯习略低以外，其他维度的收敛效度均大于0.5。维度的AVE开根号值均大于维度与其他维度之间的相关系数，说明区别效度良好。可见，除竞争惯习因子以外，其他学习动机各因子与学习投入各因子的信效度都比较理想。大学生竞争惯习指标体系的建立作为本书的不足之一，有必要进一步改进与完善。

表5-2　学习动机因子的信效度分析

	因子载荷量	组成信度	收敛效度	竞争惯习	无动机	内在动机	就业导向型动机
竞争惯习	0.542—0.800	0.695	0.437	0.668			

① DECI E L, KOESTNER R, RYAN R M. A meta-analytic review of experiments examining the effects of extrinsic rewards on intrinsic motivation [J]. Psychological Bulletin, 1999, 125(6): 627-668.

② 参见嵇艳，汪雅霜.学习动机对大学生学习投入的影响：人际互动的中介效应[J].高教探索，2016(12)：23-28.

③ 田中希穂.学習動機と自己効力感が学習行動におよぼす影響[J].同志社大学教職課程年報，2017 (7)：3-18.

续表

	因子载荷量	组成信度	收敛效度	竞争惯习	无动机	内在动机	就业导向型动机
无动机	0.671—0.796	0.764	0.520	−0.012	**0.721**		
内在动机	0.695—0.785	0.789	0.555	0.606	−0.288	**0.745**	
就业导向型动机	0.662—0.812	0.798	0.571	0.029	0.326	0.013	**0.753**

注:对角线粗体字为 AVE 开根号值,下三角为维度之皮尔森相关系数。

(三)学业成就

学业成就量表为自编量表,共有 6 个题目。运用 SPSS 进行探索性因子分析。KMO 统计值为 0.864,适合做因子分析。采用主成分分析方法抽取特征值大于 1 的公因子,运用最大方差法进行正交旋转得到旋转成分矩阵。五次迭代后最终聚合出两个维度,累计解释的总方差达到 75.6%。其中,第一个因子包括"掌握了本专业工作技能""掌握了本专业前沿知识"和"明确了职业发展方向"三个变量。由于这三个题项代表了大学生对职业生涯认知度和效能感的提升,我们将其命名为"专业技能与就业能力"。第二个因子包括"学会了多角度思考问题""提高了对不同环境或不同人群的适应力"和"丰富了社会实践经验"等三个变量。这三个题项代表了大学生可迁移能力的提升,因此我们将此因子命名为"可迁移能力"。

在探索性因子分析形成模型的基础上,利用 AMOS 24.0 进行一阶验证性因子分析,得到学业成就三因子模型的路径图和模型的适配度指标。结果显示,近似均方根误差(RMSEA)为 0.072,小于 0.08,表明模型达到理想水平;拟合优度指数(GFI)为 0.985,调整的拟合优度指数(AGFI)为 0.961,均大于 0.9,表明模型适配度较佳。相对拟合指数(CFI)为 0.986,非规范拟合指数(TLI)为 0.974,均大于 0.9,达到了理想水平。

利用 AMOS 24.0 对模型中各维度进行收敛与区别效度分析,结果如表 5-3 所示。学业成就各维度的因子载荷量均大于 0.6,说明具有题目信度。各维度的组成信度均大于 0.7,说明具有内部一致性。收敛效度均大于 0.5。维度的 AVE 开根号值均大于维度与其他维度之间的相关系数,说明区别效度良好。可见,学业成就各因子的信效度都比较理想。

表 5-3 学业成就因子的信效度分析

	因子载荷量	组成信度	收敛效度	可迁移能力	专业技能与就业能力
可迁移能力	0.766－0.838	0.836	0.629	**0.793**	
专业技能与就业能力	0.760－0.837	0.845	0.645	0.776	**0.803**

注：对角线粗体字为 AVE 开根号值，下三角为维度之皮尔森相关系数。

二、大学生就业困境量表

本书所用就业困境量表为自编量表。在综合考察以往文献与半结构化访谈的基础上，探讨大学生在校期间对就业问题的困惑。分析结果显示，大学生的就业困境主要表现在情感方面的就业压力以及认知方面的就业规划困境、就业公平困境和就业妥协。因此，本书在既有量表的基础上建立起由就业压力、就业规划困境、就业公平困境和就业妥协组成的四因子量表。其中，就业压力量表在参考张丽锦、邱桂平所编制的问卷[①]的基础上，根据研究旨趣，对既有问卷进行了节选。节选后的量表共有 3 个题目，因子分析后得到 1 个维度。对于就业规划困境、就业公平困境与就业妥协等三个表示就业认知困境的因子，参考了职业成熟度量表[②]与艾楚君等开发的青年就业公平量表[③]中的相关维度，结合本书研究需求自编调查量表，并依据大学生理解习惯设置了反向题。以上量表采用李克特 5 点计分方法，共有 13 个题目。运用 SPSS 进行探索性因子分析。KMO 统计值为 0.802，适合做因子分析。采用主成分分析方法抽取特征值大于 1 的公因子，运用最大方差法进行正交旋转得到旋转成分矩阵。五次迭代后最终聚合出四个维度，累计解释的总方差达到 67.9%。其中，第一个因子由 3 个项目组成，主要涉及对就业的焦虑与无助，因此命名为"就业压力"；第二个因子由 4 个项目组成，主要涉及对就业方向的迷茫，因此命名为"就业规划困境"；第三个因子由 3 个项目组成，主要涉及对就业的期望与妥协，因此命名为"就业妥协"；第四个因子由 3 个项目组成，主要涉及对就业公平的不满，因此命

① 参见张丽锦，邱桂平.大学毕业班学生就业压力问卷的初步编制[J].中国学校卫生，2007(8)：696-698.

② 参见张智勇，荣煜，管延军.中国大学生职业成熟度量表的信度与效度[J].西南师范大学学报(人文社会科学版)，2006，32(5)：1-6.

③ 参见艾楚君，田双喜，庄创奇.青年就业公平感结构、现状与对策的实证研究[J].中国青年研究，2015(6)：91-95，101.

名为“就业公平困境”。

在探索性因子分析形成模型的基础上，利用 AMOS 24.0 进行一阶验证性因子分析，得到就业困境四因子模型的路径图和模型的适配度指标。结果显示，近似均方根误差(RMSEA)为 0.046，小于 0.05，表明模型达到理想水平；拟合优度指数(GFI)为 0.975，调整的拟合优度指数(AGFI)为 0.963，均大于 0.9，表明模型适配度较佳。相对拟合指数(CFI)为 0.974，非规范拟合指数(TLI)为 0.966，均大于 0.9，达到了理想水平。

利用 AMOS 24.0 对就业困境相关维度进行收敛与区别效度分析，结果如表 5-4 所示。其中，除就业公平困境维度以外，就业困境其他各维度的因子载荷量均大于 0.6，说明具有题目信度。除就业公平困境维度以外，就业困境其他各维度的组成信度均大于 0.7，说明具有内部一致性。除就业公平困境维度以外，就业困境其他各维度的收敛效度均大于 0.5。维度的 AVE 开根号值均大于维度与其他维度之间的相关系数，说明区别效度良好。可见，除就业公平困境维度以外，就业困境其他各因子的信效度都比较理想。大学生就业公平困境维度指标体系的建立作为本书的不足之一，有必要进一步改进与完善。

表 5-4　就业困境因子的信效度分析

	因子载荷量(题目信度)	组成信度	收敛效度(AVE)	就业妥协	就业规划困境	就业公平困境	就业压力
就业妥协	0.616—0.879	0.790	0.561	**0.749**			
就业规划困境	0.733—0.795	0.809	0.517	0.547	**0.719**		
就业公平困境	0.508—0.648	0.585	0.322	0.481	0.453	**0.567**	
就业压力	0.820—0.924	0.898	0.746	0.026	—0.086	0.138	**0.864**

注：对角线粗体字为 AVE 开根号值，下三角为维度之皮尔森相关系数。

第二节　大学生就业困境的现状与形成机制

一、就业规划困境

通过考察大学生就业规划的现状(见表5-5),大学生对就业的规划水平有限,有明确就业目标的大学生不到半数。其中,有45.6%的大学生认为"关于将来的就业目标,我有具体的打算",有47.3%认为"我清楚应该怎样实现自己的职业目标",有58.6%认为"我清楚自己专业的就业方向",只有42.9%的大学生表示"我清楚当前的就业形势"。我们可以看出,多数大学生的就业目标尚不明确,对就业形势、就业准备的认知也略显不足。

表5-5　大学生就业规划现状

	完全符合	比较符合	不置可否	不太符合	完全不符合
关于将来的就业目标,我有具体的打算	9.3%	36.3%	30.9%	20.1%	3.4%
我清楚当前的就业形势	7.9%	35.0%	33.3%	21.1%	2.7%
我清楚自己专业的就业方向	11.2%	47.4%	27.6%	12.1%	1.7%
我清楚应该怎样实现自己的职业目标	9.9%	37.4%	32.6%	18.1%	2.0%

注:由于四舍五入,总计可能不完全等于100%。下同。

利用线性回归分析考察大学生就业规划困境的影响因素(见表5-6)。回归方程的决定性系数为0.239,$P=0.000<0.05$,拒绝零假设。方程的样本独立性检定为1.922,接近2,表明方程不存在自相关性;方程各系数的容许度(容差)均大于0.1,方差膨胀因子(VIF)均小于5,表明回归模型不存在多重共线性。回归方程线性关系具有统计学意义,模型能解释就业规划困境的23.9%,具有一定的解释力。

表 5-6 就业规划困境影响因素分析

模式	未标准化系数		标准化系数	t	P	共线性统计		
	B	S.E.	Beta			容差	VIF	
（常量）	4.288	0.335		12.812	0.000			
性别	−0.128	0.049	−0.079	−2.602	0.009	0.761	1.315	
高职	−0.086	0.092	−0.045	−0.937	0.349	0.298	3.359	
"双一流"	0.005	0.058	0.003	0.093	0.926	0.738	1.354	
自然学科	−0.092	0.056	−0.058	−1.639	0.101	0.555	1.802	
社会学科	−0.301	0.081	−0.177	−3.714	0.000	0.309	3.240	
大一	0.130	0.054	0.080	2.422	0.016	0.639	1.566	
大三	−0.157	0.059	−0.081	−2.670	0.008	0.752	1.330	$R^2=0.239$
大四	−0.343	0.076	−0.147	−4.526	0.000	0.665	1.504	$F=22.424$
第一代大学生	0.078	0.064	0.044	1.233	0.218	0.540	1.850	D-W=1.922
社会地位高	−0.036	0.060	−0.021	−0.610	0.542	0.566	1.767	
家庭收入	0.067	0.080	0.022	0.829	0.407	0.962	1.040	
独生子女	−0.029	0.046	−0.019	−0.633	0.527	0.782	1.279	
主观家庭资本	−0.047	0.030	−0.054	−1.566	0.118	0.579	1.726	
亲子互动	−0.181	0.032	−0.179	−5.704	0.000	0.709	1.410	
校园环境	−0.100	0.035	−0.107	−2.823	0.005	0.483	2.070	
生涯教育	−0.184	0.032	−0.219	−5.695	0.000	0.472	2.117	

结果显示，除了性别、年级、学科以外，我国大学生就业规划困境还受到院校支持与家庭支持的影响。性别方面，相比男生，女生面临更严峻的就业规划困境。这或许与女性本身心思细腻且谨慎多虑的性别特质有关。年级方面，与大二学生相比，大三、大四学生的就业规划水平更高，大一学生遭遇更严峻的就业规划困境。这在一定程度上符合以往文献对"大二现象"的论述，即大二学生处于职业生涯的迷茫期。值得关注的是，大一新生的就业规划困境甚至高于大二年级学生，这在以往研究中并未得到关注。可以推测，大一新生面临比大二学生更严峻的职业规划困境，但由于其延续了高中时期的学习与生活习惯，且处于新入学的适应阶段，因此其就业规划困境并未在学习生活中得到明显呈现。分析结果显示，即便在控制了社会支持的前提下，就业规划困境依然随年级升高而得到缓解。这在一定程度上说明了就业规划困境是大学生必经的成长阶段，能够随着大学生活的推进而逐渐得到缓解。家庭背景方面，非第一代

大学生比第一代大学生的就业规划水平更高，符合布迪厄与拉鲁对文化资本作用的阐述。专业方面，人文学科大学生的就业规划困境高于社会科学大学生。作为普适度较高的学科，人文学科大学生在职业发展方面更具可塑性，因而也更难以做出职业决策。但正是由于缺乏特定职业发展方向，人文学科的普适性与可塑性容易被误解为"没钱途"甚至"无用"。因此，人文学科大学生在职业生涯方面的困惑尤其是科学的生涯发展意识的形成值得特别关注。

家庭支持相关变量中，亲子互动对大学生就业规划影响显著。也就是说，父母对大学生学习发展的关注度越高，大学生与父母的交流越密切，其就业规划水平就越高。同时，我们发现，在控制了家庭支持以后，家庭文化资本(第一代大学生)对就业规划困境的影响变得不再显著。这在一定程度上预示着家庭支持在文化资本与大学生就业规划之间的完全中介效应。也就是说，第一代大学生与非第一代大学生之间的差异主要体现在家庭对大学生学习与就业的技术指导、资本支持和情感干预方面。

代表院校支持的两个变量——校园环境与生涯教育都负向预测大学生就业规划困境。这说明，院校支持能够有效干预大学生就业规划困境。其中，健康有序的校园文化环境的营造以及职业发展导向的课程设置与辅导机制为我国大学生就业规划困境提供了解决思路。

由以上分析可以看出，我国大学生普遍面临就业规划困境，主要体现在不清楚就业形势、就业方向与实现路径不明确等方面。其中，就业规划困境随着年级的提升而降低，女生、人文学科以及缺乏父母支持的大学生遭遇更严峻的就业规划困境。社会支持是帮助大学生走出就业规划困境的关键因素。完备的职业生涯教育体系与良好的院校环境是其突破就业规划困境的重要手段。

二、就业公平困境

就业公平感现状分析显示(见表 5-7)，我国大学生的就业公平感普遍较低。对于"大学毕业生的就业环境总体上讲是公平的"的表述，有 36.6%的大学生表示符合自己的观点。其中，"完全符合"仅有 7.0%，"比较符合"为 29.6%。相对地，有 26.2%的大学生明确表示这一表述不符合自己的观点，有 37.1%不置可否。同样，有 47.2%的大学生赞同"个人能力比家庭背景更能决定一个人的命运"，而认为"只要足够优秀，每个人都能实现自己的职业理想"的大学生占总体的 60.6%。虽然有六成大学生相信"足够优秀"就能"实现职业理想"，但面对家庭背景等差异，相信个人能力“更能决定一个人的命运”的大学生却跌至不到五成。这说明，我国有相当一部分大学生认同包括家庭背景在内的不可抗力对就业的影响。

表 5-7　大学生就业公平感调查

	完全符合	比较符合	不置可否	不太符合	完全不符合
大学毕业生的就业环境总体上讲是公平的	7.0%	29.6%	37.1%	20.4%	5.8%
个人能力比家庭背景更能决定一个人的命运	12.7%	34.5%	31.9%	16.0%	4.9%
只要足够优秀，每个人都能实现自己的职业理想	18.1%	42.5%	27.3%	9.9%	2.2%

将人口学变量及院校支持变量作为基础变量投入回归方程，以预测就业公平困境的影响因素（见表 5-8）。回归方程的决定性系数为 0.168，$P=0.000<0.050$，拒绝零假设。方程的样本独立性检定为 1.931，接近 2，表明方程不存在自相关性；方程各系数的容许度均大于 0.1，方差膨胀因子（VIF）均小于 5，表明回归模型不存在多重共线性。回归方程线性关系具有统计学意义，模型能解释就业压力的 16.8%，具有一定的解释力。

表 5-8　就业公平困境影响因素分析

模式	未标准化系数		标准化系数	t	P	共线性统计		
	B	S.E.	Beta			容差	VIF	
（常量）	4.526	0.340		13.302	0.000			
性别	−0.021	0.050	−0.013	−0.411	0.681	0.761	1.315	
高职	−0.151	0.093	−0.082	−1.624	0.105	0.298	3.359	
“双一流”	−0.112	0.059	−0.061	−1.896	0.058	0.738	1.354	$R^2=0.168$
自然学科	−0.059	0.057	−0.038	−1.033	0.302	0.555	1.802	$F=14.702$
社会学科	−0.005	0.082	−0.003	−0.063	0.950	0.309	3.240	D-W=1.931
大一	0.047	0.055	0.030	0.864	0.388	0.639	1.566	
大三	0.022	0.060	0.012	0.364	0.716	0.752	1.330	

续表

模式	未标准化系数		标准化系数	t	P	共线性统计	
	B	S.E.	Beta			容差	VIF
大四	0.024	0.077	0.010	0.308	0.758	0.665	1.504
第一代大学生	0.048	0.065	0.028	0.737	0.461	0.540	1.850
社会地位高	−0.026	0.061	−0.015	−0.421	0.674	0.566	1.767
家庭收入	−0.085	0.082	−0.029	−1.042	0.298	0.962	1.040
独生子女	0.062	0.047	0.042	1.333	0.183	0.782	1.279
主观家庭资本	−0.027	0.031	−0.031	−0.864	0.388	0.579	1.726
亲子互动	−0.077	0.032	−0.079	−2.394	0.017	0.709	1.410
校园环境	−0.270	0.036	−0.299	−7.511	0.000	0.483	2.070
生涯教育	−0.075	0.033	−0.092	−2.291	0.022	0.472	2.117

回归分析结果显示,大学生就业公平感受到亲子互动与院校支持的影响。首先,亲子互动能够负向预测就业公平困境。也就是说,和谐的亲子关系有利于大学生就业公平感的提升。其次,院校环境与生涯教育同样能够负向预测就业公平困境。可以看出,大学生就业公平感受到社会支持的重要影响。氛围良好、校风端正的院校环境有利于大学生就业公平感的提升,也能够成为抑制大学生就业困境的重要指标。

通过以上分析可以得知,部分大学生认同家庭背景等因素对就业产生的决定性作用,就业公平感较低。对此,亲子互动与院校支持能够正向预测就业公平感。这说明院校支持能够有效干预大学生就业公平困境。其中,健康有序的校园文化环境的营造以及职业发展导向的课程设置与辅导机制为我国大学生就业公平困境提供了解决思路。

三、就业妥协

首先,我们通过分析大学生就业妥协的现状发现,我国大学生的就业期望普遍较高。其中,有 60.7%的大学生表示"我对将来工作的期望值很高",有 62.8%表示"我有较高的职业理想",有 65.4%表示"在就业方面,我不愿意将就"(见表 5-9)。可以看出我国大学生对于将来的就业抱有较高的期待。也可以说,大学生就业妥协水平普遍较低。

表 5-9　大学生就业期望现状

	完全符合	比较符合	不置可否	不太符合	完全不符合
我对将来工作的期望值很高	17.0%	43.7%	27.9%	9.3%	2.1%
我有较高的职业理想	18.0%	44.8%	27.0%	9.1%	1.2%
在就业方面，我不愿意将就	20.2%	45.2%	26.2%	7.5%	1.0%

将人口学变量及院校支持变量作为基础变量投入回归方程，以预测就业妥协的影响因素（见表 5-10）。回归方程的决定性系数为 0.163，$P=0.000<0.050$，拒绝零假设。方程的样本独立性检定为 1.860，接近 2，表明方程不存在自相关性；方程各系数的容许度均大于 0.1，方差膨胀因子（VIF）均小于 5，表明回归模型不存在多重共线性。回归方程线性关系具有统计学意义，模型能解释就业压力的 16.3%，具有一定的解释力。

表 5-10　就业妥协影响因素分析

模式	未标准化系数		标准化系数	t	P	共线性统计		
	B	S.E.	Beta			容差	VIF	
（常量）	3.581	0.354		10.102	0.000			
性别	−0.076	0.052	−0.046	−1.447	0.148	0.761	1.315	
高职	−0.099	0.097	−0.052	−1.020	0.308	0.298	3.359	
“双一流”	−0.012	0.062	−0.006	−0.194	0.846	0.738	1.354	
自然学科	0.038	0.059	0.024	0.646	0.518	0.555	1.802	
社会学科	−0.058	0.086	−0.034	−0.676	0.499	0.309	3.240	
大一	0.145	0.057	0.089	2.559	0.011	0.639	1.566	$R^2=0.163$
大三	−0.034	0.062	−0.017	−0.540	0.589	0.752	1.330	$F=14.255$
大四	−0.050	0.080	−0.021	−0.628	0.530	0.665	1.504	D-W=1.860
第一代大学生	0.089	0.067	0.050	1.314	0.189	0.540	1.850	
社会地位高	0.064	0.063	0.037	1.013	0.311	0.566	1.767	
家庭收入	0.111	0.085	0.037	1.300	0.194	0.962	1.040	
独生子女	0.026	0.049	0.017	0.545	0.586	0.782	1.279	
主观家庭资本	−0.013	0.032	−0.015	−0.399	0.690	0.579	1.726	
亲子互动	−0.260	0.034	−0.255	−7.747	0.000	0.709	1.410	

续表

模式	未标准化系数		标准化系数	t	P	共线性统计	
	B	S.E.	Beta			容差	VIF
校园环境	−0.204	0.038	−0.216	−5.428	0.000	0.483	2.070
生涯教育	−0.026	0.034	−0.031	−0.769	0.442	0.472	2.117

回归分析结果显示，大学生的就业妥协受到年级、亲子互动和院校支持的影响。年级方面，大一学生的就业妥协度高于大二学生。这或许可归因于大一学生就业规划程度最低，因而对就业的期待水平也不高。亲子互动方面，亲子互动水平越高，则就业妥协程度越低。亲子互动反映了父母对大学生学习发展的关注与期许。可以考虑，父母期待通过亲子互动转化为大学生对就业的高要求与高期许，因而抑制了就业妥协意识的形成。同时，院校支持中只有校园环境因子负向预测大学生就业妥协。可见，良好的校风建设与师生互动能够提高大学生对未来就业的憧憬。生涯教育对就业妥协的预测效应不显著。这或许是因为生涯教育秉承国外生涯教育理念，将就业妥协当作职业成熟的标准之一，并鼓励大学生警惕"眼高手低"带来的就业意识问题，结合自身能力与就业形势设定切合实际的就业目标。但由于大学生作为青年群体本身所具有的理想主义特质，导致生涯教育无法有效"降低"就业期待，也难以有效干预就业妥协。

以往研究指出，大学生对就业形势与自身就业前景的理性判断影响就业妥协。因此本书在基础模型的基础上进一步加入了代表就业形势与发展前景的相关变量。表 5-11 显示，加入就业形势与发展前景相关变量之后回归方程的决定性系数为 0.254，$P=0.000<0.050$，拒绝零假设。方程的样本独立性检定为 1.916，接近 2，表明方程不存在自相关性；方程各系数的容许度均大于 0.1，方差膨胀因子(VIF)均小于 5，表明回归模型不存在多重共线性。回归方程线性关系具有统计学意义，模型能解释就业妥协的 25.4%，高于基础模型的 16.3%。

表 5-11 就业妥协影响因素分析

模式	未标准化系数		标准化系数	t	P	共线性统计	
	B	S.E.	Beta			容差	VIF
(常量)	3.446	0.387		8.897	0.000		
性别	−0.039	0.050	−0.024	−0.785	0.433	0.749	1.336

续表

模式	未标准化系数		标准化系数	t	P	共线性统计		
	B	S.E.	Beta			容差	VIF	
高职	−0.060	0.092	−0.031	−0.644	0.519	0.297	3.363	
“双一流”	−0.013	0.059	−0.007	−0.219	0.826	0.713	1.403	
自然学科	0.053	0.057	0.033	0.922	0.357	0.537	1.862	
社会学科	−0.014	0.082	−0.008	−0.170	0.865	0.308	3.244	
大一	−0.094	0.054	−0.059	−1.721	0.085	0.580	1.725	
大三	−0.146	0.069	−0.074	−2.112	0.035	0.556	1.799	
大四	−0.145	0.081	−0.061	−1.778	0.076	0.580	1.725	
第一代大学生	0.098	0.064	0.055	1.529	0.126	0.536	1.866	
社会地位高	0.094	0.060	0.054	1.550	0.122	0.561	1.781	
家庭收入	0.115	0.081	0.038	1.424	0.155	0.960	1.042	R^2=0.254
独生子女	0.027	0.046	0.018	0.589	0.556	0.778	1.286	F=18.515
主观家庭资本	−0.007	0.031	−0.008	−0.237	0.812	0.571	1.752	D-W=1.916
亲子互动	−0.184	0.033	−0.180	−5.630	0.000	0.672	1.488	
校园环境	−0.056	0.038	−0.060	−1.494	0.136	0.428	2.337	
生涯教育	0.039	0.033	0.046	1.163	0.245	0.447	2.235	
就业公平困境	0.196	0.031	0.188	6.298	0.000	0.772	1.296	
专业技能与就业能力	−0.142	0.037	−0.148	−3.789	0.000	0.451	2.220	
可迁移能力	−0.128	0.039	−0.124	−3.278	0.001	0.482	2.076	
就业形势严峻	−0.043	0.025	−0.047	−1.701	0.089	0.916	1.092	
专业前景	−0.059	0.025	−0.068	−2.330	0.020	0.807	1.239	

模型中，就业公平困境正向预测就业妥协。可以看出，大学生对就业公平的认可度越低，就越容易对未来就业做出妥协。这在以往材料中也得到证实。家庭资本匮乏的大学生自称“小镇做题家”，并通过对就业市场中的“阶层壁垒”的解读进行自我设限甚至自我“诅咒”。大学生对自身能力发展的认知同样影响就业妥协。分析结果显示，对自身专业技能与就业能力、可迁移能力发展现状的认同感越低，则越倾向于对就业做出妥协。此外，大学生对就业形势严峻性的感知以及对专业前景的悲观态度也导致了其就业妥协度的提升。

值得关注的是，在控制了就业形势与就业前景相关因子后，大学三年级学生的就业妥协水平低于大二学生。结合大一、大二时期高水平的就业规划困境与妥协倾向以及大三时期就业规划困境与就业妥协的缓解，可以推测，在经历了大一、大二的迷茫与困顿期之后，大学生在三年级开始直面就业市场带来的压力与挑战，并企图通过较高的就业期望激励自身学习投入与就业准备。这一推断在后续对学习投入与学习动机的分析结果中得到证实，即大学生自主性学习投入在大二触底后于大三时期出现反弹。由此可见，相对大一、大二时期对就业发展的迷茫与困顿，大三成为大学生逐渐摆脱就业困境并重建发展信念的转折点。

基于以上分析结果可以看出，大学生就业妥协具有理性与感性的双重属性。一方面，大学生在综合评估自身能力与就业形势的基础上策定未来就业发展的高度。另一方面，以父母期待为代表的亲子互动对大学生就业妥协的负向预测效应展现了大学生为回应父母期待而设定自身就业期许的感性一面。此外，对院校支持的认同感也在一定程度上抑制了大学生的就业妥协。这反映出良好的院校支持对大学生自我期许的支持作用。

四、就业压力

通过对就业压力的分析可以看出，我国相当一部分大学生遭遇就业压力的困扰(见表 5-12)。其中，37.5%的大学生表示"想到毕业、就业，我就忧心忡忡"，36.8%表示"面对就业困难，我心里有一种难以诉说的压抑"，35.4%表示"对于找工作，我常常有一种无助感"。而明确否定以上就业压力状态的大学生占比分别是 31.4%、29.4%和 31.9%。这说明，有近四成的大学生明确存在就业压力问题，有三成大学生可能存在就业压力的隐患。

表 5-12　大学生就业压力现状

	完全符合	比较符合	不置可否	不太符合	完全不符合
想到毕业、就业，我就忧心忡忡	10.6%	26.9%	31.0%	23.4%	8.0%
面对就业困难，我心里有一种难以诉说的压抑	9.7%	27.1%	33.8%	22.1%	7.3%
对于找工作，我常常有一种无助感	7.7%	27.7%	32.6%	24.1%	7.8%

利用人口学变量以及社会支持变量对大学生就业压力的影响机制进行初

步预测(见表 5-13)。该模型解释率为 1.9%,说明这一基础模型对就业压力的解释能力不足。因此,有必要进一步投入其他解释变量以探讨大学生就业压力的影响因素。

表 5-13　就业压力影响因素分析(1)

模式	未标准化系数		标准化系数	t	P	共线性统计		
	B	S.E.	Beta			容差	VIF	
(常量)	3.562	0.499		7.137	0.000			
性别	−0.107	0.073	−0.050	−1.456	0.146	0.761	1.315	
高职	0.135	0.137	0.055	0.992	0.321	0.298	3.359	
"双一流"	0.122	0.087	0.049	1.413	0.158	0.738	1.354	
自然学科	−0.013	0.084	−0.006	−0.154	0.877	0.555	1.802	
社会学科	0.113	0.121	0.050	0.932	0.352	0.309	3.240	
大一	−0.278	0.080	−0.131	−3.479	0.001	0.639	1.566	
大三	0.018	0.088	0.007	0.202	0.840	0.752	1.330	$R^2=0.019$
大四	−0.306	0.113	−0.100	−2.714	0.007	0.665	1.504	$F=2.316$
第一代大学生	0.088	0.095	0.038	0.924	0.356	0.540	1.850	D-W=1.930
社会地位高	0.058	0.089	0.026	0.649	0.516	0.566	1.767	
家庭收入	−0.134	0.120	−0.034	−1.116	0.265	0.962	1.040	
独生子女	0.021	0.068	0.010	0.309	0.757	0.782	1.279	
主观家庭资本	−0.103	0.045	−0.090	−2.284	0.023	0.579	1.726	
亲子互动	0.058	0.047	0.044	1.235	0.217	0.709	1.410	
校园环境	−0.022	0.053	−0.018	−0.424	0.672	0.483	2.070	
生涯教育	0.039	0.048	0.035	0.808	0.419	0.472	2.117	

本书基于拉扎勒斯和福克曼提出的应激的 CPT 理论模型,从危机评估、应对能力、社会支持、应对策略等四方面考察就业压力的形成机制。结果表明(见表 5-14),回归方程的决定性系数为 0.263,$P=0.000<0.050$,拒绝零假设。方程的样本独立性检定为 2.000,表明方程不存在自相关性;方程各系数的容许度均大于 0.1,方差膨胀因子(VIF)均小于 5,表明回归模型不存在多重共线性。回归方程线性关系具有统计学意义,模型能解释就业压力的 26.3%,具有一定的解释力。

表 5-14　就业压力影响因素分析(2)

模式		未标准化系数		标准化系数	t	P	共线性统计		
		B	S.E.	Beta			容差	VIF	
（常量）		0.783	0.324		2.417	0.016			
性别		−0.047	0.055	−0.022	−0.861	0.390	0.790	1.265	
高职		−0.047	0.104	−0.020	−0.456	0.649	0.264	3.788	
"双一流"		0.023	0.069	0.009	0.338	0.736	0.740	1.351	
自然学科		−0.054	0.066	−0.025	−0.815	0.415	0.545	1.834	
社会学科		0.090	0.096	0.042	0.946	0.344	0.267	3.747	
大二		0.249	0.060	0.122	4.124	0.000	0.587	1.702	
大三		0.213	0.079	0.083	2.705	0.007	0.541	1.847	
大四		0.077	0.096	0.023	0.799	0.424	0.627	1.595	
社会支持	家庭支持	−0.074	0.030	−0.064	−2.493	0.013	0.777	1.288	
	父母期待	0.079	0.024	0.080	3.271	0.001	0.871	1.148	
	校园氛围	−0.033	0.041	−0.027	−0.803	0.422	0.451	2.215	
	生涯教育	0.095	0.037	0.086	2.549	0.011	0.455	2.199	
危机评估	就业公平困境	−0.165	0.035	−0.123	−4.786	0.000	0.778	1.285	
	就业形势	0.165	0.029	0.138	5.799	0.000	0.910	1.099	
应对能力	知识延展性	0.155	0.023	0.168	6.617	0.000	0.804	1.243	$R^2=0.263$ $F=24.199$ D-W=2.000
	专业前景认同	−0.184	0.029	−0.163	−6.249	0.000	0.757	1.322	
	专业技能与就业能力	−0.146	0.042	−0.118	−3.454	0.001	0.444	2.255	
	可迁移能力	0.085	0.042	0.064	1.993	0.047	0.496	2.018	
	就业规划困境	0.161	0.036	0.123	4.452	0.000	0.675	1.481	
应对策略	专业对口的工作	0.170	0.026	0.170	6.572	0.000	0.768	1.303	
	听从父母的安排	0.163	0.025	0.166	6.435	0.000	0.775	1.290	
	就业导向型学习观	0.202	0.032	0.161	6.318	0.000	0.797	1.254	

模型分析结果表明，属性变量、危机评估、应对能力、社会支持、应对策略等五类因素对就业压力产生了不同程度的影响。属性变量中，年级对就业压力的影响显著。大一新生的就业压力显著小于大二与大三年级学生。结合前述结果可知，大一新生面临更严峻的就业规划困境与就业妥协，但四个年级中在就业压力的感知层面依然是大二、大三更为显著。这再次验证了以往研究中提到的“大二现象”和“大三现象”，同时也证实了就业认知困境与就业情感困境之间的差异。社会支持方面，家庭支持、父母期待、生涯教育能够有效预测就业压力。其中，大学生对家庭支持能力的认同度越高，则就业压力越小。父母对孩子的就业期待越大，则大学生的就业压力越大。大学生对学习价值以及专业前景的认同度越高，则其就业压力越小。可见，高校的专业设置与教学内容安排是影响大学生就业压力的重要因素。而大学对大学生专业承诺与学习价值认同的科学引导将成为有效缓解大学生就业压力的重要切入点之一。值得关注的是，高校实施的生涯教育正向预测大学生就业压力。也就是说，生涯教育实施力度越大，则大学生就业压力越大。这或许是由于以职业生涯规划课程与就业辅导为中心的高校生涯教育更注重于对大学生就业意识的唤醒，因此也导致了大学生就业压力的增加。

大学生危机评估方面，对就业公平性及就业形势的评估能够有效预测大学生就业压力。其中，就业形势越严峻，大学生的就业压力越大。与以往研究不同的是，就业公平困境对大学生就业压力不但没有增幅作用，反而显示出一定的削弱效应。应对能力方面，大学生所学知识延展性、专业前景认同、专业技能与就业能力、可迁移能力、就业规划困境都对就业压力有显著影响。应对策略方面，专业对口工作、听从父母的安排、就业导向型学习观能够正向预测就业压力。

通过以上分析结果可以看出，严峻的社会现实与脱节的教育体制是生成就业压力的客观条件，不成熟的家庭依附关系为就业压力提供了滋生土壤，生涯学习观念与职业规划意识的欠缺增加了就业压力，而就业不公平认知对就业压力的慰藉作用也值得关注。

(1)严峻的社会现实与脱节的教育体制是生成就业压力的客观条件。分析结果显示，大学生对自身专业技能与就业能力的主观自信是缓解就业压力的重要因素，且影响力大于家庭支持。这说明大学生普遍认同自身能力对未来的决定性作用，自身能力带来的优越感比家庭背景更能促使大学生坦然面对就业困境。然而,对就业形势的悲观认知、对学习价值以及专业前景的消极否定,导致了大学生就业压力的增加。严峻的就业形势一直被认为是大学生就业压力形成的重要原因。同时,本书也验证了以往研究中对大学教育与就业市场的脱节造成大学生就业压力的论述。分析结果显示,对大学课堂上学习价值和专业前景的疑虑加大了大学生的就业压力。这再次证明了庞明礼关于"新读书无用论"与就业压力呈正相关的结论。通过以上结论可以看出,我国大学生一方面认同个人能力在就业中的积极作用;另一方面质疑教育体制和学习意义,对严峻的就业形势感到恐慌。这在极大程度上造成了我国大学生面对就业时的挫折感,促进了就业压力的生成。

(2)不成熟的家庭依附关系为就业压力提供了滋生土壤。研究结果表明,大学生对家庭背景的主观认知对就业压力有负向的显著影响。这意味着大学生在主观层面上对原生家庭物质条件与文化氛围的不自信会加大其就业压力。同时,研究也证明了父母期望对大学生就业压力的增幅效果。不同于西方价值观,东方社会的价值观是以集体主义和家族观念为中心的。有研究者比较了美国学生、华裔美国学生、中国大学生的职业选择过程,发现在职业选择过程中,华裔美国学生和中国大学生会受到父母的影响,这点不同于美国白人学生。① 还有研究者在开发韩国版职业成熟度量表时,也考虑了"职业独立性"这一带有典型东方文化特色的因素,揭示出东方社会在进行职业选择时要顾及他人意见这一独特性。② 父母期望对大学生就业压力的影响正反映了我国大学生重视父母意见、希望得到父母认同的价值倾向。此外,研究结果还证实,大学生的就业压力一部分来源于其在职业规划方面对父母决策的依赖心理。以上结论充分证明,大学生对家庭的不成熟的依附关系是造成其就业压力的重要原因之一。

(3)生涯学习观念与职业规划意识的欠缺增加了就业压力。大学生以就业为导向的工具主义学习观也是其就业压力的重要诱因之一。分析结果显示,在控制了学习价值认知与专业前景认知的前提下,大学生的工具主义学习观对就业压力的影响仍然显著。这说明,在学习价值认知与专业前景认知一定的情况下,大学生在学习价值问题上越是计较得失,越是徒增就业压力。另外,模糊的

① LEONG F T L. Career development attributes and occupational values of Asian American and white American college students [J]. Career Development Quarterly, 1991, 39(3): 221-230.

② LEE K H. A cross-cultural study of the career maturity of Korean and United States high school students [J]. Journal of Career Development. 2001, 28(1): 43-57.

职业规划意识以及过高的就业预期对就业压力的增幅作用也得到了证实。

(4)就业不公平认知对就业压力的慰藉作用。本书中大学生的就业公平感对其就业压力呈正向显著影响，即对就业公平的认知越乐观，就业压力越大。这与以往研究中关于就业不公平导致就业压力的观点相异。我们认为，这是由于就业不公平认知能够将大学生的就业难问题由“个人责任”转嫁为“社会责任”，成为大学生自我慰藉的一种方式。正如萧伯纳(George Bernard Shaw)所说，自由意味着责任，这就是为什么大多数人都畏惧它。公平的市场机制不仅代表着每个大学生都有自由选择、竞争就业机会的权利，也意味着大学生需要依靠自身能力去克服和承担就业难题。这变相地增加了大学生的就业压力。相反，社会舆论中的“就业不公平”言说为大学生的就业困境提供了脱卸责任的理由。在进一步的分析中，我们发现，学习成绩名列前茅的大学生并不会因就业公平而徒增就业压力。而越是成绩排名靠后的大学生，其就业压力越是受到就业公平的影响。这也证明了我们之前的推论，即就业公平对就业压力的增幅效果源于大学生面对就业推诿责任、拒绝承担的消极态度。希望假借“就业不公平”之名为自身能力不足寻求慰藉。

本书从危机评估、应对能力、社会支持、应对策略等四个方面，分析了大学生就业压力的相关因素。研究结论表明：大学生就业压力主要来源于对就业形势的担忧、对父母期待的感知、对自身能力与原生家庭条件的不自信以及生涯规划、终身学习观、教育认同感的缺失。这一结论证实了以往研究的观点。可以看出，我国大学生一方面认同个人能力在就业中的积极作用，渴望通过学习确保将来的就业前景；另一方面又无法摆脱对原生家庭的依附关系，缺乏合理的职业生涯规划，质疑当今教育体制和学习意义，对严峻的就业形势感到恐慌。这在极大程度上造成了我国大学生面对就业时的挫折感，导致了就业压力。

五、本节小结

我国大学生普遍面临就业困境。其中，尤其以就业规划困境与就业压力最为显著。虽然大学生就业公平困境处于较低水平，其对就业公平的认同感也有待提高，但作为大学生面对就业时妥协心理与逃避态度的可能产物，大学生的就业妥协水平并不高。绝大多数大学生仍然保持着对未来就业的高期待。这一现象反映了当代大学生追求独立、渴望自我实现的理想，但也预示着可能存在的理想与现实之间的矛盾和冲突带来的就业压力。对就业压力、就业妥协等形成机制的分析结果都体现出大学生面对就业问题时理性与感性并存的双重逻辑。具体表现为:既反映了对就业形势、家庭资本与人力资本的理性考量,也呈现出父母期待、自身理想与自我否定、逃避心理之间矛盾纠结的情感困局。

就业困境的阶段性特征得到一定证实。从大一、大二阶段高水平的就业规划困境到大三、大四阶段逐渐明确就业方向与实践程序,从大二、大三阶段高水平的就业压力到大四阶段就业压力的趋向缓和,从大二阶段高水平的就业妥协到大三阶段对就业妥协心理的克服,都在证实了以往研究中"大二现象""大三现象""大四现象"的同时,呈现出大学生职业发展探索过程中就业困境的必然性与阶段性。此外,研究发现,社会支持是帮助大学生走出就业困境的关键因素。当大学生缺乏值得信赖的家庭支持时,完备的职业生涯教育体系与良好的院校支持是其突破就业困境的重要手段。

第三节　大学生学习现状与问题分析

一、学习动机

各类型学习动机之间的相关分析显示,内在动机与竞争惯习之间、就业导向型动机与无动机之间存在正相关,无动机与内在动机之间存在负相关(见表5-15)。这在一定程度上反映了各类型学习动机之间的关联性。其中,意味着学习兴趣的内在动机与意味着竞争意识与惯性学习的竞争惯习呈正相关($R^2=0.413$),说明内在动机与竞争惯习之间有相互预测甚至相互转换的可能。可以预测,竞争惯习能够在一定条件下增强大学生的内在动机,即大学生习惯于在学习竞争机制中获得愉悦与满足。同时,两者之间的差异性也不容忽视。内在动机与无动机呈负相关,体现了学习兴趣与学习无意义感之间的对立,而竞争惯习与无动机之间并不存在这种对立关系。此外,就业导向型动机与无动机之间的正相关则预示着"读书无用论"在大学生群体中的蔓延。对此,我们将通过进一步的分析考察大学生学习动机现状,探讨学习动机背后的形成机制。

表 5-15　学习动机因子的相关性分析

	竞争惯习	无动机	就业导向型动机	内在动机
竞争惯习	1	−0.014	0.047	0.413**
无动机	−0.014	1	0.360**	−0.269**
就业导向型动机	0.047	0.360**	1	−0.007
内在动机	0.413**	−0.269**	−0.007	1

注：* 表示 $P<0.050$，** 表示 $P<0.010$，*** 表示 $P<0.001$。下同。

（一）内在动机

表 5-16 显示，有半数左右大学生的内在动机较强。其中，有 58.7%的大学生表示喜欢所在的专业，有 51.4%的大学生从大学的学习中得到满足，有 45.7%的大学生对课堂所学知识感兴趣。可以看出，虽然有半数左右大学生对所在专业与所学知识表示出一定的兴趣与满足，但总体而言，大学生在内在动机方面仍有待提高。

表 5-16　大学生内在动机现状分析

	完全符合	比较符合	不置可否	不太符合	完全不符合
课堂上所学的知识经常能够引起我的兴趣	9.0%	36.7%	38.1%	13.4%	2.8%
我喜欢我的专业	19.8%	38.9%	27.8%	10.1%	3.4%
在大学的学习经常能带给我一种满足感	14.3%	37.1%	32.2%	13.0%	3.4%

本书使用多层回归模型探讨大学生内在动机的形成机制。其中，模型一探讨大学生性别、年级、院校类型、专业类型以及家庭资本等背景属性对其内在动机的影响（见表 5-17）。模型二在模型一的基础上加入代表就业困境的就业规划困境、就业公平困境、就业妥协和就业压力等四个因素 。模型三在模型二的基础上加入家庭支持与院校支持等社会支持相关变量。三个模型的决定性系数分别为 0.018、0.206、0.318，$P=0.000<0.050$，拒绝零假设。方程的样本独立性检定为 1.957，接近 2，表明方程不存在自相关性；方程各系数的容许度均大于 0.1，方差膨胀因子均小于 5，表明回归模型不存在多重共线性。回归方程线性

关系具有统计学意义，最终模型能解释内在动机的31.8%，具有一定的解释力。

表 5-17　大学生内在动机影响因素分析

	模型一			模型二			模型三		
	B	S.E.	*P*	*B*	S.E.	*P*	*B*	S.E.	*P*
（常量）	3.718	0.384	0.000	5.448	0.371	0.000	2.931	0.393	0.000
性别	−0.005	0.058	0.926	−0.018	0.053	0.735	0.063	0.049	0.204
自然学科	−0.122	0.067	0.071	−0.203	0.061	0.001	−0.254	0.057	0.000
社会学科	−0.093	0.099	0.349	−0.159	0.089	0.075	−0.133	0.083	0.109
大一	0.062	0.064	0.333	0.065	0.058	0.268	−0.016	0.055	0.772
大三	−0.121	0.072	0.091	−0.176	0.065	0.007	−0.180	0.060	0.003
大四	0.238	0.090	0.009	0.060	0.083	0.470	−0.015	0.077	0.847
高职	0.032	0.110	0.768	−0.069	0.099	0.489	−0.042	0.093	0.648
双一流	−0.050	0.070	0.478	−0.017	0.063	0.787	0.051	0.059	0.390
第一代大学生	−0.170	0.073	0.021	−0.066	0.066	0.321	−0.021	0.063	0.740
社会地位高	0.014	0.071	0.839	0.023	0.064	0.713	0.023	0.061	0.700
家庭收入	−0.005	0.097	0.958	−0.003	0.087	0.968	−0.022	0.082	0.785
就业压力				−0.065	0.023	0.004	−0.060	0.021	0.004
就业规划困境				−0.201	0.034	0.000	−0.103	0.033	0.002
就业妥协				−0.257	0.033	0.000	−0.174	0.031	0.000
就业公平困境				−0.156	0.033	0.000	−0.043	0.032	0.179
主观家庭资本							0.042	0.031	0.172
亲子互动							0.140	0.033	0.000
校园环境							0.310	0.037	0.000
生涯教育							0.018	0.033	0.596
R^2	0.018			0.206			0.318		
F	2.834			19.922			27.737		
D-W							1.957		

回归分析结果显示，大学生内在动机受到年级、家庭文化资本（第一代大学生）、就业困境以及亲子互动、院校支持等多方面因素的影响。模型一中，与大学二年级学生相比，大学四年级学生的内在动机相对较高。这与以往研究中对"大四现象"的描述一致。同时，第一代大学生的内在动机显著低于非第一代大学生，说明大学生的文化资本对其内在动机的形成起着显著作用。模型二在模

型一的基础上加入了代表就业困境的四个因子。结果显示，就业压力、就业规划困境、就业公平困境以及就业妥协都负向预测内在动机。可见，大学生就业困境对其内在动机具有显著的侵蚀作用。同时，研究发现，在加入就业困境因素之后，原本正向预测内在动机的家庭文化资本变得不再显著。可以推测，家庭文化资本通过就业困境因素的完全中介作用影响大学生内在动机的形成，进而实现再生产。如果这一假设成立，这也预示着对就业困境的干预或许能够有效防止家庭资本作用于大学生学习生活的再生产效应。关于就业困境是否在家庭文化资本与大学生学习之间承担完全中介作用，还需要结构方差模型的进一步检验。模型三在模型二的基础上加入了社会支持变量。其中，亲子互动与校园环境正向预测内在动机。

（二）就业导向型动机

如表5-18所示，大学生中有48.3%表示“我上大学主要是为了就业”，49.9%认为“比起学习兴趣，我更希望通过学习获得一份好工作”，“我学习主要是为了有个好前途”的大学生占66.0%，甚至有28.2%的大学生表示“如果学习不能为我带来工作，我可能会丧失学习动力”。可以看出，大学学习的职业价值是大学生关注的重点之一。

表5-18　大学生就业导向型动机的现状分析

	完全符合	比较符合	不置可否	不太符合	完全不符合
我上大学主要是为了好就业	12.5%	35.8%	23.6%	19.8%	8.4%
我学习主要是为了有个好前途	22.1%	43.9%	20.0%	9.9%	4.1%
如果学习不能为我带来工作，我可能会丧失学习动力	6.5%	21.7%	28.0%	30.4%	13.3%
比起学习兴趣，我更希望通过学习获得一份好工作	14.1%	35.8%	26.5%	18.0%	5.6%

本书使用多层回归模型探讨大学生就业导向型动机的形成机制（见表5-19）。其中，模型一探讨大学生性别、年级、院校类型、专业类型以及家庭资本等背景属性对其就业导向型动机的影响。模型二在模型一的基础上加入代表就业困境的就业规划困境、就业公平困境、就业妥协和就业压力等四个因素。

模型三在模型二的基础上加入家庭支持与院校支持等社会支持相关变量。三个模型的决定性系数分别为0.028、0.114、0.126，$P=0.000<0.050$，拒绝零假设。方程的样本独立性检定为2.032，接近2，表明方程不存在自相关性；方程各系数的容许度均大于0.1，方差膨胀因子(VIF)均小于5，表明回归模型不存在多重共线性。回归方程线性关系具有统计学意义，最终模型能解释就业导向型动机的12.6%，具有一定的解释力。

表5-19 大学生就业导向型动机影响因素分析

	模型一			模型二			模型三		
	B	S.E.	*P*	*B*	S.E.	*P*	*B*	S.E.	*P*
(常量)	2.888	0.372	0.000	2.112	0.381	0.000	2.091	0.434	0.000
性别	0.067	0.057	0.234	0.087	0.054	0.109	0.097	0.055	0.075
自然学科	0.149	0.065	0.023	0.139	0.063	0.027	0.137	0.063	0.029
社会学科	0.263	0.096	0.006	0.218	0.092	0.018	0.241	0.092	0.009
大一	−0.076	0.062	0.224	−0.007	0.060	0.906	−0.004	0.061	0.946
大三	0.055	0.069	0.431	0.033	0.067	0.620	0.035	0.066	0.601
大四	0.014	0.088	0.874	0.057	0.085	0.507	0.084	0.085	0.323
高职	0.141	0.106	0.184	0.100	0.102	0.325	0.069	0.103	0.500
"双一流"	0.058	0.068	0.392	0.033	0.065	0.615	0.021	0.065	0.751
第一代大学生	0.042	0.071	0.554	0.023	0.068	0.733	−0.001	0.069	0.986
社会地位高	−0.096	0.069	0.164	−0.100	0.066	0.126	−0.072	0.067	0.284
家庭收入	−0.007	0.094	0.939	0.033	0.090	0.715	0.037	0.090	0.683
就业压力				0.241	0.023	0.000	0.236	0.023	0.000
就业规划困境				−0.072	0.035	0.042	−0.071	0.037	0.053
就业妥协				0.002	0.034	0.959	0.014	0.035	0.687
就业公平困境				0.033	0.034	0.330	0.015	0.035	0.671
主观家庭资本							−0.086	0.034	0.011
亲子互动							0.140	0.037	0.000
校园环境							−0.075	0.041	0.067
生涯教育							0.011	0.037	0.774
R^2	0.028			0.114			0.126		
F	3.874			10.392			9.321		
D-W							2.032		

回归分析显示，就业导向型动机受到学科类型、就业困境以及家庭支持的影响。模型一中，自然学科、社会学科大学生的就业导向型动机高于人文学科。比起人文学科，自然学科与社会学科更侧重于实际应用与实践。分析结果在一定程度上反映了各学科特色在大学生学习意识上的体现。模型二在模型一的基础上加入了就业困境相关变量。结果显示，就业压力正向预测大学生就业导向型动机，就业规划困境负向预测就业导向型动机。可见，大学生就业压力越大，就业规划越清晰，其学习动机的功利性则越强。模型三在模型二的基础上加入了社会支持相关变量。其中，主观家庭资本负向预测就业导向型动机，亲子互动正向预测就业导向型动机。

由此可见，对原生家庭的不自信导致部分大学生将职业理想的实现寄托于大学学习，甚至将大学学习等同于就业工具，而忽视了大学学习的本体价值。亲子互动包括父母对大学生学习发展的关注与期望。因此，从亲子互动对就业导向型动机的正向作用可以推测，家长的殷切期望与“功利性”价值取向也是大学生工具主义价值观产生的原因之一。此外，院校支持并没有对大学生就业导向型动机起到有效干预作用。这在一定程度上反映出我国大学对大学生价值观形成所施加的干预力度的不足。

通过以上分析可以看出，大学生就业导向型动机是学科特色、父母期待、家庭资本以及就业困境的综合产物。其中，家庭资本的匮乏与沿袭“学而优则仕”价值观的家族期待是大学生就业导向型动机的底色；就业压力与就业规划是生成就业导向型动机的主要驱动力；以社会学科为代表的应用型学科特色则为大学生就业导向型动机提供了合理化依据。

（三）竞争惯习

大学生的外在动机还体现在一部分学生将学习动机建立在常年生活于学校体制所形成的竞争意识与学习惯习方面。如表5-20所示，有46.1％的大学生表示“不学习的话我会感到不安”、62.0％表示“看到别人学习我会感到有压力”，43.4％表示“我会习惯性地去学习，不考虑喜恶或得失”。

表5-20　大学生竞争惯习现状分析

	完全符合	比较符合	不置可否	不太符合	完全不符合
不学习的话我会感到不安	13.3％	32.8％	31.5％	16.4％	6.0％

续表

	完全符合	比较符合	不置可否	不太符合	完全不符合
看到别人学习我会感到有压力	15.7%	46.3%	23.7%	10.1%	4.2%
我会习惯性地去学习,不考虑喜恶或得失	10.0%	33.4%	35.4%	18.0%	3.1%

本书使用多层回归模型探讨大学生竞争惯习的形成机制(见表5-21)。其中,模型一探讨大学生性别、年级、院校类型、专业类型以及家庭资本等背景属性对其竞争惯习的影响。模型二在模型一的基础上加入代表就业困境的就业规划困境、就业公平困境、就业妥协和就业压力等四个因素。模型三在模型二的基础上加入家庭支持与院校支持等社会支持相关变量。三个模型的决定性系数分别为0.037、0.158、0.196,$P=0.000<0.050$,拒绝零假设。方程的样本独立性检定为1.886,接近2,表明方程不存在自相关性;方程各系数的容许度均大于0.1,方差膨胀因子(VIF)均小于5,表明回归模型不存在多重共线性。回归方程线性关系具有统计学意义,最终模型能解释竞争惯习的19.6%,具有一定的解释力。

表5-21 大学生竞争惯习影响因素分析

	模型一			模型二			模型三		
	B	S.E.	*P*	*B*	S.E.	*P*	*B*	S.E.	*P*
(常量)	3.751	0.363	0.000	4.597	0.365	0.000	3.178	0.408	0.000
性别	−0.083	0.055	0.136	−0.077	0.052	0.136	−0.033	0.051	0.519
自然学科	0.112	0.064	0.079	0.054	0.060	0.370	0.022	0.059	0.711
社会学科	0.192	0.094	0.040	0.132	0.088	0.134	0.144	0.086	0.096
大一	0.016	0.061	0.789	0.052	0.057	0.370	0.002	0.057	0.971
大三	0.085	0.068	0.210	0.041	0.064	0.516	0.036	0.062	0.563
大四	0.058	0.086	0.502	−0.035	0.082	0.672	−0.081	0.080	0.314
高职	−0.429	0.104	0.000	−0.521	0.097	0.000	−0.505	0.097	0.000
"双一流"	0.086	0.066	0.196	0.093	0.062	0.134	0.132	0.061	0.032
第一代大学生	−0.080	0.070	0.252	−0.017	0.065	0.799	0.010	0.065	0.881
社会地位高	0.018	0.067	0.788	0.025	0.063	0.693	0.025	0.063	0.689
家庭收入	−0.073	0.092	0.427	−0.053	0.086	0.540	−0.062	0.085	0.464

续表

	模型一			模型二			模型三		
	B	S.E.	P	B	S.E.	P	B	S.E.	P
就业压力				0.073	0.022	0.001	0.076	0.022	0.001
就业规划困境				−0.141	0.034	0.000	−0.083	0.034	0.016
就业妥协				−0.203	0.032	0.000	−0.160	0.033	0.000
就业公平困境				−0.116	0.032	0.000	−0.048	0.033	0.142
主观家庭资本							0.030	0.032	0.352
亲子互动							0.056	0.034	0.103
校园环境							0.176	0.038	0.000
生涯教育							0.026	0.035	0.458
R^2	0.037			0.158			0.196		
F	4.786			14.687			15.026		
D-W							1.886		

回归分析显示，学科、院校、亲子互动模式、就业意识以及校园环境是大学生竞争惯习的重要影响因素。模型一显示，学科类型和院校类型对大学生竞争惯习呈显著影响。学科方面，社会学科大学生的竞争惯习高于人文学科。院校类型层面，高职院校大学生的竞争惯习低于普通本科。这很大程度上是由于普通本科大学生大多经过了激烈而苛刻的应试教育，因此在大学的学习生活中也同样延续了常年形成的竞争意识与学习惯性。而高职院校大学生则并未或更少受到应试教育的“洗礼”。

模型二在模型一的基础上加入了就业困境相关变量。其中，就业规划困境、就业妥协与就业公平困境所代表的就业认知困境负向预测竞争惯习，就业压力代表的就业情感困境正向预测竞争惯习。可见，竞争惯习源于较高的就业期望与就业压力，并受到就业规划困境、就业公平困境的削弱。由此可以看出，虽然竞争惯习在表面上体现为“不考虑喜恶或得失”的竞争意识与学习惯性，但其产生与发展仍然在一定程度上立足于大学生对就业前景与就业环境的认知与判断以及对就业压力的应对甚至逃避。质性研究结果显示，大学生在就业压力下会转向盲目的同伴竞争并同时产生自我质疑。这在此处得到进一步验证：虽然就业压力会促进竞争惯习的生成，但对发展目标、市场环境以及自身效能的迷茫与困惑则能够催生大学生对竞争惯习的质疑进而达到抑制效果。

模型三在模型二的基础上加入了社会支持相关变量。结果显示,校园环境对大学生竞争惯习有促进作用。可以推测,良好的校园环境中积极的学风建设与大学生之间的良性竞争为大学生竞争惯习的维持与强化提供了环境保障和社会支持。值得注意的是,亲子互动在不控制院校支持相关因素的情况下能够正向预测竞争惯习。也就是说,亲子互动水平越高,则竞争惯习程度越高。这一方面说明亲子互动对大学生学习动机形成的激励作用,另一方面也反映出父母对大学生干预的持久性。越是主动与父母交流学习生活、生涯规划的大学生,越是倾向于以竞争意识和学习惯性为动力投入学习。这或许体现了中国式"乖孩子"的一种常态,即不考虑自身喜恶或得失,而是通过将父母期望与学校规训内化的方式获得学习动力。同时可以推测,父母对子女学习发展的干预即便在子女进入大学之后仍以关心与期待的形式得以延续,并激励着大学生不顾喜恶、不计得失地投入同伴竞争之中。

(四)无动机

大学生对于大学学习的无动机倾向体现了部分大学生对大学生活的茫然、焦虑以及对学习意义的质疑。调查对象中,有 27.6%的大学生表示"大学的学习生活经常令我感到空虚和无力",有 32.2%表示"我很难把大学所学知识与我的生活和就业联系起来",有 19.9%表示"我经常怀疑上大学的意义"(见表 5-22)。虽然对无动机选项明确表示"完全符合"和"比较符合"的大学生比例只有总体的三成左右,但反过来看,明确表示"不太符合"和"完全不符合"的大学生也仅有 3—5 成。这说明,有近半数大学生正经历着对大学的评估、质疑与再评估。

表 5-22 大学生无动机的现状分析

	完全符合	比较符合	不置可否	不太符合	完全不符合
大学的学习生活经常令我感到空虚和无力	6.2%	21.4%	33.8%	28.0%	10.7%
我很难把大学所学知识与我的生活和就业联系起来	6.8%	25.4%	30.4%	28.6%	8.8%
我经常怀疑上大学的意义	5.4%	14.5%	24.3%	33.7%	22.0%

本书使用多层回归模型探讨大学生无动机的形成机制（见表 5-23）。其中，模型一探讨大学生性别、年级、院校类型、专业类型以及家庭资本等背景属性对其无动机的影响。模型二在模型一的基础上加入代表就业困境的就业规划困境、就业公平困境、就业妥协和就业压力等四个因素。模型三在模型二的基础上加入家庭支持与院校支持等社会支持相关变量。三个模型的决定性系数分别为 0.025、0.168、0.205，$P=0.000<0.050$，拒绝零假设。方程的样本独立性检定为 2.013，接近 2，表明方程不存在自相关性；方程各系数的容许度均大于 0.1，方差膨胀因子（VIF）均小于 5，表明回归模型不存在多重共线性。回归方程线性关系具有统计学意义，最终模型能解释无动机的 20.5%，具有一定的解释力。

表 5-23　大学生无动机影响因素分析

	模型一			模型二			模型三		
	B	S.E.	*P*	*B*	S.E.	*P*	*B*	S.E.	*P*
（常量）	2.771	0.422	0.000	1.054	0.419	0.012	2.483	0.469	0.000
性别	0.046	0.064	0.475	0.082	0.060	0.171	0.017	0.059	0.769
自然学科	0.138	0.074	0.063	0.166	0.069	0.016	0.175	0.068	0.010
社会学科	0.129	0.109	0.234	0.115	0.101	0.257	0.104	0.099	0.293
大一	−0.056	0.071	0.430	0.027	0.066	0.682	0.057	0.065	0.381
大三	−0.112	0.079	0.157	−0.106	0.073	0.147	−0.103	0.072	0.152
大四	−0.337	0.100	0.001	−0.188	0.094	0.045	−0.157	0.092	0.089
高职	0.120	0.121	0.322	0.114	0.112	0.311	0.055	0.111	0.618
“双一流”	0.166	0.077	0.031	0.115	0.071	0.109	0.095	0.071	0.180
第一代大学生	0.158	0.081	0.051	0.086	0.075	0.253	0.103	0.075	0.169
社会地位高	0.030	0.078	0.705	0.022	0.072	0.761	−0.018	0.073	0.808
家庭收入	−0.065	0.107	0.546	−0.018	0.099	0.855	−0.039	0.097	0.692
就业压力				0.330	0.026	0.000	0.329	0.025	0.000
就业规划困境				0.047	0.039	0.229	0.007	0.040	0.850
就业妥协				0.101	0.037	0.007	0.047	0.038	0.208
就业公平困境				0.072	0.037	0.053	0.008	0.038	0.838
主观家庭资本							0.075	0.037	0.041
亲子互动							−0.130	0.040	0.001
校园环境							−0.249	0.044	0.000
生涯教育							0.069	0.040	0.085

续表

	模型一			模型二			模型三		
	B	S.E.	*P*	*B*	S.E.	*P*	*B*	S.E.	*P*
R^2	0.025			0.168			0.205		
F	3.535			15.728			15.799		
D-W							2.013		

回归分析结果显示,大学生无动机受到年级、学科、就业困境以及社会支持等因素的影响。模型一中,年级与院校类型对无动机的预测效果得到证实。年级方面,大学四年级学生的无动机低于大学二年级,这与以往研究中提出的"大四现象""大二现象"一致。院校类型方面,相对于普通本科高校,双一流高校大学生对学习价值的质疑以及学习生活的空虚感更强。但这一影响在逐渐控制了就业困境、家庭支持等要素之后变得不再显著。结合部分名校大学生关于"985 废物"的自嘲式定位,可以推测:"双一流"高校大学生在赢得学历竞争之后面临更为严峻的价值观缺失甚至信仰危机。模型二在模型一的基础上加入了就业困境因素。结果显示,就业压力与就业妥协正向预测大学生无动机。可见,大学生在就业困境下更容易丧失对学习的价值认同。模型三在模型二的基础上加入了社会支持相关变量。结果显示,亲子互动与校园环境能够有效抑制大学生无动机的生成。同时,主观家庭资本对无动机的正向预测效应得到证实。大学生对自身家庭条件的认可度越强,则越容易质疑学习价值。

综上可见,大学生学习动机普遍受到就业困境的影响。就业认知困境对学习动机的影响主要表现在对内在动机与竞争惯习的侵蚀作用,以及对就业导向型动机与无动机的激励作用。就业压力的影响则体现在对内在动机的侵蚀作用,以及对竞争惯习、就业导向型动机与无动机的激励作用。同时,研究还证实了年级、家庭资本、社会支持等对大学生学习动机的影响。相比大二学生,大三学生的内在动机更弱,大四学生无动机水平更弱且内在动机更强。这一结论证实了以往文献中所提及的"大二现象""大三现象"和"大四现象"。就业导向型动机与竞争惯习水平并没有随年级升高而增高或降低,且院校支持无法干预就业导向型动机。这说明就业导向型动机与竞争惯习始终贯穿大学四年学习生活,且不同于校园环境对竞争惯习的维持作用,大学教学与辅导机制对就业导向型动机干预效果的有限性值得关注。同时,家庭文化资本对内在动机的激励作用以及社会资本对就业导向型动机的抑制作用得到证实。社会支持方面,亲子互动对大学生内在动机、竞争惯习以及就业导向型动机的激励效应，及其对无动机的抑制作用得到证实。这充分表现出家庭对大学生学习的影响机制的复杂性，也值得引起我们对家庭教养文化的关注。院校支持方面，校园环境能够有效激发大学生内在动机与竞争惯习，同时抑制无动机，但对就业导向型动机的影响并不显著。可见，大学校园中浓厚的文化氛围、和谐的师生关系与良好的学风建设对大学生学习动机的激励效应显著。但同时可以看出，当前高校提供的价值引导与思想教育仍难以抵抗市场经济与大众现实需求的冲击。这不仅体现在院校支持对就业导向型动机的干预失效，也体现在生涯教育对学习动机的影响不足。

二、学习投入

本书通过自主性学习投入、规则性学习投入以及社会性学习投入等三方面考察大学生学习投入。大学生自主性学习投入方面，54.6%的大学生“主动探索学习方法或制订学习计划”，46.5%的大学生“主动利用图书馆资源开展学习活动”，43.9%的大学生“主动与老师或同学探讨与学习有关的问题”。规则性学习投入方面，作为调查对象的大学生中有 76.8%“认真完成老师交代的学习任务”，有 67.8%“上课时认真听讲”，有 81.8%“认真遵守学校纪律，不逃课或不迟到、早退”。社会性学习投入方面，有 58.1%“（通过社会兼职等）积极积累社会经验”，有 48.2%“积极参加实习、实践活动或田野调查”，49.2%“积极参加志愿者活动”（见表 5-24）。调查结果显示，大学生的规则性学习投入水平普遍较高，自主性学习投入与社会性学习投入水平较高者近半数。

表 5-24 大学生学习投入现状分析

	完全符合	比较符合	不置可否	不太符合	完全不符合
认真完成老师交代的学习任务	24.4%	52.4%	16.7%	5.8%	0.8%
上课时认真听讲	17.6%	50.2%	22.3%	8.2%	1.7%
认真遵守学校纪律，不逃课或不迟到、早退	38.1%	43.7%	12.7%	4.8%	0.8%
主动探索学习方法或制订学习计划	13.9%	40.7%	31.7%	11.8%	1.9%

续表

	完全符合	比较符合	不置可否	不太符合	完全不符合
主动利用图书馆资源开展学习活动	13.0%	33.5%	31.5%	18.2%	3.7%
主动与老师或同学探讨与学习有关的问题	9.8%	34.1%	33.4%	19.2%	3.5%
积极参加志愿者活动	16.0%	33.2%	28.9%	17.1%	4.8%
(通过社会兼职等)积极积累社会经验	19.6%	38.5%	24.2%	14.1%	3.6%
积极参加实习、实践活动或田野调查	15.1%	33.1%	29.9%	17.1%	4.7%

(一)自主性学习投入

本书使用多层回归模型探讨大学生自主性学习投入的形成机制(见表5-25)。其中,模型一探讨大学生性别、年级、院校类型、专业类型以及家庭资本等背景属性对其自主性学习投入的影响。模型二在模型一的基础上加入代表就业困境的就业规划困境、就业公平困境、就业妥协和就业压力等四个因素。模型三在模型二的基础上加入家庭支持与院校支持等社会支持相关变量。模型四在模型三的基础上加入代表学习动机的内在动机、竞争惯习、就业导向型动机与无动机等四个因素与学习效能因子。四个模型的决定性系数分别为0.027、0.183、0.285、0.447,$P=0.000<0.050$,拒绝零假设。方程的样本独立性检定为2.013,接近2,表明方程不存在自相关性;方程各系数的容许度均大于0.1,方差膨胀因子(VIF)均小于5,表明回归模型不存在多重共线性。回归方程线性关系具有统计学意义,最终模型能解释自主性学习投入的44.7%,具有一定的解释力。

表 5-25 大学生自主性学习投入影响因素分析

	模型一		模型二		模型三		模型四	
	B	S.E.	*B*	S.E.	*B*	S.E.	*B*	S.E.
（常量）	2.879***	0.403	4.360***	0.397	2.065***	0.425	0.267	0.402
性别	−0.068	0.061	−0.082	0.056	−0.035	0.053	−0.038	0.047
自然学科	0.145*	0.071	0.062	0.065	−0.005	0.062	0.072	0.055
社会学科	−0.116	0.104	−0.199*	0.096	−0.167	0.090	−0.134	0.079
大一	0.143*	0.068	0.161*	0.063	0.075	0.059	0.092	0.052
大三	0.213**	0.075	0.150*	0.069	0.157*	0.065	0.206***	0.058
大四	0.424***	0.095	0.248**	0.089	0.167*	0.083	0.195**	0.074
高职	0.133	0.115	0.028	0.106	−0.010	0.101	0.116	0.090
“双一流”	−0.007	0.074	0.023	0.068	0.118	0.064	0.072	0.056
第一代大学生	−0.134	0.077	−0.036	0.071	0.075	0.068	0.065	0.060
社会地位高	−0.044	0.074	−0.038	0.068	−0.108	0.066	−0.127*	0.058
家庭收入	0.120	0.102	0.133	0.094	0.063	0.088	0.086	0.078
就业压力			−0.012	0.024	−0.003	0.023	0.037	0.022
就业规划困境			−0.246***	0.037	−0.137***	0.036	−0.085**	0.032
就业妥协			−0.237***	0.035	−0.166***	0.034	−0.057	0.031
就业公平困境			−0.108**	0.035	−0.007	0.034	0.023	0.030

续表

	模型一		模型二		模型三		模型四	
	B	S.E.	B	S.E.	B	S.E.	B	S.E.
主观家庭资本					0.198***	0.033	0.153***	0.029
亲子互动					0.076*	0.036	0.039	0.032
校园环境					0.191***	0.040	0.056	0.037
生涯教育					0.085*	0.036	0.073*	0.032
就业导向型动机							−0.152***	0.028
内在动机							0.200***	0.034
无动机							0.043	0.026
竞争惯习							0.230***	0.030
学习效能							0.202***	0.032
R^2	0.027		0.183		0.285		0.447	
F	3.792***		17.349***		23.931***		37.839***	
R^2 变化量	0.037		0.157		0.103		0.162	
D-W							2.013	

自主性学习投入的回归分析结果显示，学科、年级、学习动机、就业困境与社会支持能够有效预测自主性学习投入。模型一中，学科与年级对自主性学习投入的预测效果得到证实。年级方面，大一、大三与大四学生的自主性投入都高于大二学生。这进一步验证了“大二效应”。在控制了学习动机因素、就业困境因素与社会支持因素后，大三与大四学生依然比大二学生占据自主性优势，可以看出大三与大四学生在自主性学习投入方面的优势并不受外部支持以及就业发展、学习动机等因素左右。虽然大二学生的就业困境水平高于大三、大四年级，但即便在同样的就业困境水平下，大二学生的自主性学习投入水平依然低于大三、大四年级。可以推测，大二阶段的高就业困境只是造成其低自主性学习投入的原因之一。低水平的自主性学习投入是这一阶段作为大学四年的缓冲期与守望期的必然结果。学科方面，自然学科的自主性学习投入高于人文学科，且这一学科差异不受学习动机与就业困境的影响。可以推测，这是由于相比人文学科相对“自由”的学科风格，自然学科需要通过学生自身对特定问题的钻研与解读甚至通过大量实践练习来获得进步。可见，不同的教学风格造就了大学生的学习行为差异。

模型二在模型一的基础上加入了就业困境相关因素。结果显示，就业规划困境、就业公平困境与就业妥协负向预测大学生自主性学习投入。大学生就业发展规划与就业效能感、就业公平感的缺失能够侵蚀其对学习的自主性投入。

模型三在模型二的基础上加入了家庭支持与院校支持等社会支持相关变量。结果显示，主观家庭资本与生涯教育对大学生自主性学习投入呈现显著的正向预测效应。其中，主观家庭资本对大学生自主性学习投入的正向预测效应反映出大学生对自身家庭资本的自信能够有效激励其学习自主性的提升。同时，生涯教育对大学生自主性学习投入的正向预测效应则在一定程度上反映出我国生涯教育在提升大学生学习自主性方面的可能功用。

模型四在模型三的基础上加入学习动机与学习效能相关因素。结果显示，就业导向型动机负向预测大学生自主性学习投入，内在动机、竞争惯习与学习效能正向预测大学生自主性学习投入，无动机的预测效应不显著。可见，除内在动机和学习效能以外，竞争惯习也能够对大学生自主性学习投入起到与内在动机几乎同等程度的激励效应。同时，就业导向型动机对大学生自主性学习投入的负向预测效应反映了大学生急功近利的工具主义学习动机对其自主性学习投入的侵蚀。

（二）规则性学习投入

本书使用多层回归模型探讨大学生规则性学习投入的形成机制（见表5-26）。其中，模型一探讨大学生性别、年级、院校类型、专业类型以及家庭资本等背景属性对其规则性学习投入的影响。模型二在模型一的基础上加入代表就业困境的就业规划困境、就业公平困境、就业妥协和就业压力等四个因素。模型三在模型二的基础上加入家庭支持与院校支持等社会支持相关变量。模型四在模型三的基础上加入代表学习动机的内在动机、竞争惯习、就业导向型动机与无动机等四个因素与学习效能因子。四个模型的决定性系数分别为0.010、0.139、0.259、0.373，$P=0.000<0.050$，拒绝零假设。方程的样本独立性检定为1.940，接近2，表明方程不存在自相关性；方程各系数的容许度均大于0.1，方差膨胀因子（VIF）均小于5，表明回归模型不存在多重共线性。回归方程线性关系具有统计学意义，最终模型能解释规则性学习投入的37.3%，具有一定的解释力。

规则性学习投入的回归分析结果显示，学习动机、学习效能感、就业困境与社会支持能够有效预测规则性学习投入。模型一中，大学生背景属性各变量对规则性学习投入的预测效果皆不显著。模型二在模型一的基础上加入了就业困境相关因素。结果显示，就业规划困境、就业公平困境与就业妥协负向预测大学生规则性学习投入。大学生就业发展规划与就业效能感、就业公平感的缺失能够侵蚀其对学习的规则性投入。

模型三在模型二的基础上加入了家庭支持与院校支持等社会支持相关变量。结果显示，亲子互动与校园环境正向预测大学生规则性学习投入。从中可以看出，密切的亲子互动与良好的师生关系对大学生规则性学习投入的维持和激励作用。

模型四在模型三的基础上加入学习动机与学习效能相关因素。结果显示，无动机负向预测大学生规则性学习投入，内在动机、竞争惯习与学习效能正向预测大学生规则性学习投入，就业导向型动机的预测效应不那么显著。可见，除内在动机和学习效能以外，竞争惯习也能够对大学生规则性学习投入起到与内在动机几乎同等程度的激励效应。

表 5-26 大学生规则性学习投入影响因素分析

	模型一		模型二		模型三		模型四	
	B	S.E.	*B*	S.E.	*B*	S.E.	*B*	S.E.
（常量）	3.955***	0.351	5.054***	0.351	2.640***	0.373	1.492***	0.369
性别	−0.077	0.053	−0.077	0.050	0.005	0.047	0.004	0.043
自然学科	0.029	0.062	−0.030	0.058	−0.082	0.054	−0.027	0.050
社会学科	0.055	0.090	0.002	0.085	0.037	0.079	0.046	0.073
大一	0.044	0.059	0.062	0.055	−0.016	0.052	0.000	0.048
大三	0.122	0.065	0.081	0.061	0.076	0.057	0.090	0.053
大四	0.109	0.083	−0.002	0.079	−0.062	0.073	−0.058	0.068
高职	0.131	0.100	0.046	0.094	0.056	0.088	0.174*	0.082
“双一流”	−0.101	0.064	−0.086	0.060	−0.028	0.056	−0.057	0.052
第一代大学生	−0.068	0.067	0.003	0.063	0.034	0.060	0.038	0.055
社会地位高	−0.104	0.065	−0.097	0.060	−0.081	0.058	−0.093	0.053
家庭收入	0.002	0.089	0.012	0.083	−0.003	0.077	0.010	0.071
就业压力			0.011	0.021	0.013	0.020	0.055**	0.020
就业规划困境			−0.137***	0.033	−0.041	0.031	0.000	0.029
就业妥协			−0.204***	0.031	−0.121***	0.030	−0.039	0.028
就业公平困境			−0.129***	0.031	−0.028	0.030	−0.006	0.028

续表

	模型一		模型二		模型三		模型四	
	B	S.E.	*B*	S.E.	*B*	S.E.	*B*	S.E.
主观家庭资本					−0.001	0.029	−0.019	0.027
亲子互动					0.191***	0.031	0.147***	0.030
校园环境					0.258***	0.035	0.143***	0.034
生涯教育					0.033	0.032	0.030	0.029
就业导向型动机							−0.053*	0.025
内在动机							0.112***	0.031
无动机							−0.075**	0.024
竞争惯习							0.218***	0.027
学习效能							0.124***	0.030
R^2	0.010		0.139		0.259		0.373	
F	1.992***		12.749***		21.056***		28.065***	
R^2 变化量	0.020		0.131		0.121		0.115	
D-W							1.940	

同时，无动机对大学生规则性学习投入的负向预测效应反映了大学生学习价值观的丧失对其规则性学习的侵蚀。此外，在控制了学习动机与学习效能的情况下，代表就业认知困境的就业规划困境、就业公平困境与就业妥协三个变量对规则性学习投入的影响变得不再显著，就业压力的影响则变得显著，其正向预测大学生规则性学习投入。可以推测，当代大学生在就业压力下通过遵守学校规则的方式履行自身学习义务，企图以此缓解就业压力带来的情感负债。

（三）社会性学习投入

本书使用多层回归模型探讨大学生社会性学习投入的形成机制（见表5-27）。其中，模型一探讨大学生性别、年级、院校类型、专业类型以及家庭资本等背景属性对其社会性学习投入的影响。模型二在模型一的基础上加入代表就业困境的就业规划困境、就业公平困境、就业妥协和就业压力等四个因素。模型三在模型二的基础上加入家庭支持与院校支持等社会支持相关变量。模型四在模型三的基础上加入代表学习动机的内在动机、竞争惯习、就业导向型动机与无动机等四个因素与学习效能因子。四个模型的决定性系数分别为0.021、0.184、0.250、0.270，$P=0.000<0.050$，拒绝零假设。方程的样本独立性检定为2.005，接近2，表明方程不存在自相关性；方程各系数的容许度均大于0.1，方差膨胀因子（VIF）均小于5，表明回归模型不存在多重共线性。回归方程线性关系具有统计学意义，最终模型能解释社会性学习投入的27.0%，具有一定的解释力。

社会性学习投入的回归分析结果显示，学科、年级、学习动机、就业困境与社会支持能够有效预测社会性学习投入。模型一中，学科与年级对社会性学习投入的预测效果得到证实。学科方面，自然学科大学生的社会性学习投入水平高于人文学科大学生。年级方面，大四学生的社会性学习投入水平高于大二学生。模型二在模型一的基础上加入了就业困境相关因素。结果显示，代表就业认知困境的就业规划困境、就业公平困境与就业妥协三个变量负向预测社会性学习投入，就业压力对社会性学习投入的预测效应不显著。可见，大学生就业发展规划与就业效能感的缺失以及对就业市场公平性的质疑能够侵蚀其对社会性学习的积极投入。

表 5-27　大学生社会性学习投入影响因素分析

	模型一		模型二		模型三		模型四	
	B	S.E.	*B*	S.E.	*B*	S.E.	*B*	S.E.
（常量）	3.139***	0.424	4.620***	0.416	2.571***	0.457	1.628**	0.484
性别	−0.059	0.065	−0.069	0.059	−0.017	0.057	−0.032	0.057
自然学科	0.193*	0.074	0.101	0.068	0.029	0.066	0.061	0.066
社会学科	0.180	0.109	0.084	0.100	0.114	0.096	0.120	0.096
大一	0.052	0.071	0.080	0.066	−0.012	0.064	−0.005	0.063
大三	0.009	0.079	−0.062	0.073	−0.075	0.070	−0.044	0.069
大四	0.266**	0.100	0.085	0.093	0.020	0.090	0.024	0.089
高职	0.170	0.121	0.051	0.111	0.019	0.108	0.040	0.108
“双一流”	−0.138	0.078	−0.111	0.071	−0.049	0.069	−0.067	0.068
第一代大学生	−0.101	0.081	0.000	0.075	0.059	0.073	0.056	0.072
社会地位高	−0.111	0.078	−0.107	0.072	−0.118	0.071	−0.119	0.070
家庭收入	0.067	0.107	0.083	0.098	0.049	0.095	0.054	0.094
就业压力			0.024	0.025	0.027	0.024	0.024	0.027
就业规划困境			−0.279***	0.039	−0.176***	0.039	−0.148***	0.038
就业妥协			−0.231***	0.037	−0.173***	0.037	−0.130***	0.037
就业公平困境			−0.127**	0.037	−0.035	0.037	−0.024	0.036

续表

	模型一		模型二		模型三		模型四	
	B	S.E.	*B*	S.E.	*B*	S.E.	*B*	S.E.
主观家庭资本					0.078*	0.036	0.066	0.035
亲子互动					0.085*	0.038	0.055	0.039
校园环境					0.138**	0.043	0.086	0.044
生涯教育					0.150***	0.039	0.143***	0.038
就业导向型动机							0.027	0.033
内在动机							0.139**	0.041
无动机							0.033	0.031
竞争惯习							0.042	0.036
学习效能							0.077*	0.039
R^2	0.021		0.184		0.250		0.270	
F	3.180***		17.434***		20.134***		17.844***	
R^2 变化量	0.031		0.164		0.067		0.023	
D-W							2.005	

模型三在模型二的基础上加入了家庭支持与院校支持等社会支持相关变量。结果显示,校园环境与生涯教育能够有效激励大学生社会性学习投入的积极性。这说明大学学风建设与环境优化以及以生涯规划课程与就业辅导、社会实践为主体的生涯教育能够有效激发大学生对社会性学习的积极参与。

模型四在模型三的基础上加入了学习动机与学习效能相关因素。结果显示,内在动机与学习效能正向预测大学生社会性学习投入。

综上可见,大学生学习投入主要受到年级、学科特色、学习动机、就业困境与社会支持的影响。年级方面,大二学生在自主性学习投入方面显著低于其他三个年级,在社会性学习投入方面显著低于大四学生,再一次验证了以往研究所说的"大二现象"。这一方面源于就业困境在大二阶段的爆发,另一方面源于大二学生本身处于探索犹豫期的阶段特征。学科方面,人文学科大学生在自主性学习投入与社会性学习投入两方面显著落后于自然学科。这在一定程度上源于人文学科本身的专业特色,但也呈现出我国大学人文学科在全面人才培养方面的欠缺,凸显出"新文科"建设的必要性。

学习动机对不同类型学习投入的影响存在显著差异。内在动机对三种学习投入类型都呈现显著的激励作用,这说明对学习的兴趣能够有效促进大学生积极投入各类型学习活动。同时,就业导向型动机对自主性学习投入与规则性学习投入呈现出显著的抑制效应。可见,就业导向型动机抑制了大学生对学习的自主性与能动性。无动机的影响也值得关注。无动机仅对规则性学习投入呈现弱化效应,对自主性学习投入与社会性学习投入没有显著影响。可以推测,大学学习价值认同的缺失导致大学生游离于学校规则之外,但不影响其在正规学习活动之外自主探寻学习路径、参与社会实践。

就业困境对大学生学习投入的影响同样呈现显著趋势。其中,就业认知困境对三类学习投入呈现显著的侵蚀效应。也就是说,大学生就业发展规划与就业效能感的缺失以及对就业市场公平性的质疑能够侵蚀其学习参与的积极性。在控制了学习动机的情况下,就业困境的侵蚀效应受到一定程度的限制。可以推测,就业困境在直接影响学习投入的同时,也通过学习动机的中介效应间接影响学习投入。总体而言,大学生就业认知困境对学习投入具有侵蚀效应。同时,就业压力对大学生学习投入则呈现部分正向激励效应。大学生就业压力越大,规则性学习投入水平越高。这说明,大学生将遵从学习规则的"学校化"行为模式作为缓解就业压力的重要路径之一。

家庭支持与院校支持的影响同样得到验证。家庭支持方面，主观家庭背景呈现出对自主性学习投入的正向预测效应，亲子互动则能够正向激励大学生规则性学习投入。院校支持方面，生涯教育呈现对自主性学习投入与社会性学习投入的正向激励效应，校园环境则正向激励大学生规则性学习投入。可以看出，社会支持总体上呈现对大学生学习投入的激励效应，是促进大学生学习参与的重要切入点之一。

三、学业成就

大学生学业成就方面，半数以上的大学生对学业成就评价较高，尤其体现在可迁移能力方面，大学生的获得感普遍较高。如表 5-28 所示，专业技能与就业能力方面，有 52.8%的大学生认为在大学"掌握了本专业的前沿知识"，有 54.0%的大学生认为在大学的学习"明确了职业发展方向"，有 55.5%的大学生认为在大学的学习"掌握了在本专业领域工作的知识与技能"。可迁移能力方面，有 71.0%的大学生认为在大学的学习"学会了多角度思考问题"，有77.3%的大学生认为在大学的学习"提高了对不同环境或不同人群的适应力"，有 59.9%的大学生认为在大学的学习"丰富了社会实践经验"。

表 5-28　大学生学业成就现状

	完全符合	比较符合	不置可否	不太符合	完全不符合
学会了多角度思考问题	20.8%	50.2%	21.5%	6.2%	1.4%
丰富了社会实践经验	14.3%	45.6%	27.6%	10.1%	2.5%
提高了对不同环境或不同人群的适应力	22.5%	54.8%	17.9%	3.7%	1.1%
掌握了本专业的前沿知识	12.1%	40.7%	34.7%	10.3%	2.3%
明确了职业发展方向	13.1%	40.9%	31.7%	12.1%	2.2%
掌握了在本专业领域工作的知识与技能	11.2%	44.3%	31.5%	10.7%	2.2%

(一)专业技能与就业能力

本书使用多层回归模型探讨大学生专业技能与就业能力的形成机制(见表

5-29)。其中,模型一探讨大学生性别、年级、院校类型、专业类型以及家庭资本等背景属性对其专业技能与就业能力的影响。模型二在模型一的基础上加入代表学习投入的自主性学习投入、规则性学习投入和社会性学习投入。模型三在模型二的基础上加入代表学习动机的内在动机、竞争惯习、就业导向型动机与无动机等四个因素。模型四在模型三的基础上加入代表就业困境的就业规划困境、就业公平困境、就业妥协和就业压力等四个因素。模型五在模型四的基础上加入家庭支持与院校支持等社会支持相关变量。五个模型的决定性系数分别为0.012、0.287、0.386、0.447、0.490,$P=0.000<0.050$,拒绝零假设。方程的样本独立性检定为2.009,接近2,表明方程不存在自相关性;方程各系数的容许度均大于0.1,方差膨胀因子(VIF)均小于5,表明回归模型不存在多重共线性。回归方程线性关系具有统计学意义,最终模型能解释专业技能与就业能力的49.0%,具有一定的解释力。

专业技能与就业能力的回归分析结果显示,学科、年级、学习动机、就业困境与社会支持能够有效预测专业技能与就业能力的提升。模型一中,年级与院校类型对专业技能与就业能力的预测能力得到证实。大四学生比大二学生、普通本科大学生比双一流高校大学生对专业技能与就业能力的获得感更强。模型二在模型一的基础上加入学习投入相关因素。结果显示,自主性学习投入、规则性学习投入与社会性学习投入都能够有效预测专业技能与就业能力的提升。模型三在模型二的基础上加入学习动机相关因素。结果显示,在控制学习投入的前提下,内在动机与竞争惯习正向预测专业技能与就业能力的提升。这说明,即便在学习投入水平一定的情况下,具有高水平内在动机与竞争惯习的大学生依然比不具有高水平内在动机与竞争惯习的大学生更能感受到专业技能与就业能力的提升。同时,在控制了学习动机之后,自主性学习投入对专业技能与就业能力的预测效应变得不再显著。这说明失去了学习动机的加持,即便自主性学习投入水平再高,也无法有效促进大学生对自身专业技能与就业能力的认同,甚至可能抑制自主性学习投入向专业技能与就业能力的转化。

表 5-29 大学生专业技能与就业能力影响因素分析

	模型一	模型二	模型三	模型四	模型五
	B(S.E.)	*B*(S.E.)	*B*(S.E.)	*B*(S.E.)	*B*(S.E.)
(常量)	3.386***(0.379)	1.191**(0.342)	0.594(0.339)	2.403***(0.362)	1.650***(0.361)
性别	0.084(0.058)	0.129**(0.049)	0.118*(0.046)	0.100*(0.044)	0.134**(0.042)
自然学科	0.101(0.067)	0.037(0.057)	0.104(0.053)	0.046(0.051)	−0.023(0.049)
社会学科	0.175(0.098)	0.148(0.083)	0.166*(0.078)	0.117(0.074)	0.130(0.071)
大一	−0.021(0.064)	−0.066(0.054)	−0.065(0.050)	−0.056(0.048)	−0.127**(0.047)
大三	0.056(0.071)	−0.018(0.060)	0.056(0.057)	0.020(0.054)	−0.009(0.052)
大四	0.195*(0.089)	0.049(0.077)	0.027(0.072)	−0.048(0.069)	−0.082(0.066)
高职	0.084(0.108)	−0.006(0.092)	0.052(0.087)	−0.016(0.083)	−0.039(0.081)
“双一流”	−0.142*(0.069)	−0.087(0.059)	−0.088(0.055)	−0.086(0.052)	−0.064(0.051)
第一代大学生	−0.081(0.073)	−0.021(0.062)	0.020(0.057)	0.060(0.055)	0.074(0.054)
社会地位高	0.002(0.070)	0.059(0.060)	0.033(0.055)	0.020(0.053)	0.037(0.052)
家庭收入	0.026(0.096)	−0.005(0.082)	0.018(0.076)	0.018(0.072)	0.019(0.070)
自主性学习投入		0.164***(0.033)	0.036(0.033)	0.007(0.032)	−0.009(0.031)
规则性学习投入		0.307***(0.036)	0.198***(0.035)	0.190***(0.034)	0.153***(0.033)
社会性学习投入		0.162***(0.027)	0.126***(0.025)	0.070**(0.025)	0.034(0.024)
就业导向型动机			0.009(0.027)	−0.013(0.026)	−0.023(0.025)

续表

	模型一	模型二	模型三	模型四	模型五
	B(S.E.)	B(S.E.)	B(S.E.)	B(S.E.)	B(S.E.)
内在动机			0.352***(0.030)	0.291***(0.029)	0.247***(0.029)
无动机			−0.029(0.024)	0.002(0.024)	0.018(0.023)
竞争惯习			0.069*(0.030)	0.039(0.029)	0.031(0.028)
就业压力				−0.033(0.021)	−0.038(0.020)
就业规划困境				−0.192***(0.029)	−0.144***(0.029)
就业妥协				−0.071*(0.028)	−0.072**(0.028)
就业公平困境				−0.146***(0.027)	−0.094**(0.027)
主观家庭资本					0.004(0.027)
亲子互动					0.034(0.029)
校园环境					0.082*(0.033)
生涯教育					0.177***(0.029)
R^2	0.012	0.287	0.386	0.447	0.490
F	0.022***	0.274***	0.100***	0.061***	0.045***
R^2变化量	2.220	32.418	39.199	41.084	41.415

模型四在模型三的基础上加入就业困境相关因素。结果显示，代表就业认知困境的就业规划困境、就业公平困境与就业妥协三因子都负向预测专业技能与就业能力的提升，就业压力对专业技能与就业能力的预测效应不显著。可以看出，即便在学习动机与学习投入一定的情况下，就业认知困境依然能够有效抑制专业技能与就业能力的提升。模型五在模型四的基础上加入家庭支持与院校支持等社会支持相关变量。结果显示，代表院校支持的校园环境与生涯教育正向预测专业技能与就业能力的提升。可以看出，即便在学习动机与学习投入、就业困境一定的情况下，院校支持依然能够有效促进专业技能与就业能力的提升。在控制了学习动机与学习投入、就业困境的情况下，家庭支持对专业技能与就业能力的预测效应不显著。结合前述分析结果可以推测，家庭支持主要通过学习动机、学习投入以及就业困境间接作用于学业成就。

（二）可迁移能力

本书使用多层回归模型探讨大学生可迁移能力的形成机制（见表 5-30）。其中，模型一探讨大学生性别、年级、院校类型、专业类型以及家庭资本等背景属性对其可迁移能力的影响。模型二在模型一的基础上加入代表学习投入的自主性学习投入、规则性学习投入和社会性学习投入。模型三在模型二的基础上加入代表学习动机的内在动机、竞争惯习、就业导向型动机与无动机等四个因素。模型四在模型三的基础上加入代表就业困境的就业规划困境、就业公平困境、就业妥协和就业压力等四个因素。模型五在模型四的基础上加入家庭支持与院校支持等社会支持相关变量。五个模型的决定性系数分别为 0.005、0.308、0.378、0.419、0.449，$P=0.000<0.050$，拒绝零假设。方程的样本独立性检定为 1.897，接近 2，表明方程不存在自相关性；方程各系数的容许度均大于 0.1，方差膨胀因子（VIF）均小于 5，表明回归模型不存在多重共线性。回归方程线性关系具有统计学意义，最终模型能解释可迁移能力的 44.9%，具有一定的解释力。

表 5-30　大学生可迁移能力影响因素分析

	模型一	模型二	模型三	模型四	模型五
	B(S.E.)	B(S.E.)	B(S.E.)	B(S.E.)	B(S.E.)
（常量）	3.753*** (0.352)	1.660*** (0.312)	1.270*** (0.315)	2.598*** (0.343)	1.940*** (0.348)
性别	−0.050(0.054)	−0.009(0.045)	−0.010(0.042)	−0.012 (0.041)	0.025(0.041)
自然学科	0.180** (0.062)	0.110* (0.052)	0.152** (0.050)	0.117* (0.048)	0.071(0.048)
社会学科	0.180* (0.091)	0.127(0.076)	0.126(0.072)	0.104(0.070)	0.111(0.069)
大一	0.005 (0.059)	−0.031(0.049)	−0.030(0.047)	−0.016(0.046)	−0.064(0.045)
大三	0.030(0.066)	−0.021(0.055)	0.024 (0.053)	0.003(0.051)	−0.017(0.050)
大四	0.138(0.083)	0.006(0.070)	−0.011(0.067)	−0.043(0.065)	−0.072(0.064)
高职	0.001(0.101)	−0.089(0.084)	0.000(0.081)	−0.057(0.079)	−0.048(0.078)
“双一流”	0.004(0.064)	0.067(0.054)	0.062(0.051)	0.056(0.050)	0.070(0.049)
第一代大学生	−0.053(0.067)	0.003(0.056)	0.036(0.054)	0.061(0.052)	0.059(0.052)
社会地位高	0.030(0.065)	0.090(0.054)	0.068(0.052)	0.060(0.050)	0.083(0.050)
家庭收入	−0.006(0.089)	−0.034(0.074)	−0.012(0.070)	−0.011(0.068)	0.000(0.067)
自主性学习投入		0.079** (0.030)	−0.027(0.031)	−0.042(0.030)	−0.047(0.030)
规则性学习投入		0.261*** (0.033)	0.160*** (0.033)	0.144*** (0.032)	0.105** (0.032)
社会性学习投入		0.266*** (0.025)	0.244*** (0.024)	0.203*** (0.024)	0.177*** (0.023)
就业导向型动机			−0.002(0.025)	−0.026(0.025)	−0.038(0.024)

续表

	模型一	模型二	模型三	模型四	模型五
	B(S.E.)	B(S.E.)	B(S.E.)	B(S.E.)	B(S.E.)
内在动机			0.219*** (0.028)	0.175*** (0.028)	0.133*** (0.028)
无动机			−0.054* (0.023)	−0.046* (0.023)	−0.026(0.023)
竞争惯习			0.134*** (0.028)	0.104*** (0.027)	0.096*** (0.027)
就业压力				0.016(0.019)	0.010(0.019)
就业规划困境				−0.094** (0.028)	−0.063* (0.028)
就业妥协				−0.071** (0.027)	−0.067* (0.027)
就业公平困境				−0.147*** (0.026)	−0.102*** (0.026)
主观家庭资本					−0.025(0.026)
亲子互动					0.047(0.028)
校园环境					0.134*** (0.032)
生涯教育					0.079** (0.028)
R^2	0.005	0.308	0.378	0.419	0.449
R^2 变化量	0.015	0.301	0.072	0.042	0.031
F	1.510***	35.660***	37.913***	36.770***	35.167***

可迁移能力的回归分析结果显示，学科、学习动机、就业困境与社会支持能够有效预测可迁移能力。模型一中，专业对可迁移能力的预测能力得到证实。自然学科与社会学科大学生比人文学科大学生对可迁移能力的获得感更强。模型二在模型一的基础上加入学习投入相关因素。结果显示，自主性学习投入、规则性学习投入与社会性学习投入都能够有效预测可迁移能力的提升。其中，社会性学习投入的影响最大，规则性学习投入次之，自主性学习投入的影响则极为有限。

模型三在模型二的基础上加入学习动机相关因素。结果显示，在控制学习投入的前提下，内在动机与竞争惯习正向预测可迁移能力的提升，无动机负向预测可迁移能力的提升。这说明，即便在学习投入水平一定的情况下，具有高水平内在动机与竞争惯习的大学生依然比不具有高水平内在动机与竞争惯习的大学生更能感受到可迁移能力的提升。同时，在控制了学习动机之后，自主性学习投入对可迁移能力的预测效应变得不再显著。这说明失去了学习动机的加持，即便自主性学习投入水平再高，也无法有效促进大学生对自身可迁移能力的认同，甚至可能抑制自主性学习投入向可迁移能力的转化。

模型四在模型三的基础上加入就业困境相关因素。结果显示，代表就业认知困境的就业规划困境、就业公平困境与就业妥协三因子都负向预测可迁移能力的提升，就业压力对可迁移能力的预测效应不显著。可以看出，即便在学习动机与学习投入一定的情况下，就业认知困境依然能够有效抑制可迁移能力的提升。模型五在模型四的基础上加入家庭支持与院校支持等社会支持相关变量。结果显示，代表院校支持的校园环境与生涯教育正向预测可迁移能力的提升。可以看出，即便在学习动机与学习投入、就业困境一定的情况下，院校支持依然能够有效促进可迁移能力的提升。在控制了学习动机与学习投入、就业困境的情况下，家庭支持对可迁移能力的预测效应不显著。结合前述分析结果可以推测，家庭支持主要通过学习动机、学习投入以及就业困境间接作用于学业成就。

综上所述，大学生学业成就主要受到学习投入、学习动机、就业困境与社会支持的影响。其中三种学习投入类型都显著促进学业成就的获得。值得注意的是，自主性学习投入对学业成就的预测效应虽然显著，但其回归系数低于其他学习投入类型。也就是说，通过自主探索、资料研读以及交流探讨展开的学习活动对大学生学业成就的促进作用较为有限。这不符合一般认知。可以考虑，由于缺乏系统性学习方法的训练，大学生自主探索、资料研读以及交流探讨的深度、广度与精度并不理想，仅处于浅尝辄止的程度。此外，在就业难与学历膨胀的双重作用下，大学生自主学习同样被就业压力所裹挟，异化为考研、考证的手段。由此也可以解释控制就业困境因素后自主性学习投入的影响效应被弱化甚至变得不再显著。

就业困境对学业成就的影响在控制学习投入与社会支持之后依然显著，可以推测就业困境能够直接作用于学业成就的感知。就业困境导致大学生即便付出同等程度的努力，仍然难以提升自身在学业方面的获得感。这一现象对应"自杀类型学"中的失范性困境。也就是说，在失去判断标准的情况下，个体会陷入无尽发展的欲望并难以获得自身的满足。

四、本节小结

（一）学习动机

通过对大学生学习动机的分析可以发现，我国大学生学习动机呈现多元复杂的结构内涵。其中，以就业导向型动机与竞争惯习为代表的外在动机较为显著，内在动机相对理想但仍有待提高，占比近三成的无动机则更加突显出学习动机问题的严峻性。

内在动机与竞争惯习之间的高相关性意味着我国语境中内在动机的"不纯粹性"：内化了父母期望与竞争惯习却对学习中的喜恶得失无知无觉的"乖学生"也会在一定程度上表现出对学习的兴趣与满足，而大学生对学习的兴趣与满足也可能在很大程度上源自对父母期待的回应以及对竞争表现的反馈。对此，我们也可以从形成机制中窥探竞争惯习与内在动机的差异。对比两者的回归模型可以看出，竞争惯习与内在动机在形成机制上虽然存在较高的同质性，但部分因素的作用机制却不尽相同。比如，就业压力对内在动机的作用呈负向作用，而对竞争惯习则呈正向预测作用，即就业压力越大、内在动机越弱，而竞争惯习则越强。这说明，相对于内在动机的主观意愿性和自发性，竞争惯习具有应激性与被动性的特征。自我决定理论依据自主程度由低到高，将外在动机分为外在调节、摄入调节、认同调节和整合调节等四种类型。其中，摄入调节是指个体吸收了外在规则，但没有完全接纳为自我的一部分，是相对受到控制的动机类型。在这种情况下人们从事一项活动是为了避免焦虑或责怪，或是增强自我认同。在这种动机的支配下,人们去做某件事是为了展示自己的能力(或避免失败)以维持价值感,还没有体会到自我的真正部分。这里所说的竞争惯习体现为学校体制下的竞争机制与研学惯习在学生学习观中的内化。处于此阶段的大学生虽然也在一定程度上表现出对学习的兴趣和满足,但总体上讲,其对学习活动的喜恶与得失是机械的、无意识的,这正体现了外在动机中摄入调节的基本特征。

就业困境对大学生学习动机的影响也得到证实。其中,就业认知困境对学习动机的影响主要表现在对内在动机、竞争惯习与就业导向型动机的侵蚀作用,以及对无动机的激励作用。就业压力的影响则体现在对内在动机的侵蚀作用,以及对竞争惯习、就业导向型动机与无动机的激励作用。这在一定程度上反映了就业困境对大学生学习的影响之广泛及其影响机制之复杂。同时,研究证明了院校支持的学习动机提升效应。强有力的院校支持能提高大学生的内在动机与竞争惯习、缓解大学生的无动机倾向。然而,值得注意的是,院校支持并没有对大学生就业导向型动机起到有效的干预作用。院校支持对竞争惯习的催化作用也预示着我国大学在现阶段无法帮助大学生实现完全意义上"自主学习"的现实困境。

(二)学习投入

调查结果显示,大学生学习投入总体呈现良好趋势。但相比规则性学习投入,自主性学习投入与社会性学习投入仍有提升空间。学习动机、就业困境与社会支持对大学生学习投入存在普遍影响。其中尤以学习动机呈现复杂多样的影响机制。虽然内在动机与竞争惯习对三种学习投入类型都呈现显著的激励效应,但就业导向型动机则会抑制其自主性学习投入与规则性学习投入。可见,以就业为导向的工具主义学习观对大学生学习的自主性与能动性具有侵蚀效应。无动机仅对规则性学习投入呈负向削弱效应。可以推测,对大学学习意义的质疑导致大学生背离学校规则,但不影响其课堂外的自主探索与社会实践。

就业困境的影响也得到证实。就业认知困境显著抑制大学生各方面的学习投入,但就业压力仅在控制了学习动机的情况下对规则性学习投入有显著影响。此外,即便在控制了社会支持与学习动机的情况下,就业认知困境对大学生学习投入的影响也得到了证实。可以看出,大学生对就业方向、就业效能以及市场公平的困惑与迷茫不仅影响其学习动机的积极性，还在学习动机一定的情况下直接影响大学生学习行为。这表明就业困境对大学生学习具有间接性动机驱动与直接性目标引导的双重作用机制。对于就业压力对学习投入影响力的局限性，可以从其对学习动机的既激励又抑制的复杂作用机制中得到启示。

此外，研究再一次验证了以往研究所说的“大二现象”，并进一步证实了我国大学中的学科特色。其中，人文学科大学生在自主性学习投入与社会性学习投入两方面显著落后于自然学科。这在一定程度上源于人文学科本身的专业特色，但也呈现出我国大学人文学科在全面人才培养方面的欠缺。这在一定程度上凸显出“新文科”建设的必要性。

（三）学业成就

调查结果显示，大学生学业成就自评结果整体上比较乐观。其中，大学生获得的学业成就中可迁移能力的认同感最强，其次是专业技能与就业能力。通过对大学生学业成就的影响因素分析可知，就业困境、社会支持与学习投入能够有效预测大学生学业成就。值得注意的是，自主性学习投入对学业成就的促进作用较为有限。可以推测，由于缺乏系统性学习方法的训练，大学生自主探索、资料研读以及交流探讨的深度、广度与精度并不理想。由此指向对大学生自主性学习投入质量的质疑。

就业困境负向预测大学生学业成就。即便在控制了学习投入相关因素的情况下，也仅有就业压力的负向预测效应变得不再显著，就业认知困境依然显著预测大学生学业成就。可以推测，同水平参与学习生活的大学生中，就业困境程度越高，则其获得的学业成就越受限。当然，这里也不排除学业成就与就业困境互为因果的可能。就业困境侵蚀大学生学业成就（或收获感）的同时，存在学业成就越有限，就业困境越强烈的逆向循环。

第六章　就业困境对大学生学习的影响

前面已经通过回归分析大致考察了就业困境给大学生学习带来的可能影响。在此基础上，本章主要从三个方面考察大学生就业困境对其学习的影响。首先，利用结构方程模型分别考察就业认知困境与就业压力对大学生学习的影响路径；其次，探讨以就业规划为中介的文化资本再生产机制，以此探讨就业困境在大学生生涯发展过程中的作用机制；最后，通过聚类分析整合大学生学习投入模式，并以多元回归分析建构大学生学习文化图式，从整体上把握就业困境下大学生学习文化的基本特征与生成机制。通过以上分析，本章从就业困境的影响路径、基于就业困境的再生产机制以及就业困境下大学生学习文化图式等三方面考察大学生就业困境对其学习和发展的影响。

第一节　就业认知困境对大学生学习的影响机制

一、就业认知困境、学习动机、学习投入的相关性分析

通过相关性分析，就业认知困境各因子与学习动机、学习投入之间普遍存在显著相关性（见表 6-1）。其中，就业认知困境与学习投入之间普遍负向相关。可以看出，就业认知困境与社会性学习投入之间的相关系数最高，自主性学习投入其次，规则性学习投入最低。可以考虑，相对于社会性学习投入与自主性学习投入，规则性学习投入更多受到外部约束的影响，由此降低了与大学生就业困境的关联性。学习动机方面，就业认知困境与竞争惯习、内在动机、就业导向型动机负相关，预示着其对学习动机的削弱效果。

表 6-1　就业认知困境与学习动机、学习投入的相关性分析

	1	2	3	4	5	6	7	8	9	10
1.就业规划困境	1									
2.就业妥协	0.368***	1								
3.就业公平困境	0.292***	0.317***	1							
4.竞争惯习	−0.201**	−0.210***	−0.229***	1						
5.内在动机	−0.341***	−0.263***	−0.236***	0.413***	1					
6.就业导向型动机	−0.095***	−0.086**	−0.082**	0.047	−0.007	1				
7.无动机	0.124***	0.091***	0.008	−0.014	−0.269***	−0.014	1			
8.社会性学习投入	−0.336***	−0.325***	−0.267***	0.213***	0.343***	0.213***	−0.075**	1		
9.规则性学习投入	−0.234***	−0.241***	−0.211***	0.349***	0.434***	0.349***	−0.236***	0.396***	1	
10.自主性学习投入	−0.303***	−0.275***	−0.216***	0.387***	0.474***	0.387***	−0.139***	0.463***	0.506***	1

二、大学生就业认知困境的影响路径分析

本书采用结构方程模型,在考虑学习动机中介效应的基础上,分析就业认知困境对学习投入的影响路径。通过 AMOS 24.0 统计软件进行最大似然法拟合,得到 6 个拟合度判定指标。从表 6-2 可以得知,判定指标均符合参考指标,说明模型整体拟合优度较高,所构建的理论模型与调查数据能够较好地对大学生就业认知困境、学习动机与学习投入三者之间的关系进行清晰的描述。

表 6-2 模型拟合度检验

CMIN	DF	CMIN/DF	CFI	TLI	GFI	AGFI	RMSEA
1520.309	362	4.200	0.923	0.914	0.930	0.916	0.047

图 6-1 显示了就业认知困境影响学习投入的模型路径图。从中可以看出,就业认知困境不仅通过内在动机、竞争惯习与就业导向型动机间接影响学习投入,还表现出对学习投入的直接影响效应。表 6-3 概括了分析结果中就业认知困境对学习投入的标准化影响效应,并通过偏差校正的百分位 Bootstrap 方法在 95%的置信区间内进行影响效应检验。

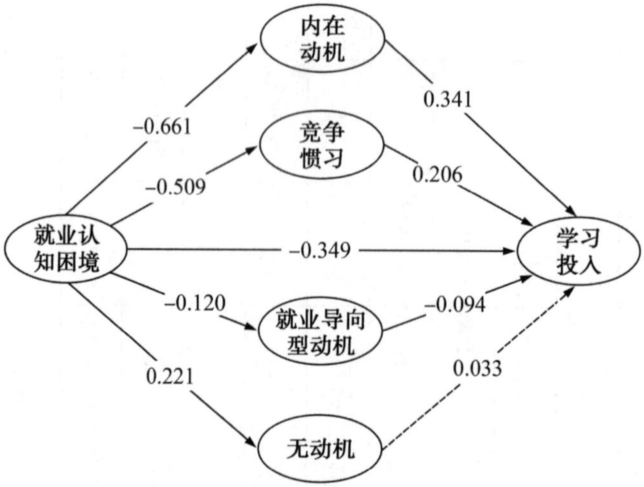

图 6-1 就业认知困境影响学习投入的模型路径图

注:实线表示路径显著,虚线表示路径不显著。

表 6-3　就业认知困境对大学生学习投入的标准化影响效应

	点估计值	系数相乘积		Boostrap 5000 times 95% CI			
				bias-corrected		percentile	
		S.E.	z-value	Lower	Upper	Lower	Upper
内在动机	−0.238	0.046	−5.174	−0.238	−0.330	−0.316	−0.163
竞争惯习	−0.111	0.031	−3.581	−0.171	−0.067	−0.163	−0.063
就业导向型动机	0.012	0.007	1.714	0.003	0.029	0.001	0.026
无动机	0.008	0.010	0.800	−0.005	0.028	−0.005	0.028
总间接效应	−0.329	0.103	−3.194	−0.450	−0.238	−0.436	−0.225
直接效应	−0.369	0.065	−5.677	−0.549	−0.228	−0.561	−0.234
总效应	−0.697	0.093	−7.495	−0.872	−0.567	−0.871	−0.567

可以看出，就业认知困境通过内在动机、竞争惯习与就业导向型动机间接影响学习投入，且影响效应显著。其中，基于内在动机与竞争惯习的中介效应为负向效应，就业认知困境通过负向影响内在动机与竞争惯习，进而负向影响学习投入。值得关注的是，基于就业导向型动机的中介效应为正向效应。由于就业导向型动机负向影响学习投入，因此就业认知困境对就业导向型动机的负向影响最终呈现为对学习投入的正向效果。基于学习动机的间接效应总分为−0.329，直接效应总分为−0.369，就业认知困境对学习投入的总效应为−0.697。通过偏差校正的百分位 Bootstrap 方法在 95%的置信区间内进行影响效应检验，结果显示，就业认知困境对学习投入的总间接效应、直接效应与总效应皆为显著。可见，就业认知困境对大学生学习投入具有显著的侵蚀效应。

第二节　就业压力对大学生学习的影响路径

一、就业压力、学习动机、学习投入的相关性分析

首先，相关性分析显示，就业压力与学习投入之间不存在显著相关性，但学习动机与就业压力、学习投入之间存在显著相关性。就业压力与学习投入三因

子之间皆不存在显著相关性。就业压力与内在动机之间存在显著的负相关，与无动机和就业导向型动机之间存在显著的正相关。内在动机、就业导向型动机与学习投入三因子存在显著的正相关，无动机与学习投入三因子之间存在显著的负相关(见表6-4)。关于各量表内部的相关性分析，内在动机与无动机之间存在显著的负相关，就业导向型动机与内在动机、无动机之间不存在显著相关。学习投入三个因子之间存在显著的正相关。根据克里斯托弗·普里彻(Kristopher Preacher)和安德鲁·海耶斯(Andrew Hayes)[①]以及温忠麟和叶宝娟[②]的观点，当自变量对因变量总效应不显著时，仍可能存在间接效应。这是由于多个相反效应相互抵消产生了"遮蔽效应"，因此可以继续进行中介效应分析。

二、就业压力对学习投入的影响模型

由以上分析可知，随着就业压力的变化，大学生学习动机表现出显著差异。总体上，大学生所感知到的就业压力越大，其无动机与就业导向型动机越大，内在动机则越小。但是，不同就业压力下大学生的学习投入却没有显著差异。那么，就业压力是否对学习投入毫无影响？就业压力、学习动机与学习投入三者之间存在何种关系？这些问题还需要进一步探讨。

本书采用结构方程模型，在考虑学习动机中介效应的基础上，分析就业压力对学习投入的影响路径。通过 AMOS 24.0 统计软件进行最大似然法拟合，得到 6 个拟合度判定指标。从表 6-5 可以得知，判定指标均符合参考指标，说明模型整体拟合优度较高，所构建的理论模型与调查数据能够较好地对大学生就业压力、学习动机与学习投入三者之间的关系进行清晰的描述。

---

① PREACHER K J, HAYES A F. Asymptotic and resampling strategies for assessing and comparing indirect effects in multiple mediator models [J]. Behavior Research Methods, 2008, 40(3): 879-891.

② 参见温忠麟，叶宝娟.中介效应分析：方法和模型发展[J].心理科学进展，2014，22(5)：731-745.

表 6-4　就业压力、学习动机、学习投入的相关性分析

	M	标准差	α	1	2	3	4	5	6	7	8
1.就业压力	3.11	0.98	0.90	1							
2.竞争惯习	3.43	0.86	0.69	0.071**	1						
3.内在动机	3.50	0.81	0.76	−0.090***	0.413***	1					
4.就业导向型动机	3.27	0.88	0.81	0.285***	0.047	−0.007	1				
5.无动机	2.64	0.80	0.76	0.363***	−0.014	−0.269***	−0.014	1			
6.社会性学习投入	3.37	0.90	0.84	−0.017	0.213***	0.343***	0.213***	−0.075**	1		
7.规则性学习投入	3.95	0.73	0.75	0.016	0.349***	0.434***	0.349***	−0.236***	0.396***	1	
8.自主性学习投入	3.30	0.88	0.81	−0.018	0.387***	0.474***	0.387***	−0.139***	0.463***	0.506***	1

表 6-5　模型拟合度检验

CMIN	DF	CMIN/DF	CFI	TLI	GFI	AGFI	RMSEA
1231.691	218	5.650	0.929	0.917	0.932	0.913	0.056

图 6-2 显示了就业压力影响学习投入的模型路径图。从中可以看出，就业压力通过负向影响内在动机间接影响学习投入。表 6-6 概括了分析结果中就业压力对学习投入的标准化影响效应，并通过偏差校正的百分位 Bootstrap 方法在 95%的置信区间内进行影响效应检验。可以看出，除基于内在动机的中介效应显著以外，就业压力对学习投入的其他中介效应与直接效应均不显著，且总效应不显著。

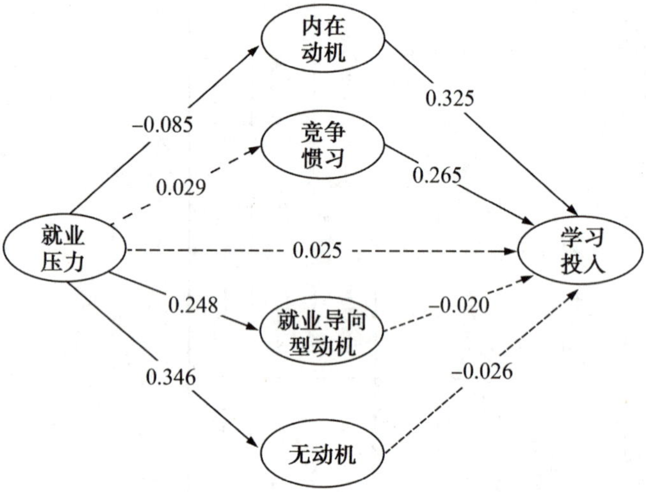

图 6-2　就业压力影响学习投入的模型路径图

注：实线表示路径显著，虚线表示路径不显著。

表 6-6　就业压力对大学生学习投入的标准化影响效应

	点估计值	系数相乘积		Boostrap 5000 times 95% CI			
				bias-corrected		percentile	
		S.E.	z-value	Lower	Upper	Lower	Upper
内在动机	−0.027	0.010	−2.700	−0.045	−0.011	−0.045	−0.011
竞争惯习	−0.008	0.013	0.615	−0.006	0.033	−0.005	0.034

续表

	点估计值	系数相乘积		Boostrap 5000 times 95% CI			
				bias-corrected		percentile	
		S.E.	z-value	Lower	Upper	Lower	Upper
就业导向型动机	−0.005	0.005	−1.000	−0.014	0.004	−0.014	0.004
无动机	−0.009	0.009	−1.000	−0.025	0.005	−0.023	0.006
总间接效应	−0.034	0.021	−1.619	−0.069	−0.002	−0.063	0.006
直接效应	0.025	0.021	1.190	−0.007	0.064	−0.013	0.056
总效应	−0.009	0.018	−0.500	−0.038	0.022	−0.037	0.023

本书采用结构方程模型，在考虑学习动机中介效应的基础上，分别分析就业压力对自主性学习投入、规则性学习投入以及社会性学习投入的影响路径。通过 AMOS 24.0 统计软件进行最大似然法拟合，得到 6 个拟合度判定指标。从表 6-7 可以得知，判定指标均符合参考指标，说明模型整体拟合优度较高，所构建的理论模型与调查数据能够较好地对大学生就业压力、学习动机与学习投入三者之间的关系进行清晰的描述。

表 6-7　模型拟合度检验

	CMIN	DF	CMIN/DF	CFI	TLI	GFI	AGFI	RMSEA
自主性学习投入	860.255	110	7.821	0.922	0.903	0.937	0.912	0.068
规则性学习投入	855.522	110	7.777	0.922	0.904	0.936	0.911	0.068
社会性学习投入	773.922	110	7.036	0.927	0.910	0.942	0.920	0.064

图 6-3、图 6-4 和图 6-5 分别显示了就业压力影响自主性学习投入、规则性学习投入以及社会性学习投入的模型路径图。从中可以看出，就业压力仅对规则性学习投入有直接效应。就业压力通过正向影响就业导向型动机和无动机，负向影响内在动机间接影响学习投入。其中，就业导向型动机负向影响自主性学习投入，正向影响社会性学习投入和规则性学习投入。无动机仅对规则性学习投入有负向显著影响。内在动机对三种学习投入模式的影响皆呈正向。

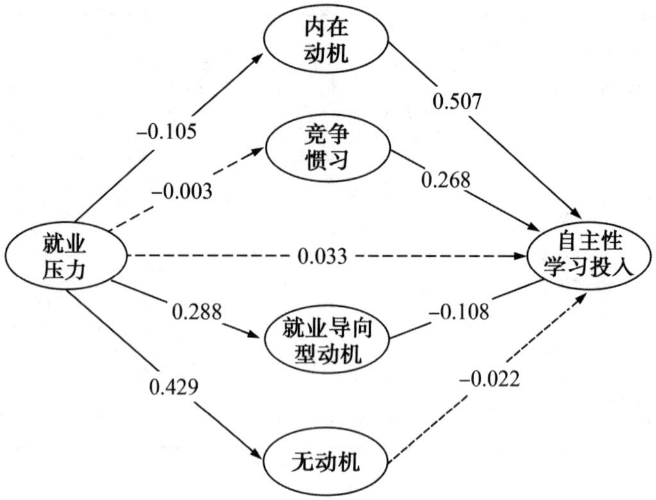

图 6-3　就业压力影响自主性学习投入的模型路径图

注:实线表示路径显著,虚线表示路径不显著。

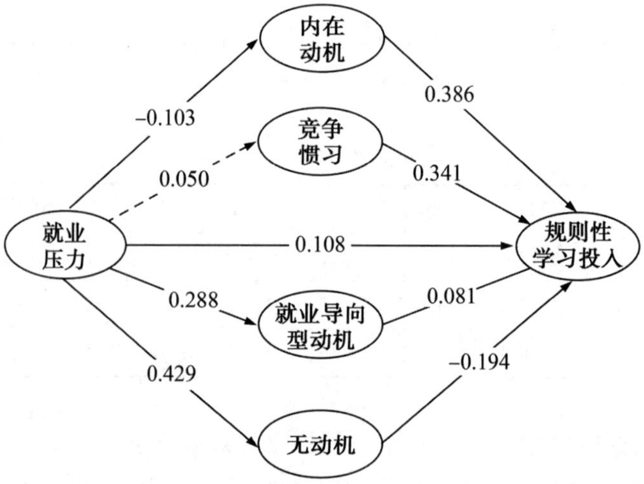

图 6-4　就业压力影响规则性学习投入的模型路径图

注:实线表示路径显著,虚线表示路径不显著。

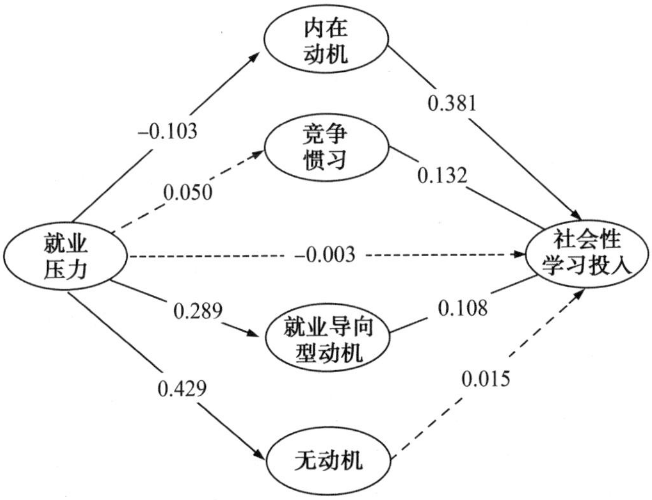

图 6-5　就业压力影响社会性学习投入的模型路径图

注：实线表示路径显著，虚线表示路径不显著。

针对就业压力对自主性学习投入、规则性学习投入以及社会性学习投入的标准化影响效应，研究通过偏差校正的百分位 Bootstrap 方法在 95%的置信区间内进行影响效应检验。首先，针对自主性学习投入，分析结果表明，就业压力对自主性学习投入的直接效应不显著，仅通过内在动机与就业导向型动机负向作用于自主性学习投入。值得注意的是，就业压力对自主性学习投入的直接效应虽不具有统计学意义，但显示为正向。这与负向的间接效应相抵，导致就业压力对自主性学习投入的总效应不显著。其次，就业压力对规则性学习投入既存在显著的直接效应，也存在显著的间接效应，但总效应不显著。其中，就业压力对规则性学习投入的直接效应为正向，即就业压力对规则性学习投入有直接的激励作用。同时，就业压力也通过就业导向型动机对规则性学习投入产生正向的间接效应。然而，以内在动机和无动机为中介的影响路径显示，就业压力通过内在动机和无动机负向影响规则性学习投入。总的来说，就业压力对规则性学习投入的直接影响为正向，总间接影响为负向，其总效应不显著。最后，社会性学习投入方面，就业压力的影响仅局限于就业导向型动机与内在动机中介作用下的间接效应。其中，就业导向型动机的中介效应为正向，内在动机的中介效应为负向。整体来看，就业压力对社会性学习投入的总间接效应、直接效应及总效应皆不显著。

三、研究结论

利用结构方程模型分析，我们可以看到，就业压力对学习投入的影响路径中正向效应与负向效应相互制衡，呈现出部分效应显著但总效应不显著的现象。陈昌华曾指出，就业竞争的间接性及非学习活动的干扰可能会减弱就业压力原有的学习激励效果。① 这一观点在本书中得到证实。此外，就业压力对大学生学习投入的间接影响主要体现为以下几个方面。

(1)就业压力催生就业导向型动机。“为就业而学习”的就业导向型动机既能激发大学生对社会性学习投入和规则性学习投入的积极性，也会导致大学生对自主性学习的消极投入。就业压力越大，大学生越倾向于关注学习对就业的功能性，越容易产生“为就业而学习”的就业导向型动机。这也是以往研究中“大学生学习动机主要来源于就业压力”的实质体现。然而，本书也证实，这种工具主义学习动机一方面有利于激励大学生投入社会实践活动、配合教学活动安排，另一方面也会削减大学生主动学习、自由探索的热情。我们认为，这主要可以归因于大学生对不同学习投入模式赋予的价值意义存在差异。对社会实践活动与课堂学习的投入和配合，将直接关系到大学生的量化成绩，是决定大学生能否顺利毕业的重要指标，也是求职时证明个人人力资本的直观材料。而课外的自主学习与探索所带来的实际效应是非直观性的，且具有一定的延时性。我们可以推测，就业导向型动机中介效用下就业压力对大学生不同学习投入模式的影响，正体现出大学生在就业压力影响下重视眼前利益、忽视长远发展的功利主义行为取向。

(2)就业压力削弱内在动机，进而侵蚀学习投入热情。三种学习投入模式都受到内在动机中介效用下的负向影响。结果显示，对学习的兴趣和满足感能够在很大程度上激发大学生的学习热情。然而，就业压力会侵蚀大学生的内在动机，间接削弱大学生学习投入的积极性。自我决定理论认为，外在的“奖赏”会剥夺个体的自主感，进而降低内在动机。② 在这里，就业就是学生趋之若鹜的“奖赏”，它使得大学生将学习行为归因于就业压力，而非自身对知识的渴求。

---

① 参见陈昌华.大学生就业压力大与学习动力不足的矛盾分析与对策[J].重庆理工大学学报(社会科学),2007(9):173-176.

② DECI E L, KOESTNER R, RYAN R M. A meta-analytic review of experiments examining the effects of extrinsic rewards on intrinsic motivation [J]. Psychological Bulletin, 1999, 125(6): 627-668.

以往大学生学习动机调查中大学生对“因为就业压力大所以学习”的话语建构，就说明了这一问题。然而，本书证实，就业压力对学习的影响实则是有限的。因此，如何打破“就业压力”话语下形成的“学习压力”，帮助大学生回归学习的本体价值，值得我们深入考虑。

(3)就业压力助长无动机，进而影响规则性学习投入的积极性。在就业压力下，对学习的无意义感会导致大学生在课堂学习中无视规则，对日常教学活动表现出消极或不配合的态度。这在一定程度上支持了田虎、庞明礼等人提出的就业压力催生“新读书无用论”的观点。需要注意的是，无动机对自主性学习投入和社会性学习投入并无显著影响。这说明大学生的无动机仅限于对大学课堂学习的意义感缺失，并不影响大学生对课外自发的学习探索活动以及社会实践活动的价值认同。因此，如何提高大学生对大学课堂中所授知识的价值认同，成为我国高等教育内涵建设中亟待解决的重要课题。

第三节　以就业规划为中介的文化资本再生产

本书通过一个有调节的中介模型考察文化资本对大学生学习投入的影响路径，主要目标有两个：一是考察文化资本对大学生学习投入的影响以及就业规划是否在二者之间扮演中介变量的角色；二是考察亲子互动是否调节了中介过程的前半路径、后半路径和直接路径。第一个目标关注文化资本“如何”影响大学生学习投入，而第二个目标则关注这种影响在“何种条件”下产生或增幅。

一、共同方法偏差检验与相关性分析

采用 Harman 单因素检验对测量数据进行共同方法偏差检验。结果显示，第一个因子解释变异量为 18.11%，小于 40%的临界值标准，说明本书不存在严重的共同方法偏差问题。各维度相关性分析结果（见表 6-8）显示，模型中各维度之间呈显著的正相关，表明可以进一步分析结构方程模型。

表 6-8 就业规划困境、学习投入和亲子互动相关性分析

	平均值	标准差	就业规划困境	自主性学习投入	规则性学习投入	社会性学习投入	亲子互动
就业规划困境	2.646	0.758	1				
自主性学习投入	3.382	0.850	−0.295**	1			
规则性学习投入	3.938	0.745	−0.231**	0.602**	1		
社会性学习投入	3.439	0.915	−0.335**	0.510**	0.432**	1	
亲子互动	3.616	0.759	−0.302**	0.300**	0.329**	0.287**	1

二、文化资本对大学生学习投入的影响:有调节的中介模型检验

本书采用结构方程模型对有调节的中介模型进行检验。结果显示,模型拟合度为:卡方值/自由度=3.482,GFI=0.962,AGFI=0.949,CFI=0.962,TLI=0.954,RMSEA=0.041。说明数据对模型拟合良好,适合进一步进行结构方程模型分析,对假设进行检验。

如图 6-6 所示,文化资本对学习投入的直接效应不显著,而是通过就业规划的中介效应正向预测学习投入,因此,文化资本与学习投入之间存在基于就业规划的完全中介效应。

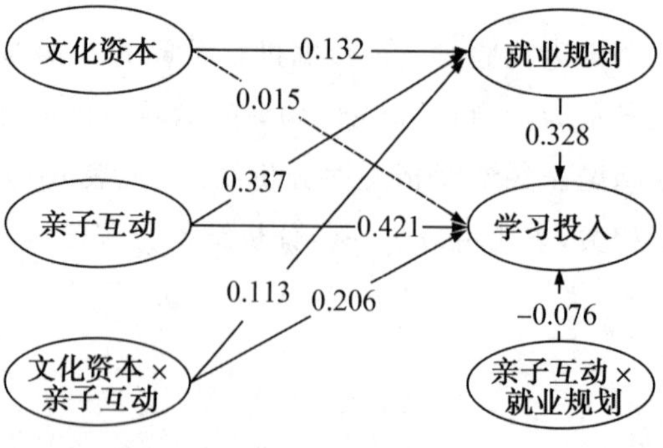

图 6-6 以就业规划为中介的文化资本再生产

文化资本与亲子互动的交互项对就业规划与学习投入的影响显著，亲子互动与就业规划的交互项对学习投入的影响显著。因此，亲子互动调节了文化资本、就业规划与学习投入之间的关系。文化资本对大学生学习投入的影响为有调节的中介效应。

三、调节效应检验

利用平均值±标准差的方式将亲子互动因子转化为虚拟变量，考察不同亲子互动水平下文化资本与就业规划、学习投入之间的关系。首先，简单斜率检验表明，对于亲子互动水平高的大学生，文化资本每增加 1 个标准差，学习投入水平上升 0.764 个标准差（$P<0.001$），就业规划水平上升 0.153 个标准差（$P<0.001$）。对于亲子互动水平低的大学生，文化资本对其就业规划以及学习投入的影响不显著。这说明，只有在保证高水平亲子互动的前提下，文化资本才能有效促进大学生的学习投入和就业规划。其次，无论亲子互动的多寡，就业规划都显著影响大学生学习投入，但高水平的亲子互动会削弱就业规划对学习投入的影响。简单斜率检验表明，对于亲子互动水平高的大学生，就业规划每增加 1 个标准差，学习投入水平上升 0.857 个标准差（$P<0.001$）；而对于亲子互动水平低的大学生，就业规划每增加 1 个标准差，学习投入水平上升 0.930 个标准差（$P<0.001$）。可以看出，亲子互动水平高的大学生，其就业规划对学习投入的影响低于亲子互动水平低的大学生。换一个角度可以说，就业规划对大学生学习投入的影响随着亲子互动程度的降低而增加。

四、结论与讨论

本书依据拉鲁“协同式教养”理论构建有调节的中介效应模型，考察文化资本“如何”以及“在何种情况下”影响大学生学习投入。

首先，考察文化资本“如何”影响大学生学习投入，并揭示了寒门学子突破阶层壁垒的可能路径。分析结果显示，文化资本通过促进大学生对职业生涯的结构化规划，进而激发其学习投入积极性。职业规划能力作为当代职业体系所必需的基本能力，既符合拉鲁对微观互动视角下文化资本的定义，也与当今教育系统的结构化运营机制息息相关，更体现了现代社会对工具理性的推崇。精英阶层通过对子女职业生涯或直接或潜移默化的结构化安排，促使子女更理性、更有效地投入学习生活，最终实现文化资本向学业成就乃至社会地位的优势传递。但同时,我们还需要注意到这一优势传递路径的可干预性。分析结果证实,文化资本对大学生学习投入的直接效应不显著,仅通过职业规划的完全中介效应完成优势传递。这一方面说明一旦脱离了职业规划的中介效应,文化资本对大学生学习投入的影响将不再成立,另一方面也意味着可以通过对大学生职业规划的结构化干预,打破文化资本的垄断式再生产,实现寒门学子的"逆袭"。

其次,考察了文化资本"在何种情况下"影响大学生学习投入。分析结果显示,亲子互动对文化资本、职业规划与学习投入之间的关系起着调节作用。研究证实,亲子互动对大学生就业规划和学习投入都产生了积极影响,并且亲子互动水平较低的家庭,即便持有较高的文化资本,也难以实现对其子女的优势传递。这一结果证明了"协同式教养"模式下父母安排子女活动、指导子女学业的积极意义。

值得注意的是,亲子互动对大学生学习发展的作用不仅体现在积极方面。分析结果显示,就业规划对学习投入的激励作用受到亲子互动的干扰。高水平的亲子互动虽然有利于帮助大学生明确职业目标、建构学习意义,但对于已经形成了明确职业规划的大学生而言,父母的干预却会在一定程度上阻碍个人规划向学习行为的转化。对此,可以从两方面进行理解与阐释:一是依赖心理对个人自主发展的干扰效应。以往研究指出,自设目标更能激发动机、提高低成就动机者的行为。[①] 父母的干预是柄"双刃剑"。它既能协助大学生规划职业发展路径、激发学习投入积极性,也在一定程度上助长大学生的依赖心理,削弱其通过自身人力资本的积累实现职业理想的主观能动性。这也在一定程度上揭示了探讨适度干预、合理督促的亲子互动模式的必要性。二是文化资本对工具理性的"祛魅"。对此,可以通过在本书分析模型中进一步代入学习动机变量进行验证。图 6-7 显示,文化资本正向影响就业规划的同时,也正向预测内在动机,且对就业导向型动机有显著的负向效应。这说明文化资本一方面能够促使大学生适应社会中对工具理性的需求,另一方面也能够为大学生超越工具理性提供文化支持。工具理性虽暗合了当今社会对理性、高效的现实需求,但一旦任其过度膨胀,就难免落入漠视人的情感与精神价值的集体非理性窠臼。文化资本的积累能够化解工具理性过度膨胀带来的精神危机,实现工具理性与价值

① 参见申克.学习理论:第 6 版[M].何一希,钱冬梅,古海波,译.南京:江苏教育出版社,2012:136.

理性的平衡与耦合。因此我们推测，作为家庭文化资本的重要传递手段，亲子互动能够促进大学生价值观念的多元化，稀释职业规划对学习投入的影响。此外，图 6-7 中就业规划对内在动机的正向效应也暗合了工具理性向价值理性的转化。可以看出，工具理性对人生阶段性目标的开拓，是价值理性确立人生终极意义的现实保障。

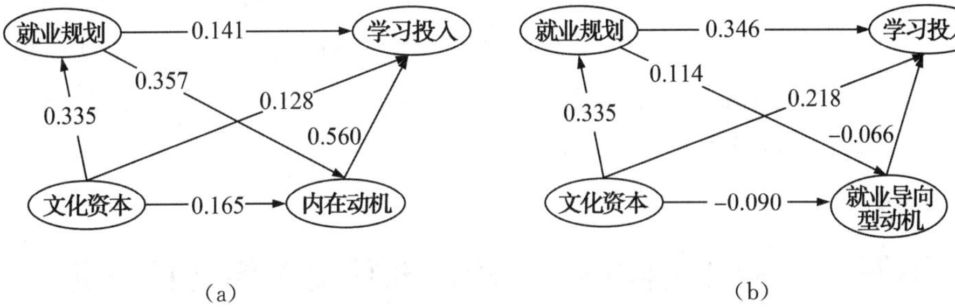

图 6-7　文化资本作用下学习意义的建构与影响力模型

本节从职业生涯规划的视角为学校“如何”补偿教育过程代际差异问题提供了理论切入点。与家庭背景不同，职业生涯教育对大学生学习投入的影响虽在诸多研究中有所提及，却并未得到学者们的广泛关注。北京大学教育社会学学者鲍威曾在其著作中指出，如果第一代大学生在生涯发展规划上出现障碍，将最大限度地阻碍他们参与各项校园活动。① 此外，虽有部分学者在政策建议中提到生涯指导对大学生学习生活的积极意义②，但对于其具体作用机制却鲜有关注。其实，清华大学教育学研究院的史静寰教授早在 2011 年便指出，关注大学生学习，不仅需要考察大学内部的问题，还需要“从就业市场的现实、从学生面对不可预知的未来而持有的心态当中去寻找”③原因。而国外学者也提出了社会文化观对当前学习投入研究的重要意义。④ 我国大学生秉承“外圣内王”

① 参见鲍威.未完成的转型：高等教育影响力与学生发展[M].北京：教育科学出版社，2014：210.

② 参见张华峰，郭菲，史静寰.促进家庭第一代大学生参与高影响力教育活动的研究[J].教育研究，2017(6)：32-43.

③ 史静寰，涂冬波，王纾，等.基于学习过程的本科教育学情调查报告 2009[J].清华大学教育研究，2011，32(4)：9-23.

④ ZEPKE N. Student engagement research：thinking beyond the mainstream [J]. Higher Education Research & Development，2015(6)：1311-1323；KAHU E R. Framing student engagement in higher education [J]. Studies in Higher Education，2013(5)：758-773.

的传统文化理念,对现实利益的追求相比西方学习者更加显著。① 因此,以文化资本与工具理性的双重逻辑考察我国大学生学习投入问题,更能反映我国特有社会文化下大学生的学习生态,有助于为我国大学生学情研究的本土化发展提供新视角、拓展新方向。

本节丰富了教育社会学领域既有研究对文化资本生产问题的探讨与分析,并在一定程度上回应了文化流动理论的相关命题。② 此外,研究揭示了家庭背景一般的大学生跨文化发展的可能性,强调了学校对文化资本的补偿性作用。对此,有必要从院校影响力的角度,进一步考察大学生跨文化发展过程中职业决策与大学生学习投入的关系模型。

第四节　就业困境下大学生学习投入模式的分流

已有研究考察大学生学习投入的现状、影响因素及作用机制,为解读大学生学习过程"黑箱"、评估高等教育质量提供了现实依据。但以往研究大多从行为投入与院校支持层面考察学习投入,不仅忽视了心理投入对行为投入的引导作用,割裂了行为投入与心理投入的二元互动,也因此忽略了对学习投入图式的整体性构建。大学生学习投入指涉行为投入与心理投入双重维度,是行为决策与价值取向的共谋。因此,本书以行为投入与心理投入为分类维度,通过聚类分析整合大学生学习投入模式,并以图式理论重构大学生学习投入分析框架,为阐释当代大学生多元复杂的文化性格、完善我国高等教育育人机制提供

① BIGGS J B, WATKINS D A. The Chinese learner in retrospect [M]//WATKINS D A, BIGGS J B. The Chinese learner: cultural, psychological and contextual influences. Hong Kong: Comparative Education Research Center, the University of Hong Kong, 1996: 269-285; BOND M H. Chinese values [M]// BOND M H. The handbook of Chinese psychology. Hong Kong: Oxford University Press, 1996: 208-226; LAW N W Y. New experience, new epistemology, and the pressures of change: the Chinese learner in transition [M]//CHAN C K, RAO N. Revisiting the Chinese learner: changing contexts, changing education. Hong Kong: Comparative Education Research Center, the University of Hong Kong, 2009: 89-100.

② 参见许多多.大学如何改变寒门学子命运:家庭贫困、非认知能力和初职收入[J].社会,2017(4):90-118;林易."凤凰男"能飞多高 中国农转非男性的晋升之路[J].社会,2010(1):88-108; MILNE E, AURINI J. Schools, cultural mobility and social reproduction: the case of progressive discipline [J]. Canadian Journal of Sociology, 2015(1):51-74.

参考依据。

一、数据分析与研究发现

(一)基于行为与心理的学习投入模式整合

由于本书使用样本量较大($N>200$),因此采用非层次聚类技术中的 K-Means 迭代聚类法,基于大学生学习行为投入与学习心理投入进行聚类分析。首先分别以 2、3、4、5、6、7 作为类型数目进行探索,其中 2 是最小类型数,7 是所用变量数。结果显示,将聚类数目设定为 4 时最具代表性。当预设类型数量小于 4 时,结果显示分类指标未得到充分解释。而当预设类型数量大于 4 时,分组结果与 4 类分组结果重复率高,且各类型之间出现交叠现象,没有实现聚类分析"问题精炼化"的目的。因此,本书将我国大学生学习投入模式分为以下 4 类(见表 6-9)。

表 6-9　大学生学习投入模式分类

	挑战型	顺应型	游离型	功利型
自主性学习投入	3.830	2.950	2.390	4.040
规则性学习投入	4.310	3.740	3.010	4.310
社会性学习投入	3.770	2.960	2.660	4.190
就业导向型动机	2.580	3.330	2.840	3.510
内在动机	3.970	3.070	2.790	3.800
无动机	1.990	3.210	2.530	3.440
竞争惯习	3.670	3.330	2.480	3.740
人数(比重)	483(33.1%)	448(30.7%)	223(15.3%)	305(20.9%)

其中,第一类大学生无动机和就业导向型动机得分低于其他三类,且竞争惯习、内在动机以及行为投入方面得分较高,因此命名为"挑战型"。第二类大学生在行为投入与心理投入方面皆属中等,因此命名为"顺应型"。第三类大学生的行为投入得分与内在动机、竞争惯习在四种类型中最低,且无动机得分较高,因此命名为"游离型"。第四类大学生的行为投入与学习动机得分在四种类型中最高,但同时无动机与就业导向型动机也较为显著,其中就业导向型动机

高于其他三类,因此命名为"功利型"。四种类型大学生在样本中的分布比例分别为33.1%、30.7%、15.3%和20.9%。

(二)学习投入模式的影响因素分析

本书使用多层回归模型探讨大学生学习投入模式的形成机制。其中,模型一探讨大学生性别、年级、院校类型、专业类型以及家庭资本等背景属性对其学习投入模式的影响。模型二在模型一的基础上加入代表就业困境的就业规划困境、就业公平困境、就业妥协和就业压力等四个因素。模型三在模型二的基础上加入家庭支持与院校支持等社会支持相关变量。

1.挑战型学习投入模式

挑战型学习投入模式受到学科类型、年级、就业困境与社会支持的影响。如表6-10所示,模型一证实了学科类型、年级对挑战型学习投入模式的预测效应。相比社会学科,人文学科大学生更倾向于挑战型学习投入模式。相比大四年级大学生,大二、大三年级大学生中挑战型学习投入的占比更低。模型二证实了就业困境对挑战型学习投入模式的预测效应。就业规划困境、就业公平困境、就业妥协和就业压力等四个因素都负向预测挑战型学习投入模式。倾向于挑战型学习投入模式的大学生对就业方向更加明晰且确信,就业效能感与就业公平感更强,不受就业压力的困扰。可见,不受就业困境的烦扰是大学生热爱学习的重要条件。模型三证实了家庭支持与院校支持对挑战型学习投入模式的预测效应。其中,家庭支持的影响体现在高水平的亲子互动对挑战型学习投入模式的激励效应。而院校支持的影响体现在校园环境对挑战型学习投入模式的激励效应。

表6-10 挑战型学习投入模式的影响因素分析

	模型一		模型二		模型三	
	B	S.E.	*B*	S.E.	*B*	S.E.
性别	−0.033	0.138	−0.137	0.149	0.002	0.156
人文学科	0.714**	0.249	0.876**	0.265	0.845**	0.274
自然学科	0.233	0.258	0.198	0.272	0.065	0.284
大一	−0.367	0.231	−0.169	0.253	−0.213	0.261
大二	−0.667**	0.217	−0.338	0.24	−0.272	0.248
大三	−0.599*	0.231	−0.357	0.251	−0.244	0.259

续表

	模型一		模型二		模型三	
	B	S.E.	B	S.E.	B	S.E.
普通本科	0.108	0.174	0.066	0.188	−0.027	0.195
高职	0.333	0.297	0.271	0.314	0.180	0.326
第一代大学生	−0.233	0.133	−0.094	0.145	−0.096	0.166
就业压力			−0.605***	0.066	−0.636***	0.068
就业规划困境			−0.274**	0.098	−0.105	0.104
就业妥协			−0.507***	0.096	−0.357***	0.100
就业公平困境			−0.281**	0.091	−0.118	0.097
主观家庭资本					−0.057	0.091
亲子互动					0.537***	0.107
校园环境					0.630***	0.118
生涯教育					−0.101	0.104
（常量）	−0.519	0.296	3.554***	0.465	−1.276	0.761
考克斯-斯奈尔 R^2	0.024		0.141		0.189	
内戈尔科 R^2	0.033		0.196		0.262	

2.顺应型学习投入模式

顺应型学习投入模式受到院校类型、年级、就业困境与社会支持的影响。如表 6-11 所示，模型一证实了院校类型和年级对顺应型学习投入模式的预测效应。相比双一流高校，高职院校大学生更不具备顺应型学习投入模式的特质。相比大四年级大学生，大一、大二、大三年级大学生中顺应型学习投入模式的占比更高。模型二证实了就业困境对顺应型学习投入模式的预测效应。就业规划困境、就业公平困境、就业妥协和就业压力等四个因素都正向预测顺应型学习投入模式。倾向于顺应型学习投入模式的大学生对就业方向更加模糊，就业效能感与就业公平感更低，也更受就业压力的困扰。可见，大学生对学习的顺应性反应在一定程度上是受就业困境烦扰的结果。模型三证实了家庭支持与院校支持对顺应型学习投入模式的预测效应。其中，家庭支持的影响体现在亲子互动对顺应型学习投入模式的削弱效应。而院校支持的影响体现在校园环境对顺应型学习投入模式的削弱效应。

表 6-11 顺应型学习投入模式的影响因素分析

	模型一		模型二		模型三	
	B	S.E.	*B*	S.E.	*B*	S.E.
性别	0.075	0.139	0.155	0.146	0.072	0.150
人文学科	−0.392	0.237	−0.561*	0.249	−0.485	0.251
自然学科	−0.189	0.242	−0.213	0.253	−0.063	0.259
大一	0.655*	0.273	0.473	0.284	0.548	0.291
大二	1.135***	0.257	0.865**	0.268	0.815**	0.273
大三	0.851**	0.271	0.653*	0.283	0.597*	0.287
普通本科	−0.265	0.173	−0.242	0.182	−0.187	0.186
高职	−0.780**	0.288	−0.774*	0.301	−0.657	0.310
第一代大学生	0.114	0.141	−0.013	0.148	−0.093	0.165
就业压力			0.474***	0.068	0.487***	0.070
就业规划困境			0.305**	0.094	0.160	0.099
就业妥协			0.421***	0.091	0.319**	0.095
就业公平困境			0.269**	0.092	0.142	0.097
主观家庭资本					−0.120	0.094
亲子互动					−0.228*	0.100
校园环境					−0.282**	0.108
生涯教育					−0.144	0.100
(常量)	−1.214***	0.313	−4.916***	0.499	−1.447	0.747
考克斯-斯奈尔 R^2	0.028		0.110		0.135	
内戈尔科 R^2	0.039		0.156		0.190	

3.游离型学习投入模型

游离型学习投入模式受到就业困境与社会支持的影响。如表 6-12 所示，模型一表明，游离型学习投入模式并不受到大学生背景属性的显著影响。模型二证实了就业困境对游离型学习投入模式的预测效应。就业规划困境、就业公平困境、就业妥协等三个因素正向预测游离型学习投入模式，就业压力则负向预测游离型学习投入模式。倾向于游离型学习投入模式的大学生对就业方向更加模糊，就业效能感与就业公平感更低，但并不受就业压力的困扰。可见，大学生对学习的游离性反应在一定程度上是受就业认知困境烦扰的结果，但对就业压力的免疫则成为他们游离于学习之外的心理保障。模型三证实了家庭支持与院校支持对游离型学习投入模式的预测效应。其中，家庭支持的影响体现在亲子互动对游离型学习投入模式的削弱效应。而院校支持的影响体现在校园环境对游离型学习投入模式的削弱效应。

表 6-12　游离型学习投入模式的影响因素分析

	模型一		模型二		模型三	
	B	S.E.	*B*	S.E.	*B*	S.E.
性别	−0.059	0.180	−0.088	0.190	−0.268	0.199
人文学科	−0.138	0.300	−0.317	0.318	−0.225	0.324
自然学科	−0.238	0.312	−0.287	0.330	−0.104	0.342
大一	0.140	0.326	−0.164	0.340	−0.056	0.356
大二	0.001	0.311	−0.239	0.323	−0.399	0.336
大三	0.185	0.327	0.075	0.340	−0.046	0.352
普通本科	0.429	0.246	0.433	0.255	0.510	0.266
高职	0.211	0.379	0.357	0.402	0.490	0.422
第一代大学生	−0.020	0.178	−0.120	0.187	−0.211	0.211
就业压力			−0.377***	0.085	−0.399***	0.088
就业规划困境			0.410**	0.122	0.186	0.129
就业妥协			0.456***	0.112	0.307**	0.118
就业公平困境			0.438***	0.115	0.246*	0.123
主观家庭资本					−0.179	0.126
亲子互动					−0.402**	0.124
校园环境					−0.502***	0.136
生涯教育					−0.232	0.131
（常量）					1.906*	0.935
考克斯-斯奈尔 R^2	0.004		0.078		0.122	
内戈尔科 R^2	0.008		0.136		0.213	

4.功利型学习投入模式

功利型学习投入模式受到就业困境与社会支持的影响。如表 6-13 所示，模型一表明，功利型学习投入模式并不受到大学生背景属性的显著影响。模型二证实了就业困境对功利型学习投入模式的预测效应。就业规划困境、就业公平困境、就业妥协等三个因素负向预测功利型学习投入模式，就业压力则正向预测功利型学习投入模式。倾向于功利型学习投入模式的大学生对就业方向更加明确,就业效能感与就业公平感也更高,但却受到就业压力的困扰。可见,大学生对学习的功利性反应在一定程度上建立在明确的就业认知的基础上,但就业压力是导致他们学习功利性的重要原因。模型三证实了家庭支持与院校支持对功利型学习投入模式的预测效应。其中,家庭支持的影响体现在主观家庭资本对功利型学习投入模式的激励效应。而院校支持的影响体现在生涯教育对功利型学习投入模式的激励效应。

表 6-13 功利型学习投入模式的影响因素分析

	模型一		模型二		模型三	
	B	S.E.	*B*	S.E.	*B*	S.E.
性别	0.000	0.153	−0.008	0.162	−0.006	0.167
人文学科	−0.373	0.278	−0.232	0.289	−0.273	0.298
自然学科	0.125	0.278	0.185	0.291	0.010	0.301
大一	−0.298	0.264	−0.143	0.280	−0.243	0.285
大二	−0.445	0.252	−0.446	0.269	−0.382	0.274
大三	−0.272	0.273	−0.307	0.286	−0.232	0.292
普通本科	−0.083	0.196	−0.010	0.207	−0.116	0.212
高职	0.398	0.320	0.313	0.333	0.120	0.343
第一代大学生	0.193	0.163	0.282	0.172	0.524**	0.191
就业压力			0.516***	0.073	0.545***	0.075
就业规划困境			−0.336**	0.107	−0.156	0.112
就业妥协			−0.291**	0.108	−0.213	0.113
就业公平困境			−0.292**	0.104	−0.161	0.108
主观家庭资本					0.321**	0.102
亲子互动					0.046	0.120
校园环境					0.083	0.128
生涯教育					0.371**	0.118
(常量)	−1.143**	0.335	−0.746	0.508	−4.462***	0.874
考克斯-斯奈尔 R^2	0.020		0.094		0.120	
内戈尔科 R^2	0.031		0.146		0.187	

二、学习投入的图式化重构

以行为投入与心理投入为分类指标，本书将大学生学习投入模式划分为四种类型，分别体现了以下四种文化性格。

（一）笃学与求胜：竞争机制下的“文化精英”

挑战型大学生高度契合当今高等教育对大学生的期许，是大学生中的“精英份子”。他们在行为投入方面表现突出，体现出“笃学”的文化特征。心理投入方面，挑战型大学生呈现内在动机与竞争惯习的双驱动模式。这说明，他们学习投入的积极性不仅源于对学习的内在精神需求，也是学校竞争机制下生成的行为惯习。此外，挑战型大学生无论是家庭支持、院校支持还是职业成熟度方面都具有显著优势。这说明，挑战型大学生的“精英”文化特质是资本优势、情感优势以及认知优势多方面作用下的产物。

（二）善学与逐利：矛盾中前行的“功利主义者”

功利型大学生同样以高水平的行为投入见长，且在社会性学习投入方面的积极性更甚于挑战型大学生，充分实现了对不同类型学习活动的全面投入，体现出“善学”的文化特质。但不同于挑战型大学生，功利型大学生高水平的行为投入还伴随着心理异化的隐忧。功利型大学生的心理投入兼具就业导向型动机、无动机、内在动机、竞争惯习等多种倾向，其中尤以功利色彩的就业导向性价值观最为突出。而有悖于其积极的行为投入，功利型大学生对学习意义的质疑与迷茫也引人省思。这一群体善学而逐利的特质暗合了钱理群教授对“精致的利己主义者”的描述，也揭示了内在动机与现实需求张力下大学生的矛盾心理与尴尬处境。回归分析显示，功利型大学生的家庭文化特征表现为对自身家庭资本的主观认同。可以看出，家庭资本的优势可能导致功利性学习文化的增加。此外，高水平的生涯教育同样正向预测功利型学习投入模式。可见，生涯教育在促使大学生关注自身生涯发展的同时，助长了功利型学习投入模式倾向。清晰的就业认知与强烈的就业压力导致他们急功近利、患得患失，从根本上造就了这一大学生群体善学而逐利、向学却迷茫的文化性格。

(三)困惑与漠然:教育射程之外的游离者

四类大学生中,游离型大学生的行为投入与内在动机、竞争惯习都处于最低水平。因此,虽然其在四种类型中占比最低,却最不容忽视。研究发现,无论是家庭支持、院校支持还是就业压力,都负向预测游离型学习投入模式,就业认知困境正向预测游离型学习投入模式。这部分大学生游离于家庭教育与学校教育的射程之外,要么对自身发展缺乏规划、对未来不抱期望,要么对大学学习生活缺乏掌控感,对未来充满漠然。可以说,游离型是"丧文化"在大学生群体中的具象化体现。研究发现,"丧文化"源于相对剥夺感下产生的身份焦虑与防御性悲观。[①] 游离型大学生的相对剥夺感体现为对学习生活的失控以及对未来规划的无力,而家庭支持与院校支持的缺失造成了他们在情感世界的孤立无援。多重因素导致游离型大学生在习得性无助下质疑学习意义、背弃辛苦得来的教育机会,成为高等教育体制下的"逆行者"。

(四)焦虑与迷茫:中规中矩的顺应者

顺应型大学生占样本总体的30.7%,可见其文化特质的群体普遍性。行为投入方面,顺应型大学生处于"学霸"挑战型/功利型与"学渣"游离型之间,既不十分优秀,却也无可指摘。心理投入方面,顺应型大学生秉承了功利型大学生矛盾、多元的意识特征,却不像功利型大学生那样"爱恨分明",反而表现得乏味而淡漠。他们并不讨厌学习,但兴趣不深;受竞争压力驱动,但影响不大;希望通过学习有个好前途,但没有也罢;对学习意义心存疑虑,但并不深究。这一特征暗合当代大学生"不争不抢、不求输赢、有无均可"的"佛系"思维,是当代青年群体"空心病"的具象化体现。研究发现,顺应型大学生普遍存在社会支持不足、就业认知不足、就业压力大的现象。他们经历了严酷的选拔进入大学,却无从适应大学的学习强度,又无奈于阶层固化下的社会不公,在家庭支持缺失的情况下极易产生对学习生活的无力感与失控感。但不同于游离型大学生对学校文化的质疑与背弃,顺应型大学生在巨大的就业压力下选择将矛头指向自身,通过自我麻痹、自我否定的方式来否认焦虑、逃避责任。

---

① 参见张晓庆."丧文化"背景下的青年积极社会心态培育研究[J].中国青年研究,2019(6):113-118.

三、结论与考察

对大学生学习投入模式的考察再次证实了就业困境对大学生学习的影响。表 6-14 汇总了回归模型中就业困境四要素对大学生学习投入模式的作用机制。从表中可以看出，四种代表性的学习投入模式对应着不同的就业困境感知模式。其中，功利型学习投入模式对应高就业压力、低就业认知困境的困境体验。明确的就业认知与强烈的就业压力能够促进大学生在功利与热爱双重驱动作用下全方位地积极投入学习生活。挑战型学习投入模式对应低就业压力与低就业认知困境的困境体验。明确的就业认知能够促进大学生积极投入学习生活，低就业压力则避免了大学生不被功利主义价值观所蒙蔽，为大学生学习热情的维持提供了保障。顺应型学习投入模式对应高就业压力与高就业认知困境的困境体验。就业认知困境与就业压力的双重困扰，导致大学生一方面无法全身心投入学习生活，另一方面又需要通过付出行动来缓解就业压力。游离型学习投入模式对应低就业压力与高就业认知困境的困境体验。模糊的就业认知催生了大学生消极的学习投入，低水平的就业压力则减轻了大学生消极投入的情感负债，由此导致大学生不断脱离院校及家庭的射程，逐渐向学校生活之外游离。

表 6-14　大学生学习投入模式与就业困境之间的对应关系

	就业压力	就业规划困境	就业公平困境	就业妥协
功利型学习投入模式	+	—	—	—
挑战型学习投入模式	—	—	—	—
顺应型学习投入模式	+	+	+	+
游离型学习投入模式	—	+	+	+

此外，社会支持的情感驱动为大学生学习投入提供了内在保障。研究发现，对社会支持的感知程度决定了行为投入的积极性。社会支持理论的相关研究表明，社会支持能够有效保障大学生的积极学习投入。[①] 这在本书结果中也得到证实。社会支持尤其是有效的亲子互动的缺失导致顺应型与游离型大学生缺乏情感支撑而不得不长期独自面对挫折，由此产生的“习得性无助”造就了

① 参见张信勇. 社会支持对大学生学习投入的影响研究：基于专业承诺的中介作用[J]. 教育发展研究，2015 (9)：59-64.

他们焦虑、逃避甚至叛逆的文化性格。部分家庭在子女进入大学后便不再或无法对其学习生活实施干预。这是个人社会化的必经过程，也是大学生社会化的重要特征之一。但这也意味着大学阶段作为情感支持弱化的特殊阶段，是大学生行为与意识分化的重要时期。因此，对于缺乏家庭支持的大学生，院校需要从思想引导、学业帮扶、情感动员等多方面进行补偿式干预，以自主向学的良好学风激励其克服情感障碍、实现精神上的自立。

除了功利主义价值观作用下的患得患失以外，潜匿于积极学习行为背后的心理异化问题还体现为竞争惯习下的焦虑情绪与集体无意识。利用竞争机制提高学习积极性，是学校教育的基本教育手段之一。研究证实了竞争惯习激励学习投入的有效性。但学校营造的竞争模式同时也暗藏危机。相比竞争带来的挑战意识，竞争惯习这一学习动机更多体现了大学生在竞争压力下“不学习就不安”的焦虑情绪，以及“习惯性地学习，不考虑喜恶与得失”的集体无意识。这预示着大学生学习行为的表层化，同时暗示着终身教育理念的缺席。如何将学业竞争控制在适度而不失效的范围内，以健全的人格与成熟的价值观念抵制竞争社会带来的焦虑与茫然，真正意义上实现“自主、自由、独立”的大学本体价值复归，是高等教育面临的终极课题。

研究显示，表面上的高水平学习投入，其背后可能隐匿着功利主义价值观、焦虑情绪下的同伴竞争以及对学习意义的质疑，而最不受关注的顺应型学习投入模式，其背后却隐藏着最复杂的就业困境体验。成熟的职业素养意味着个人发展所需的人生理想、规划能力、社会信任、职业韧性以及自主意识，对塑造大学生优秀学习文化起着核心驱动作用，是大学生“精英文化”的试金石。教育的最终目的是人格的养成，而健全人格的养成基于社会认知判断能力的提升。这需要高校充分尊重人才发展的社会化需求，贯彻职业生涯教育理念，积极调动各种社会资源，为大学生认知判断能力的提升提供有力保障。

第七章　就业困境下大学生学习意义建构与行为实践

劳动力是这一切(特指将阶级身份等被赋予之物重塑、强化并应用于新目标以真正活出自我)的重要枢纽。因为它是人们主动联系世界的方式:用外部现实表达自我的最佳方式。这事实上就是通过现实世界,自我实现与自我辩证。一旦达成这种与未来的基本契约,其他一切就能作为常识被接受。

——威利斯《学做工:工人阶级子弟为何继承父业》[①]

第一节　大学生就业困境的生成与表达

一、就业困境的生成路径

(一)迷失中觉醒:情境迁移下的身份危机

“大学学习就是与现实的正面交锋。”[②]脱离了应试教育束缚的大学生首先面临的是来自自身的身份认同危机。

在一开始,面对教育所带来的束缚,我剧烈地反抗、挣扎,去做一个坏

---

① 威利斯.学做工:工人阶级子弟为何继承父业[M].秘舒,凌旻华,译.北京:译林出版社,2013:3.

② 德雷谢维奇.优秀的绵羊[M].林杰,译.北京:九州出版社,2016:139.

人、一个自由人;后来,我发觉戴着枷锁跳舞能带给我意想不到的好处。(1-M-144)①

我们每个人都像脱缰的野马。(虽然)摆脱了我们深恶痛绝的应试教育,但对于习惯了缰绳的野马来说,缰绳是束缚,也是依靠。当一匹马习惯了跑马场,熟悉了自己的跑道,当它面对广阔的的草原时,第一反应不是奔跑,而是寻找。(1-F-95)

对于过往12年的学校教育,这群大学生并非一味循规蹈矩,而是在挣扎与抵制中形成了对学校应试制度的认同与依赖。虽然厌恶束缚,但他们同时也体会到了"戴着枷锁跳舞"所带来的"好处"。这个好处既体现在目标的明确性,也在于学业成就的可视性。这两大优势的缺席导致大学新生在进入大学之后失去了行动的目标与前进的标尺。正如一部分大学生在教育日志中写下的疑惑:这个专业是干什么的?这门课都教了什么?学了有什么用?

感觉从小到大就是为了上大学,上大学以后目标又会是什么,没有人告诉我们。(1-F-78)

十几年应试,(一旦)无法知晓考点,就没有了明确的学习方向。(1-F-98)

从前每做会一道题都有收获感,现在每天学很多东西,反而不知道自己到底学会了什么。(1-F-146)

常年养成的同辈竞争意识与记忆偏重型学习模式导致大学生面对大学偏重理论引导与思维提升的教学模式表现出显著的不适应与焦虑情绪。对此,他们直白地流露出对"考点""重点"的依赖。而面对高校中丰富多彩的课外活动,大学生在目不暇接之余也表现出对"不务正业"的深深忧虑与无所适从。可以看出,入学初期的大学生将自我认同建立在知识学习与应试准备之上。这导致他们在应对高校课余活动时表现出既向往又愧疚的复杂感情。

作为一个接受了十几年应试教育的青年,我在潜意识里认定这②是一件极不正确的事,认为目前的我是"失败"的。因此,我真心希望,高等教育可以辅助我打破内心的不平衡。(1-F-88)

我们之所以进入现在的专业是因为分数,面对大学只感觉不符合期

① 根据大学生的年级、性别做的编号。

② 指前话"不再将精力集中于学习知识,而是放置在丰富的课外活动中"。

> 望，对未来尤其是就业前景充满了担忧，却在课堂上不知所学，我从中感到上大学之前教育对人的要求和规划与学生自我觉醒之间的强烈冲突。(1-M-144)

在某种意义上，作为“循规生”的大学生的文化创造性确实不比“家伙们”对学校文化的抵制行为更令人瞩目。然而，即便早已将学校文化内化于心，他们仍然在某个隐蔽的角落暗自期待能够打破应试教育带来的“内心的不平衡”。对应试教育的抵制与反思如同在无意识之中埋下了思考的种子，促使大学生在提倡自由与自主的大学生活中不适应之余也表现出卓越的洞察与自省能力。可以看出，大学新生在进入大学后逐渐脱离“唯分数论”的应试教育，开始直面复杂的世界和真实的自我。

（二）觉醒中质疑：面向未来的价值困境

法国学者安德烈·焦尔当（André Giordan）在《学习的本质》中提到：“分数、成绩单、书面测试题、评语、考试、比赛充斥着青少年的生活。它们存在的目的在于掩盖这样一个问题：学生在学习了这么多年后真正学到了些什么？”[①]伴随着评价机制的转向与大学生自我意识的觉醒，这些遮蔽学习意义的面纱终将被揭开。

> 老师都在说学习有用，我却找不到每天度日的意义，没有明确的远方和未来，感觉做什么都没有精神和力气，我也不知道现在所学的一切对于我未来的工作有什么用，甚至对考试有没有用我都不知道。我希望在接下来的日子里，能快速找到在这里即将要发生的一切的现实意义。(1-F-149)
>
> 从小到大，我们似乎一直被老师家长推着前进。很多时候，没有自己判断对错的能力，因为他们会告诉我们，考一百分是对的，努力学习是对的，打游戏是错的，培养兴趣是错的……似乎现在的我们一直在应付考试，在堆积如山的复习资料中摸爬滚打。我们被一条一条所谓的标准束缚住手脚，被局限化的思想框架牢牢困住。很多孩子在成长的过程中，根本没有独立思考的过程，仿佛已经成了拼命向前的机器。有的时候我们也时常会想，学习是为了什么，我在以后的生活中真的会用到它们吗？(1-F-65)

---

① 焦尔当.学习的本质[M].杭零，译.上海：华东师范大学出版社，2015：3.

带着对大学生活的不适应以及对未来的迷茫，大学新生们一方面开始缅怀高中时的"规规框框"以及"戴着枷锁跳舞"所带来的"意想不到的好处"，另一方面对自身教育经历进行反思。然而，面对大学新生的质疑，大学教育显然没有给予及时的回应。

> 我感觉学校和社会是分开的。学校教我知识，社会却让我做事；学校教我真诚美好，社会却告诉我虚伪残忍，仿佛有个屏障挡住了两者，我们却无力改变……大学生就业难，我觉得一部分原因就是教育不能为生活做准备。如果只有理论家，那么谁来做实干家？我认为教育尤其是大学教育一定要为生活做准备。(1-F-118)

学校教育与现实生活之间的屏障，构成了"教育无用"的最佳佐证。在大学生的自述中，学校教授的理论知识和"真诚美好"难以应用于社会实践，更无法抵抗社会中的"虚伪残忍"。这一质疑不乏理论依据与现实基础。在以往的研究中，现代教育对"抽象概念和符号的传授"的过度关注以及对"学生具体生活经验、知觉的唤醒"的忽视一直是人们诟病的对象。[①] 但值得关注的是，大学生将理论与实践、理想与现实予以对立的线性思维模式正对应了大学生思维发展阶段中最初级的二元论阶段，由此进一步加深了现代教育难以将人领入社会的现实局限。[②] 可见，大学生所面临的价值危机既体现了学校教育在人才培养方面的结构性弊端，也是大学生自身社会性思维发展不足的产物。以思维发展水平为媒介，教育体制结构与学习价值认同之间形成了一个完整的闭环，为大学生主体性学习乃至终身学习意识的形成埋下隐忧。

(三)质疑中行动：就业困境下的决策权衡

心理学家史蒂芬·泰勒(Steven Taylor)的不安动因理论曾提出，感到不安的个体会采取行动以消除不安。[③] 这一理论在我国大学生面对就业压力而采取的学习决策中也得到证实。对于大学新生而言，来自外部世界最直接的挑战就

---

① 参见格林. 释放想象：教育、艺术与社会变革[M].郭芳，译.北京：北京师范大学出版社，2017：73.

② PERRY W. Cognitive and ethical growth: the making of meaning [M]//Chickering A W. The modern American college: responding to the new realities of diverse students and a changing society. San Francisco: Jossey-Bass, 1981: 76-116.

③ 森田爱子.就職活動不安の高さと情報収集行動の関連：自己効力による違いの検討[J].キャリア教育研究，2014(33)：21-28.

是就业。这群年轻学子已然察觉到了大学生活中的种种不适应与应试教育下形成的"封闭意识"之间的联系，并将"如何把这四年过得多彩有趣"作为弥补自身成长缺陷、打破封闭认知牢笼的重要举措。

> 高中时期在学习上花费了太多时间让我们有一点封闭意识，在开放的大学生活里也慢慢觉出了不适应。如何把这四年过得多彩有趣成了现在我面临的一个问题……如果以后走上工作岗位，老板问你会做什么，难道你要对老板说你很会做题吗？（1-F-32）

然而，对未来的迷茫以及对当下的质疑导致大学生陷入"瞎忙"的虚无境地。

> 我没有考虑毕业后是考研还是直接工作，我想给自己一点适应的时间，可是又很焦虑自己适应的时间需要很久。我有参加学生会也有参加社团，我不知道这是不是在浪费时间，可我不想让我的时间荒废掉，好像只有让自己忙起来，才不会对大学生活那么焦虑。（1-F-25）

可见，大学生面对着自我成长与就业困境的双重挑战：想自由探索却又担心成为同辈竞争中的淘汰者，想为未来做准备却毫无头绪。面对不确定的未来与无所适从的当下，大学生努力挖掘大学生活的现实价值，但由于目标的缺失与盲目的同伴竞争而陷入更深的自我否定之中。

> 进入大学，有太多的迷茫，而这迷茫中更多的是对自己现在及未来的迷茫。若把高中时期比为封闭的工厂，大学时期就是开放式的超市，样式齐全应有尽有，而所谓"购买能力"其实就是个人能力。你的能力越强，你所选择的产品就越高级。（1-F-37）

不同于大学新生表现出的决策困境，高年级的大学生们则更多展现出卓越的"购买能力"。这一能力表现为对"性价比"的理性考量。

> 像是加入学生会、参加志愿者活动等，凡是能写进简历里的我都参加了……其实也不确定有没有用，但要就业还是需要额外努力的，毕竟还是很有写头的。（帆帆，日语专业毕业生）

通过对自身生活经验的明码标价，大学生将自己包装成一件商品，时刻准备着在风云变幻的市场中待价而沽。这一商品化取向的根源既在于社会对大学生生命价值的功利主义建构，也在于学校人才培养与人才选拔功能的割裂。在价值规范功利化背景下，大学生的自我提升不再仅限于“遇见更好的自己”的生命诉求，同时也是这些大学生提高身价与阶层跃升的“狼性宣言”。

综上可见，学历膨胀与情境迁移导致大学生与未来的基本契约受到巨大冲击，由此不得不面临身份危机、价值困境与决策难题。当然，我们无法仅仅将这一信仰危机的爆发归因于大学中自由、自主文化的冲击。或许这群大学生从来都只是学校及其背后的市场运行机制的投机者，在“知识改变命运”和“学而优则仕”的价值激励下以一名“循规者”的身份谋求自身与家族利益的最大化。他们一方面是“知识改变命运”的信徒，期待通过“文凭红利”实现生涯发展的最优化，一方面也敏锐地洞察到“文凭红利”的日趋弱化，由此不得不重新探讨自身学习的意义与相应的职业展望。因此，无论是往日学校规训的弱化，抑或“文凭红利”的持续走低，都有可能导致大学生从“循规者”向“越矩者”转化。

二、就业困境的多重表达

对于大学生就业困境的多重表达，可以借用涂尔干的“自杀类型论”，从利他、失范、宿命、唯我等四个方面展开相应的类型学诠释。

（一）利他：“以爱之名”的情感负债

利他主义学习发展观在我国大学生群体中最为显著。他们中的大多数都能毫不犹豫地将自身学习发展与父母的期盼、家族的利益放在一起解读。他们述说着要为自己、为父母的期许而“精彩地活着”，其信念的坚定仿佛与本书所要探讨的“困境”毫无瓜葛。然而，只要结合当今“就业难”的言说就不难发现，利他主义价值观极易转变为一种“付出得不到回报”的情感负债，加深大学生对就业的焦虑与不安。

> 面对未来时，我总是忍不住悲观地设想最糟糕的情况，因为我知道现在所取得的所谓成就是多么来之不易，所以我更加珍惜，想要过好每一天，精彩地活着，为自己，也为父母的期许。(1-F-58)

“无论家长还是学生，小孩都知道在竞争里取得一点优势，就要花费大量的资源。所以每当取得一点优势的时候，就一定要把资源重新获得回来。”[①]大学文凭的贬值与专业就业的不景气，则从根本上预示着人们多年苦心经营的“破产”。为此，大学生变得悲观而脆弱，为自己不值，更为辜负了家人的期许而懊恼。因为“学业越来越不是自己的事情，而是一个家庭常年持久的投资和努力”。[②]

> 我不明白，人类明明是一类社会性动物，有那么多人渴望独立时还要唾弃依赖、群居。当然，我并非批判独立，独立是自我能力的具象化体现。我只是不懂有人对“与他人无关”如此病态、狂热地追求。读书为了别人很不堪吗？我读书为了父母，这样在我看不到希望的时候不至于拥抱黑暗；我读书为了亲人，这样能令我心中有愧，时刻敲起警钟；我读书为了师长，这样在我迷失的时候能寻到一束坚定的光芒。(1-M-113)

我们很难断言大学生对现实意义的追求究竟更多地出于美德还是功利，亦或二者兼有。但可以明确的是，二者的辩证统一在“学而优则仕”的中国早已经历了数百年的传承，深嵌于每一个“砸锅卖铁也要供孩子上学”的普通家庭之中，融进中国人的骨血，形成了独具特色的共生关系与情感模式，引发了无数人间的悲欢离合。

(二)宿命：“不公平”语境下的自我设限

宿命型就业困境主要体现在大学生在“不公平”语境下的自我设限。在此，以近年来广受关注的“985 废物”“小镇做题家”为例展开描述。“985 废物引进计划”是一个豆瓣小组的名称。以“985/211 失学失业者的‘新校园’，分享失败故事，讨论如何脱困”为小组标签，为所谓“名校失意者”提供经验共享与情感支援的平台。该小组自 2020 年 5 月成立以来，截至当年 11 月就有 11 万人加入，目前已有 12 万多人。其中，除占较大比例的名校毕业生以外，也不乏普通本科大学生。这群自称“小镇做题家”的名校大学生在进入大学之后第一次尝试触碰这个社会真实的棱角。在一种以升学去向、就业薪资进行衡量的价值标准之下，“小镇做题家”们将自身发展困境归结为“学习好但没资源”“学习好但眼界窄”“学习好但由于没有人帮忙‘避雷’而选了‘很坑’的专业或学校”，由此引发

---

① 徐菁菁，郭子介.顶尖高校：绩点考核下的人生突围[J].三联生活周刊，2020(37)：50-63.

② 徐菁菁，郭子介.顶尖高校：绩点考核下的人生突围[J].三联生活周刊，2020(37)：50-63.

了新一轮"读书无用"的舆论热潮。但不同于以往的是，这一次"读书无用论"的爆发地正是在大学校园中。

然而，"小镇"出身决定了他们在情境变迁中可能遭遇的文化挑战，"做题家"的身份认同预示着他们面临的发展局限。其背后隐匿的正是当今大学生难以逃避的就业困境。这群大学生的就业困境主要体现在"不公平"言说下对自身资本与社会支持的担忧，以及对就业环境的恐慌。随着文凭红利的消退，出身"小镇"的大学生敏锐地洞察到，不管是应试教育下形成的"做题"能力还是大学所代表的符号资本都无法发挥以往的资本优势，也难以为其就业提供充分保障。为此，这些曾经笃信"知识改变命运"的"循规者"们不得不重新建构自身的价值认同与评价体系。而"小镇出身"成为他们衡量自身发展潜力的标杆。围绕这一标杆，他们试图将学习生活中的一切可能资源都重置于"有用"与"无用"的"性价比"天平之上，以最大限度地改善先赋性资本带来的不利处境。

> 应该还是"师、医、公"（教师、医生、公务员）吧，这是为数不多比较稳定，而且也算是比自己原生家庭跨一个层次的工作了，至少社会地位上升了。
>
> 推荐公务员，符合"小镇做题家"的特色，按部就班顺着大流走，不需要自己规划人生。

通过"小镇做题家"们对未来就业前景的观点阐述可以看出，这群大学生将自己定位在无社会支持、无家庭背景、除做题以外无可迁移能力的"三无"状态，以此为参照谋求轻松实现阶层跨越的高性价比、易"变现"的就业平台。然而，一味强调出身局限导致这群大学生在就业不公的洞察下难免陷入自我设限、自我"诅咒"的循环，在激化就业焦虑的同时忽视了自身不断提升与成长的发展可能性。

（三）失范："知识改变命运"语境下的欲望牢笼

"失范"指的是社会呈现出的无规则状态，其特点在于人的异化与生活目标的混乱。当"好高中—好大学—好工作—好人生"的成功模式受到冲击时，大学生对阶层跨越的渴求以及对出人头地的欲望也随之失去了可以承载的容器。面对未来的不确定性与无限可能，大学生容易在"本该属于我"的求而不得中陷入自我否定的痛苦与迷茫之中。

> “知识改变命运”，但它是怎么改变的呢？让你上一个好的高中，好的大学，有一个好的工作，是这样的吗？然后再努力工作，挣钱，是这样一个程序吗？(1-F-78)

当前的应试教育体制决定了绝大多数青年学子的上升路径，也由此导致了他们在成长过程中难以接触社会真实并切身思考学习意义的认知局限。可以想象，当这群大学生对“知识改变命运”的笃信遭遇“大学生就业难”的“现实”冲击时，对未来美好生活的期盼以及对不确定的未来的不安将进一步激化他们的功利主义价值取向。面对大学新生反思“一切向钱看”之余所发出的“如果不功利，怎么在这个社会中生活下去”的诘问，我们的大学能否带领他们找到答案？如何逃脱心中的牢笼，融入自由而广阔的世界，是大学生不得不面对的人生课题，也是我国高等教育改革路途中不得不攻克的时代难题。

> 日趋激烈的人才竞争和严峻的就业形势，给我们的生活带来了不小的压力。我们渐渐地开始转变思想，将目标转向赚钱多的工作和专业。当然，这种想法无可厚非，却阻碍了我们去思考自己真正适合什么，自己真正想要的是什么。很多已经步入工作岗位的人，一边拼命工作，一边怀疑自己真正的价值。有人说，现在的人太过功利了。可是如果不功利，怎么在这个社会中生活下去？(1-F-45)

(四)唯我：“自我实现”语境下的自我迷失

面对大学提供的众多选项，大学生被赋予了自由选择与自主决策的权利。但“重获自由”后兴奋之余更多的却是难以转变现状的无助：“实在找不到自己的兴趣所在。”

> 其实我也一直在思考这个问题，如果考研我该选择哪个学校的哪个专业，如果不考研毕业后又能干什么，后来我发现考研对我来说是必须的，那就朝着这个目标努力吧……从小到大，我就不是一个兴趣很明确的孩子，甚至填报志愿时家里人问我：你到底想学什么专业啊，我就只能说都行，因为实在找不到自己的兴趣所在。(1-F-43)

多年来“应试教育”对学生主体性的剥夺、社会功利性舆论对学生自由意志的侵蚀，以及来自父母成功观的无形施压，都造成大学生与公共世界的阻隔。

由于长期的应试教育并没有将大学生很好地领入社会，导致大学生对自身的探索脱离了公共世界的现实土壤而悬浮于虚空之中，进一步加深了大学生对自身发展目标的迷茫与焦虑。即便大学生凭借多年积累的人文素养与敏锐的文化洞察明晰了功利主义价值观对个人主体性的侵蚀，也因缺乏社会对生命的营养供给而无从探知自己到底想要什么。

> 看到(大学中)人们觉悟那么深，我很矛盾，既想要为了学习放弃社团，又觉得“那我的大学生活和以往有什么区别?”所以现在也是很苦恼，有必要重新规划一下大学生活节奏了。每天所学课程内容，未来的考试，面临着极大的竞争，为考各种证书而头疼，还要准备以后的考研……生活中各处存在的现象，在我眼里都成了一种无形的压力……我觉得时间好少，过得好快，生活琐碎都在压榨用心学习和讨教的时间。(1-F-146)

为缓冲焦虑而选择忙碌，却又因缺乏目标而迷茫。大学新生的学习生活被毫无规划的“瞎忙”挤占。可见，大学生面对着自我成长与就业困境的双重挑战：想自由探索却又担心成为同辈竞争中的淘汰者，想为未来做准备却毫无头绪。面对不确定的未来与无所适从的当下，大学生努力挖掘大学生活的现实价值，但由于目标的缺失与盲目的同伴竞争而陷入更深的自我质疑之中，引发更深的情感负债。可见，大学生的就业困境是难以通过自身力量突破的。

需要注意的是，学习者自我权力的膨胀反而有倒逼教育功利化的可能。功利化教育体制下教师权威的弱化甚至污名化进一步加速了大学生与社会的脱节，成为导致唯我型就业困境形成的重要根源之一。在大学生的教育自传中，老师为专业前景的辩护遭到其毫不留情的质疑，“不值得”成为大学生给大学教育下的判决书。在信息化社会，大学生确认专业前景与发展途径的方式呈现多样化、自主化特征。学习意义建构、学习内容决策以及学业成就评价等曾经由学校与教师来制定和引导的一系列学业规范都遭到冲击。学习作为教育者与学习者的共谋，学习者的主体意识逐渐占据重要位置。

> 我们在高中拼搏了三年，最后却来到了这样一个地方，学习这样的专业，过着稀里糊涂的生活，值得吗？就我目前的学习和生活而言，不值得。(1-F-149)

教育的这一趋势是社会发展的必然结果。但不容忽视的是，现代社会中个人权利意识的过度膨胀是导致教育功利化生成的另一个重要因素。然而，面对大学生对大学学习生活“现实意义”的追寻以及对理想中大学精神的向往，当代大学的回应显得苍白无力。“毫无意义”“没学到什么也没有感到兴趣”“机械地参与”“为填补空虚而瞎忙”“我们拼搏三年……值得吗”。在就业困境的加持下，对自我意识的不断强调以及对意义的无限追寻构成了困扰大学生的梦魇。

“循规者”并非完全意义上或永久意义上的“循规”。或许他们中的多数人确实曾经笃信并顺从于学校文化，但大学文化与大学前文化之间的断崖导致他们对学校的信仰遭遇前所未有的危机。而我们不能断定这一信仰危机的爆发完全起源于大学中自由、自主文化的冲击。因为其或许早在应试教育下“学习是为了什么”的诘问中便生了根，在十二年苦读生涯中不时显露的厌学情绪与焦虑心理中便发了芽。我们甚至可以推测，这群“循规者”从一开始就并非学校文化的忠实拥护者。他们只是学校及其背后的市场运行机制的投机者。在“知识改变命运”“学而优则仕”的价值激励下以一名“循规者”的身份谋求自身与家族利益的最大化。因此，无论是往日学校规训的弱化，抑或文凭红利的持续走低，都有可能导致“循规者”向“越矩者”转化。

三、大学生就业困境背后的社会文化机制

> 自称“废物”“垃圾”，不是偶然现象，潜意识里这是对自己的不认同。优秀的学生没有觉得在做优秀的事，因为收入高不高、别人会不会觉得我优秀、领导是不是肯定我的意见，都是外在的东西。这些是社会、父母觉得好的东西，并不是自己觉得好的东西。实际上是用他们的标准替代了对自己的认识和评价。自我是假的，是功利社会塑造出来的自我。
>
> ——徐凯文[①]

（一）出人头地：单一的社会评价机制

在古代集权制度的推动下，中国的教育曾经一度“将道德修养、学术成就、政治势力、社会地位和经济获益空前地合并在一起，导致了学习在中国文化里无上的优越性，而且更强化了其无可非议也不容商榷的价值”[②]。“学而优则仕”的教育信仰为教育万能主义思潮在我国的扩张与渗透埋下了伏笔。

---

① 杨璐.小镇做题家：如何自立[J].三联生活周刊，2020(37)：32-33.

② 李瑾.文化溯源：东方与西方的学习理念[M].上海：华东师范大学出版社，2015：42.

突如其来的自由需要的是强大的自理、自立和自控能力，需要坚定的意志与相对完善的大局观做支撑。但显然，很多大学生并未对此做好充足的准备。尤其在功利化舆论导向的影响下，大学生甚至无从得知"如果不功利，怎么在这个社会中生活下去"（1-F-146）。北京大学心理健康教育与咨询中心副主任徐凯文对"985 废物"的解读也透露出这一信息：单一且功利的外部评价是大学生自我"诅咒"进而丧失自我的价值根源。

> "我当时被计算机是唯一出路这种观点洗脑了，认为如果学其他专业，最后还是会很穷，过得很惨。"书谧是在追求高薪时，自我分裂、迷茫，进而滑落的。"我一边极度认可世俗的成功，要年薪百万，从事计算机行业，或者考上博士才算人生成功，一边又对自己每天'躺尸'、刷剧、网购、逃课、抄作业导致的学业不佳，用一套世俗的观点来消解。"
>
> ——《毕业后的漂流："985 废物引进计划"》①

化名"书谧"的女生来自"一所非常知名的综合性大学"，已经在学历上"完胜"同辈大多数学子的她却亲手断送了自己本应拥有的无限可能。造成这一切的，是不切实际的自我定位，也有过分功利的"世俗"成功观。一个网名为"对韭当割"的"985 废物引进计划"小组成员讲道："从小到大只有老师家长一直灌输：寒窗苦读 12 年，高考翻身人上人。考上'985'，毕业轻松拿 20 万，考上清北，不拿 30 万无地自容。"将学历与薪金直接挂钩的舆论导向造成了部分学生"一切向钱看"的价值评测体系。

> 现在的我们很现实，评价一个专业先看它的就业前景和工资待遇，而不考虑是否真的喜欢，是否能为社会带来什么。清华大学招生办的一位老师曾这样评价我们："你们都是好孩子，但你们在这个可以做梦的年纪有点现实。"我们为现在的专业苦恼其实也是为了钱而苦恼吧？可如果仅仅说只有文科专业难找工作又正确吗？也不尽然，这应该是一种社会趋势，大学本科只是基础学历，能够做到大学本科就能找到一份高薪工作的人几乎是凤毛麟角。那么，我们受教育到底是为了什么？是什么在牵着我们的鼻子往前走？（1-F-24）

---

① 杨璐.毕业后的漂流："985 废物引进计划"[EB/OL].(2020-09-11)[2021-10-21].http://mdev.lifeweek.com.cn/h5/article/detail.do? artId=110944.

“为什么不快乐，因为总是期待一个结果。”[①]然而，现在的大学生太“现实”，既缺少“不问西东”的觉悟，也没有逐梦青春的激情。综观大学新生的教育自传，更多的是对“有用”与“无用”的纠结，以及关于“应该做什么”与“不应做什么”的困惑。至于自己“想做什么”，极少有人提及，即便提及也不能掩饰字里行间充溢着的对未来的迷茫与忧虑。不难想象，“学有所成”的义务使他们年纪轻轻就扛起了整个家族的未来，“知识改变命运”的无限商机督促他们每一步都小心翼翼、如履薄冰。而本应充当灵魂引路者角色的公共教育，却进一步加深了大学生的忧虑：如果学习难以为未来的生活做准备，那么，四年的学习到底有什么用？

（二）学何以用：保守僵硬的人才培养体系

1.用不上的课程知识

在教育日益占据中心地位的当今社会，教育如何融入并引领社会生活，课程学习如何为社会生活做准备，仍然是困扰大学生的主要命题。

> 我们似乎在教育过程中失去了对生活的热爱，变得死板、僵化了。我们的生活成了一潭死水，变得毫无生机了。到了大学，我们变得不适应了，死气沉沉的我们进入了欣欣向荣的大学，必然会感到不适应、不舒服。我们在老师的监视下过了一天又一天极有规律的生活，那时的我们渴望自由，幻想着理想的大学，我们亲手给大学蒙上了美丽的面纱。然而到了大学，我们没了监视，生活变得不规律，规划不能按时完成，我们对自己的失望成了自己的大学生活不符合理想的原因。我们没了高考的禁锢似乎变得自由了，但这仍然不是但丁追求的至善之境。（1-F-137）
>
> 有时学烦了，静下心，总会问自己，现在学的我以后会用得上吗？那些折磨人的公式、习题，总是弄不明白的导数、函数，我需要它们吗？如果教育的内容不能为生活做准备，那么我们如何更好地适应社会？我们一直生活在学校这个象牙塔里，不需要关注太多的社会生活，可到毕业了，走向社会，不知有多少人会迷茫，会站在人才市场里感到无助？（1-F-117）

“教育最重要的功能本应是认识自己，可现在教育被赋予了改变命运的使命。”[②]这是《三联生活周刊》中对教育应然与实然的表述，也是文凭社会难以逾

---

① 此为电影《无问西东》中的台词。

② 杨璐.小镇做题家：如何自立[J].三联生活周刊，2020(37)：32-33.

越的教育困局。即便在学历膨胀的今天,文凭作为最具代表性与普适性的文化货币也仍具有无可替代的符号价值。追逐学历资本,成为人们上大学的普遍初衷。因此,大多数人在选择专业时都会仔细掂量着手里的资本,希望发挥最大价值来换取更优渥的条件或待遇,生怕浪费了一分一毫。考多少分,就上多少分的大学,上多好的大学,就找多好的工作。在这里,分数、文凭与薪水形成了一条紧密相连的产业链,架起了一个个年轻学子的晋级之路,但同时也磨灭了青年们发现自我、实现理想的激情与生命力,大学生的"空心病"现象由此而生。只有热爱才能激发最大的努力与潜能,这个说法已然因为太过正确而成为陈腔滥调。在现实中如何实现兴趣、学业与所谓"现实意义"的统一,成为众人面前的一道谜题。

2.无前景的专业设置

在"985 废物引进计划"小组讨论中,毕业生们将就业市场竞争力不强的大学与专业分为"劝退大学""劝退专业""天坑专业"。而"天坑文科""天坑商科""天坑工科"和"生化环材"合称"四大坑",成为"985 废物"们自我否定与自我"诅咒"的重要依据。以专业就业前景作为学习价值判断依据的现象在作者从教的普通本科高校中也有体现。

> 现在来看,这个专业真的不好找工作啊。既然这个专业这么不好找工作,那么是不是学这个专业只有弊没有利呢?这种不知未来会怎样的感觉真的好迷茫。(1-F-136)
>
> 其实我有时候在想,既然这个专业没什么用,那为什么要开设这个专业让我们学?是为了耽误我们的人生吗?或者说这个专业只是为了充数?我想不明白。(1-F-167)

造成兴趣、学业与所谓"现实意义"难以统一的原因有很多,制度性因素的影响最为突出。面对"找不到工作""没什么用"且"非常尴尬"的专业,大学新生发出了"为什么要开设这个专业"的诘问。专业设置的不合理与专业建设的不完善导致大学生的专业学习受到限制,对大学阶段学习意义的建构也由于课程内容的过度专业化而阻力重重。同时,专业选择的非自主性也导致部分大学生从一开始就对所在专业充满了抵触。新高考背景下八九十个志愿的填报本就充满了主观性色彩,志愿的投档更是难以预测。正如《黑天鹅》作者纳西姆·塔勒布(Nassim Taleb)所说:"未来存在随机性,而不是你所认知的过去的确定延伸，这是我们的思维不能把握的。”[①]面对“不好找工作”的专业和“没有意义”的学习生活，大多数大学生很难做到“无问西东”和“逐梦青春”。

3.无止境的学历膨胀

近年来，考研人数持续攀高，2021 年考研报考人数为 377 万，实际有 332 万人参加考试。这意味着几乎每两个大学生中就有一个选择考研。大学四年逐渐沦为硕士课程的预科，高等教育普及化导致的“寒窗十二载”逐渐向“寒窗二十载”扩张。黄灯在其著作《我的二本学生》中对比了 06 级和 15 级两届二本大学生的现实境遇：“(06 级)这个班的学生绝大多数都获得了好的安顿，在经济的上升期，凭借良好的就业机会，顺利地安居乐业，从整体上兑现了大学文凭的价值，读书改变命运，在他们身上，依旧得以实现。”相比 06 级，15 级“多了一些不确定的困顿”，“考研的学生明显增多”，“毕业季来临的时候，越来越多的学生询问考研的细节、考公务员与创业的胜算，他们在穷尽各种可能后，往往回到一个问题：如果这样，念大学，到底有什么意义？”[②]同时，面对“本科生就业难”的问题，大学生对学习生活的规划也在“全面发展”和“继续应试”之间进退两难。

> *有老师说：“大一不需要太注重学习，不要在大一就把目标锁定在考研上，要全面发展。”也有老师说：“学业就应该从大一抓起，从大一开始就要为考研做准备。”我不知道哪一种好，不知道应该如何安排课余的时间，所以像很多人一样，会选择暂时逃避。*(1-F-39)

有了研究生阶段的“托底”，大学生对学习价值的评价标准从“认真学习专业知识对就业是否有用”转向“决定考研的学生是否有必要认真学习本科课程”。就如黄灯所述：“我经常和孩子们说，上大学不是为了找工作，而是为了成为一个更健全的人。可是这个模糊的目标看不见，四年后能找一份什么样的工作却实实在在地摆在眼前。‘就业’两个字直接左右着学生们的精神状态。”而在此背景下，学校职业规划课因为“有用”而广受欢迎，黄灯开设的“大学语文”却经常被学生质疑：“老师，你讲的这个到底有什么用？”[③]大学生对大学课程意义的质疑不仅存在于二本院校。而对于将来的发展前景，越来越多的大学生倾向于“本科毕业很尴尬，还是读个研性价比更高”。关于学历的“性价比”论，还

① 塔勒布.黑天鹅：如何应对不可预知的未来[M].万丹，刘宁，译.北京：中信出版社，2008：156.

② 黄灯.我的二本学生[M].北京：人民文学出版社，2020(8)：173.

③ 黄灯.我的二本学生[J].三联生活周刊，2020(37)：64-68.

有很多相似的版本。比如，所学专业、社会实践、活动参与等都有相应的“性价比”，以其对绩点、对未来发展机会的贡献为标准被大学生明码标价。通过对自身生活经验的明码标价，大学生也将自己包装成一件商品，时刻准备着在风云变幻的市场中待价而沽。这一商品化取向的根源在于社会对大学生生命价值的功利主义建构。“父母和子女类似于甲方和乙方的关系。父母是子女的社会资源，未来还提供房子的首付。子女的人生决定要顾及和实现父母的期望。”①在价值规范功利化、发展规划理性化、评价体系标准化、选拔制度单一化的社会背景下，“自我提升”不再是“遇见更好的自己”的生命诉求，而是成为“提高身价”“阶层跃升”的“狼性宣言”。

4.不完善的生涯指导机制

> 就像高中老师每天强调成绩、分数一样，大学老师都爱说学分、考研之类的话题。辅导员每天三句不离丰富简历、多看论文多学习、多争取机会，哪怕出发点很好，但听多了实在令人烦躁。我们大多数人上大学之前都是怀着美好的憧憬的，想象的都是丰富多彩的大学生活，但终究成了幻想。不知道别人是怎样的。我真的每天都在为自己加入的东西而忙碌。为什么加入？为了学分，为了志愿者时长，为了所谓的丰富简历。但说实在的，我觉得我忙得毫无意义，没学到什么也没有感到乐趣，只是机械地参与而已。(1-F-97)

为“上大学”的“现实意义”而困扰、忧虑的同时，大学新生也表现出对大学过分强调“现实意义”而感到厌烦与抵触。老师对学分、考研的耳提面命，辅导员“每天三句不离丰富简历、多看论文多学习、多争取机会”都成为这部分大学生焦虑的来源。他们厌倦“为了学分，为了志愿者时长，为了所谓的丰富简历”而忙碌，期待大学生活的充实美好与内心的丰盈和笃定。这本是大学所应保障与坚守的。

四、质疑—反思—觉醒：自我超越的可能与阻碍

大学生面临的就业困境主要体现在面对就业环境所感知到的就业焦虑与就业不公，以及就业准备层面的目标不明、规划不足等。其产生可从单一的社会评价机制、刻板的人才培养机制两方面得到启示。

---

① 杨璐.毕业后的漂流：“985废物引进计划”[J].三联生活周刊，2020(37)：34-48.

黄灯在《我的二本学生》中通过学生黄晚秋的故事讲述了自己从教十几年来最为纠结之事。

> 现实对年轻人的训诫、淘洗，多年工具化的教育管理、就业至上的信条，是晚秋面临的现实处境；她身处其中，不过及时调整姿态，更快地加以适应，以另一种更为彻底的工具化方式，找到对付的途径。对现实的顺受和看透，是她面对时代、命运时不纠结的秘密。从个体角度而言，这是一个突围者的胜利，但从教育效果而言，却也掏空了年轻人身上更为重要的青春特质。①

这样的担忧也得到众多大学生的证实。北京大学学生李华（化名）讲道："短短的两年，我怎么会变得只考虑就业状况和学校头衔呢？"他说，"兜兜转转做了很多事情，按理说试错也试了不少"，但只觉得"马齿徒增"，"并没有获得一种'拥有'的确定感"。② 同样，清华大学张明（化名）也提起："从小到大，大家都在追求'小红花'，但其实'小红花'本身并不蕴含任何价值，它是一个符号，象征着自己胜过他人。""但进入大学之后，你马上就会发现，你手上的'小红花'贬值了，接着，你发现你再也无法通过不断获得'小红花'来维持学习的意义感。""突然间，我问了自己一个问题：我为什么要每天早晨爬起来，拼命地赶 DDL（原为 deadline，此为截止日期的简称）？如果我是为了拿一个好的绩点，我为什么要一个好的绩点？""我把自己问住了，我发现后面有无穷无尽的问题，结论就是曾经支持自己的那些意义其实都是虚幻的。"不断地自我追问曾让这个优秀的清华学子考虑过自杀。但更多的是，无数大学新生在前辈的耳提面命下放弃了对自身生命意义的探索，遵循着前辈总结出的绩点"攻略"踏入了追逐更高成就的拥挤赛道。由此，大学生的学习少了应有的脚踏实地、水滴石穿，多了无数的左顾右盼、患得患失；失去了应有的自由探索、志趣盎然，平添了许多的争名逐利、钻营算计。在此背景下，大学生以自身经验建构着学习意义，或在失落中消沉，或在钻营中跃升，或随波逐流、"混"个毕业，或游离叛逆、过早地自我放逐于市场经济的洪流之中。遵循着"有用"与"无用"的价值判断，往日的"循规者"再次出现了分流。

---

① 黄灯.我的二本学生[M].北京：人民文学出版社，2020：239.

② 徐菁菁，郭子介.顶尖高校：绩点考核下的人生突围[J].三联生活周刊，2020(37)：50-63.

第二节　大学生的学习价值重构与群体分流

> 跟高考前所有同学都在一条路上，朝着一个方向冲刺不同，大学之后的人生变数很多，需要迅速做出判断和调整。就业前景黯淡的消息从各种渠道传来，同学们的应对有了区别。①

大学以其特有的圈层多样性在一定程度上打破了应试教育体系的内在自洽，同时也打破了"循规"与"越矩"的二元对立。这在大学生的学习价值重构与群体分流方面格外明显。

一、主动的积极学习：从学做题到学会学习

应试教育的自洽性在文化多元的大学校园中遭遇冲击，也为"小镇做题家"的突围埋下了伏笔。安静以及天一的例子就极具代表性地呈现了"小镇做题家"从迷茫、质疑到探索、突围的成长历程。

> 我有一阵还想退学呢。大学确实跟我们之前想象中的有差距。就比如我上大学之前觉得考上大学人生一大目标就结束了。（但）大学学历不太被认可了，除了能给我们带来一个好成绩还可以做什么？想学点本事，找不到路。哈哈，我采取的措施就是没有方向的时候就什么都去试一试，然后就参加了很多活动。（安静，戏剧专业三年级）
>
> 我一开始是有惰性的，感觉进了大学了怎么还要学，而且还不知道学了有什么用。教育学专业学的东西本身是非常理论化的，虽然是师范专业但也不能直接当老师。（天一，教育学专业二年级）

然而，以安静和天一为代表的大学生通过积极参加校园与社会实践活动，不仅走出了大一时对学习生活的质疑与迷茫，也明确了自我定位，实现了对应试教育的突围，并由此完成了从只会做题到学会学习的发展转向。

> 现在我不这么想了（指上述大学学习"除了能给我们带来一个好成绩还可以做什么"）。我觉得价值观这个东西很重要。就是说，能做大学老师

① 杨璐.毕业后的漂流："985废物引进计划"[J].三联生活周刊，2020(37)：34-48.

的人肯定眼界和胸怀是不一样的，老师们讲课的时候会不经意提起一个我从来没听说过的东西。比如戏剧史老师说上海有沉浸式的戏剧表演形式，我从来没听说过。我出去兼职过一段时间，是一家还不错的影视公司，但身边的同事就基本上没有上过大学，包括老板，虽然他们经验都很丰富，但是价值观太局限了。我觉得我要避免拥有这样的同事，而且我也想这样读完书继续待在象牙塔里。（安静，戏剧专业三年级）

比较有影响力的是两件事吧：一个是大一时老师建议我们不要总关注分数、要多关注人，这是第一次有人跟我说分数也没那么重要；另一个是竞选班委时不少同学给我投票，这让我有信心也有机会变成了现在这个我……现在我觉得教育学也是关注人的学问，每次上课都是一次视野的开阔和思维的提升。（天一，教育学专业二年级）

安静和天一的案例向我们展示了大学生活是如何通过圈层多样化打破应试教育的文化自洽的。在他们的叙事中，大学里既有每天三句不离丰富简历、多看论文多学习、多争取机会的辅导员，也有建议学生不要总关注分数、要多关注人的专业教师；既有一开始就潜心考研的“学霸”，也有靠创业实现了经济自由的“大佬”；既有翻版衡水模式的应试教育下长成的小镇青年，也有接受过素质教育、“比应试教育下的我懂得多得多”的大城市来的同学。而大学中丰富的社会实践机会与来自师友的社会支持也为大学生的自我探索和自我精进提供了环境保障。可见，大学中价值观的多样化动摇了应试教育造成的思维定式，强有力的环境支持则促进了新的价值取向的重构。

二、被动的积极学习：做题惯习的继承与延续

即便进入大学多年，依然有相当一部分大学生并未摆脱应试教育留下的思维惯性。“被动的积极学习”便是大学生对自身所保留的被动型学习模式的表述。

出于对那种巨大的焦虑感和焦躁感的恐惧，我的课外生活往往在图书馆度过。但失去了学校和父母的约束力，才知道自己的约束力远比自己想象的差。我开始恐惧，自己是否会一直无所事事到终点，自己的人生是否将止步于大学，各种焦虑感仿佛将我淹没。我像没了翅膀的鸟，落入大海的旱鸭子，我拼命挣扎却又满怀疑惑。心中知道应该学习，应该奋斗，但身

体始终无法按照预期行使。(1-F-85)

在教育自传和访谈中,“看到别人学习就紧张”“短暂的愉悦感过后,往往会有更大的焦虑感来袭”等话语表述充分暴露了大学生学习的被动性与伴随其中的焦虑感。即便脱离了高考的压力与父母师长的强制性管束,大学生依然难以逃离“不学习”带来的内疚与恐惧。他们对应试的执念在以考研、考编、考公为代表的“考碗”上得到充分继承和延续。

其实我也一直在思考这个问题,如果考研我该选择哪个学校的哪个专业,如果不考研毕业后又能干什么,后来我发现考研对我来说是必须的,那就朝着这个目标努力吧……从小到大,我就不是一个兴趣很明确的孩子,甚至填报志愿时家里人问我:你到底想学什么专业啊,我就只能说都行,因为实在找不到自己的兴趣所在……我认为,那些人迷茫的原因不是今年的高考也不是中国教育体制的弊端,而是既没有认清自己也没有认清现实。说自己不知道该干什么,每天背上100个单词,做上100道高数题就不迷茫了。(1-F-43)

在学历膨胀带来的就业压力下,本应以自由与探索为主题的大学生活成为这群“务实”的大学生通向下一个考场的另一个高中三年。但不同的是,由于大学不再像高中那样为大学生的应试需求提供对口支持,导致双方之间“与未来的契约”仅余下一纸文凭。在此背景下,大学的学习与探索难免遭到挤压。

三、主动的消极学习:从质疑到叛离

应试教育对学习热情的消耗以及对学习主体性的剥夺导致一部分“小镇做题家”的抵触心理在相对自由宽松的大学得到了充分释放。出于对学习生活的厌倦与失望,子凡在经历了高中时对大学的向往、进入大学后的迷茫与质疑之后彻底放弃了在大学的学习,并在尝试了各种社会兼职后通过互联网创业谋求从学校向社会的转型。

高中学习的目的是考大学,以为上了大学会很精彩。说实在的,自从高中毕业后就真的没有认真学习过关于专业的东西。对于专业,只喜欢文学给人的性情上的陶冶,并不喜欢任何关于文学的理论。但是大学就是学理论的,没办法,很讨厌去上课,所以就自己琢磨着挣点钱,看看能不能把以后的工作解决了……现在偶尔(考试)不及格,也会很愧疚。父母不想让自己的大学白读了,最后什么收获都没有。(作者:那么有收获吗?)人情世故算吗?我觉得我要是高中毕了业就去打工,学会的比现在还多。我原来最想做的是主持人。但光鲜亮丽的舞台是之前所追求的,我现在就想挣钱。(子凡,影视文学专业三年级)

从为了成为主持人而进入影视专业到"现在就想挣钱",子凡的梦想幻灭更多源于对大学学习生活的厌倦与失望。但即便如此,子凡的话语中仍不免流露出对大学学习的期许及自责。为此,他也犹豫是否考研或考公,因为体制内工作"稳定""发展前景好",但同时他也"郁闷于考研考公成功的人都在做什么工作,能赚多少"。可以看出,即便通过创业实现了经济独立,子凡的生涯决策仍然被金钱所支配。为此,他一边羡慕着其他同学丰富多彩的校园生活,一边多次重申:"我家里拿不出啥来,父母都是农民,以后只能靠自己。"面对大学文凭的贬值以及对学习生活的倦怠,一部分大学生试图通过大学学习以外的途径实现"曲线救国"。但从子凡的案例中可以看出,当他们将大学学习置于无意义之境时,自己也会陷入即便拥有金钱与名誉也难以救赎的自我否定与质疑之中。

四、被动的消极学习:从迷茫走向绝望

随着评价体系的转向,"唯分数论"体制下的"高分低能"等弊病凸显,为大学生自我反省与重新定位提供了契机,同时也引发了其中部分大学生的自我"诅咒"。对大学学习生活的无所适从以及对自身的不满导致他们即便拥有明确的长期目标,也难以确立或执行当前的行动规划。因此,这群大学生虽有上进之心,却难以有效执行,由此陷入被动的消极学习之中。"大一迷茫、大二彷徨、大三疯狂、大四绝望"成为这群游离于学习生活之外的大学生的真实写照。

我真的,除了学习好以外一无是处。我一直想改变自己,我知道自己这样不行。特别是面试学生会没通过,一起去的舍友反而面试过了,我感觉真的很失败。没课的时候我就在宿舍待着,看到舍友都忙里忙外的。感觉大家在进步,都在享受大学生活,都很充实,而我却在原地踏步,想到这些就连学习也学不下去。我从没这么失败过……他们已经超过我太多了,我没办法慢慢来,我已经落后了。一直这样的话,我一定会找不到工作的。(小军,数学专业二年级)

在小军的讲述中,从自我反思之后的"想改变自己",到几度争取后无果的

深深无助，评价体系的转变使这个一度从成绩中收获自信的腼腆男生在进入大学后快速坠入了自我否定的深渊。“高分低能”成为一种诅咒，导致他在无法参与社会实践的挫败感中否定了知识学习的意义，进而叛离了一直以来带给他无限荣光的学业。

与小军同样处境的是小镇出身且家境相对优渥的小夏。在小夏的计划中，自己是能够进入名校的计算机专业成功实现阶层跃升的。然而，对高考结果的失望转化为小夏的自我“诅咒”，对大学生活的无规划性为其懒散的大学生活与此后的困顿人生埋下了伏笔。

> (我)人生的失败应该是从高考成绩下来时就被注定了的。大一时一心想转专业，所以那一年基本没学习，什么社团啊学生会啊都没报，就想着反正待不久。后来没转成专业，发现学习和实践都落下了……就是一步错、步步错吧，本来就跟不上了，也着急，也不知道该做什么。考研也试过，(但)可能是真的没有兴趣，感觉做什么都不值得。(小夏，工商管理专业毕业生)

不同于前述大学生在认清未来发展走向的基础上对大学学习的主动背弃，以小夏和小军为代表的大学生更像是被排斥在了大学所代表的上升渠道之外。造成这一困局的或许就是舆论中所谓的见识、眼界、心智、规划以及社会能力，但也充分暴露出当前教育体制缺乏对大学生自我探索与成长试错的支持、理解与宽容。在资源同样匮乏的其他大学生面临自身不足而勇于探索、怒海行舟时，“小夏”们和“小军”们却在自怨自艾与盲目跟风中逐渐失去了逆风翻盘的主动权。

第三节　大学生的建构力量与未来可能

迷茫构成了大学这一特殊阶段的底色，但同样值得关注的还有大学生从迷茫中的质疑、洞察与反思中所带来的建构性力量。从研究分析中可以看出，从侧重应试教育的高中到强调自由探索的大学，文化适应难题并非农家子弟的专属，而是绝大多数靠“刷题”进入大学的大学生所面临的共同困境。初入大学的大学生们面临身份认同、学习价值定位以及实践决策等多方面的冲击和挑战，并逐渐履践从迷茫中质疑、从质疑中反思、从反思中实践的意义重构程序。其间,大学中多元文化所带来的冲击为大学生的突围提供了保障。但由于缺乏更具系统化和针对性的支持体系,大学生的突围带有随机性和选拔性。而没有实现突围的大学生们则逐渐将本应自由探索、自主学习的大学生活建构成应试生涯的延续乃至机械化的、无意义的例行公事,在束缚与自我束缚、排斥与自我排斥的相互作用下跛足前行。可见,如何合理利用圈层多样化打破功利主义教育的文化自洽,如何系统性引导大学生突破"小镇"带来的资源局限性与"做题"导致的思维局限性,成为当代高等教育体系改革不得不面对的发展课题。

"内心没有了杂念和疑问,才能勇往直前。"[①]在2019—2020"时间的朋友"跨年演讲中,罗振宇指出:中国经济的发展模式,已经从之前的"电梯模式"转变为"攀岩模式",相应地,中国人的奋斗模式也变成了"攀岩模式",人们必须"习惯困难"。这意味着以往"好大学—好工作—成功人生"的定律将被打破,大学学历和名校文凭再也无法成为理想工作与成功人生的必然保障和唯一途径,人生一切经验与境遇都将左右其最终成就的获得。这意味着人才选拔的开放性与包容性也给全世界教育体系带来前所未有的挑战。曾经,上了大学就等同于成了"国家干部"、有了"铁饭碗";曾经,考上名校就意味着有了光明的前途。但如今,文凭红利的日渐消散督促大学生看清"一考定乾坤"的高考神话,以终身学习观念取代一劳永逸的惰性思维,切实考量自身发展定位、提升核心竞争力。这意味着,因上大学未必有工作而鼓吹"读书无用论",是对当今世界新的发展模式的无知。正如《学会生存:教育世界的今天和明天》中所说,当教育的任务不再是为一种刻板的职能、固定的情境、一时的生存、一种特殊的行业或特定的职位做好准备时,那种想在早年时期一劳永逸地获得一套终身有用的知识或技术的想法业已过时。[②] 面对突如其来的就业困境,部分大学生在迷失与焦虑之中着手于自我价值的重建。

> 进入大学,我迎来的不再是有序的计划表,而是一片迷雾森林,不知何时就会迷失。但我深知这样迷乱的一段时期大概正是大学教育的必经试炼。这种危机正是一片片断层。作为那个攀岩的学习者,我不知如何借

---

① 此为电影《无问西东》台词。

② 参见联合国教科文组织,国际教育发展委员会.学会生存:教育世界的今天和明天[M].华东师范大学比较教育研究所,译.北京:教育科学出版社,1996:98.

力。我想,在大学,我所接受的教育理应有相当大一部分交于我自己,无论在道德修养还是人生规划方面。然而对于自我教育的体系性恐需较长的时间才能建构成形。(1-F-53)

很多同学存在顺从、依赖心理,同时又渴望打破现状、完善自我。但因能力限制,对未来呈消极看法和迷茫状态,不断进行自责和自我否定,用无所谓的"丧"来武装自己,害怕努力学习却事与愿违的无力感,所以表现在抱怨不能适应大学生活和希望转专业上。(1-F-62)

为什么有许多人跟不上自己指定的计划呢?第一是没有对自己有一个明确的认识,第二就是没有合理安排好时间。若合理安排时间,对自己有一个明确的认识,大多数人就不会出现这种情况。还有就是课外生活的安排,对于大学生来说也是十分重要的,有多少人无所事事沉迷手游,有多少人瞎忙活,有多少人希望以后自己的发展能多一条路而选择了考研,只为了自己将来活得更好,又有多少人因为父母或者家庭而妥协,放弃了自己的热爱。(1-F-93)

当学业越来越不是学生自己的事情,而是一个家族常年投资与共同经营的"产业"时,这些一路厮杀进入高等学府的莘莘学子便在很大程度上失去了编织自己"意义之网"的主动权,只能戴着脚镣起舞于世俗之网,有所束缚,但依然有所绽放。他们在顺从、依赖之中渴望打破现状、完善自我,畏惧努力过后的事与愿违但依旧心怀期许,对未来充满迷茫却也说服自己学会思考、重在当下。"危险是真实的,但恐惧却是种选择。"[①]在未来与当下、迷茫与期许、妥协与独立之间,教育的引导与大学生自身的选择显得格外重要。

《顶尖高校:绩点考核下的人生突围》中介绍了名校教师对大学生的"突围"所做的努力。比如,北京大学社会学教授渠敬东以"排话剧"的方式引导学生"拉慢"发展速度,真正"沉下来",以此"在别人那里留下生活的痕迹"。甘阳在中山大学建立博雅学院推行通识教育,通过消解平辈竞争、打破专业鄙视链以及劳动实践等方式促使大学生看到自己与别人身上"不同的可能性"以及精神世界可能蕴藏的幸福。而一名北大学子用时六年探索试错,在明晰真正的学习方法与问题意识的同时,也终于完成了与世俗世界的剥离以及自我重建。[②]

---

① 电影《重返地球》中的台词,原话为"Danger is real, but fear is a choice"。

② 参见徐菁菁,郭子介.顶尖高校:绩点考核下的人生突围[J].三联生活周刊,2020(37):50-63.

忽然明白，我的节奏不能无规划、无目标，也不能将未来面临的所有压力都在同一时刻吸收。路要一步步走，我觉得之前我是在寻找捷径，想要飞机一样的速度，一件事没做完就想着另一件。(1-F-48)

我们为何选择自己所学的专业，有许多人听从了父母之言，也有许多人选择了热爱和未来。为什么人不能为了自己的热爱拼上一次？我们还年轻，有许多机会，我觉得因为热爱可以活得更像自己。不管你是多少分进入大学，为了热爱拼搏一次，无论输赢，总会收获许多。(1-F-24)

有一半的人认为大学不符合理想中的样子，在我的理解中其实也不一样，我理想中是电视剧那样的。但是，真正到了大学才知道，大学原本就是一个社会，一个被社会包含在内的社会，它里面的规矩只会使人更加拘谨，它只会更加锻炼人，它不会让我们偷懒，让我们白白地混日子，每个人都有自己的目标，都为了一个人或者一个家，或者未来。(1-F-113)

至于未来规划，我只愿且走且看。向着既定的目标一步一个脚印固然会走得坚定，但我想，沿途的风景也会很美。说不定在哪个岔路口，我们会找到更适合自己的小径。(1-F-147)

2019 年，教育部出台了包括《关于深化本科教育教学改革全面提高人才培养质量的意见》和《关于一流本科教育课程建设的实施意见》在内的多个文件，明确呼吁“学生忙起来、教师强起来、管理严起来、效果实起来”。其中，教育部特别强调“学生忙起来”并非“被动忙碌”“形式化忙碌”，而应切实引导好“本科生自主性学习、能动性学习和发展性学习，重点是要反思不利于本科生潜心学习的管理与制度，构建支持性的教学体系”。[①] 今天，我们不难发现，在标准化评价机制与官僚化管理体系下，当今大学生的“被动忙碌”与“形式化忙碌”形势依然严峻。大学生为了绩点而忙、为了考试而忙、为了丰富简历而忙，却无法为了自己而忙。进步是“拼”出来的，但素养是“闲”出来的。只有足够的闲暇时间才能保证内心的充盈，才能保障青少年认知自我、探索未知、发展志趣。同时，一定的制度约束与价值引导则能帮助青少年在闲暇之余不断进步。针对“一管就死、不管就乱”的教育乱象，如何在“管理严起来”和“学生忙起来”之间寻找平衡点，为学生提供“忙中有闲”的能动性学习环境，成为急需我们不断探索的长期课题。

① 邵泽斌.让“学生忙起来、教师强起来、管理严起来、效果实起来”[EB/OL].(2019-12-09)[2021-03-30]. http://edu.sina.com.cn/l/2019-12-09/doc-iihnzhfz4569859.shtml.

第八章　基于日本经验的教育对策探索

第一节　中日大学生"就业—学习"问题比较

为比较中日大学生在就业困境及学习方面的相关信息，本书面向日本某地方师范院校教育学院大学生展开调查，并将其与中国同水平地方师范院校教育学院大学生 219 人的相同数据进行 t 检验。除结合社会文化差异剔除了户籍、政治身份等问题后，日文版"大学生就业与学习调查"问卷最大限度地还原了中文版的问题与排序。通过一系列翻译校对及针对 10 人进行的小规模预调查，本书最终获得 170 人的有效答卷，回收率 87.1%。其中，中日大学生样本主要集中在大二、大三年级。日方大二、大三学生占比 97.7%，中方大二、大三学生占比 99.6%。

t 检验结果显示，日本大学生与中国大学生在就业压力、就业导向型动机等方面存在一定的共性，且比中国大学生面临更严峻的就业困境（见表 8-1）。就业困境方面，日本大学生在就业压力、就业妥协方面与中国大学生无显著差异。这说明日本大学生也面临着巨大的就业压力，并对未来的就业抱有较高期待。同时，中日两国大学生在就业规划困境与就业公平困境方面存在显著差异，日本大学生比中国大学生面临更高程度的就业困境。日本大学生在就业规划困境与就业公平困境方面的得分显著高于中国大学生。这说明与中国大学生相比，日本大学生就业规划更模糊，就业公平感较低。对此，可以从社会经济、职业发展取向、价值观念等多个方面考虑其中缘由。首先，不同于正处在发展上升期的中国，日本在近30年中一直处于发展停滞期，且阶层固化日益严重。这导致日本青年虽然同样对自身发展满怀期许但对就业形势并不看好，由此产生对就业去向的迷茫以及就业公平感的缺失。其次，日本人才市场对本科以上学历的需求有限，因此，不同于中国大学生对考研的热衷，日本大学生大多选择毕业后直接就业。这直接导致调查中日本大二、大三学生因临近毕业而表现出对就业的困惑与迷茫。再次，虽然日本大学生在父母学历等方面优于中国大学生，但来自家庭的关注与支持却远低于中国大学生。与中国家庭“利益共同体”的组织结构不同，日本在家庭结构方面并不像中国那样紧密。同时，由于在社会关系方面受西方价值体系的影响，日本相对注重个体独立性。因此，日本大学生可能会由于缺乏亲友的支持而更加陷入就业困境。

表 8-1　就业困境与学习动机、学习投入的中日对比

		中国	日本	t	P
就业困境	就业压力	3.34(0.89)	3.49(0.73)	1.87	<0.100
	就业规划困境	2.68(0.87)	3.24(0.93)	5.98	<0.001
	就业妥协	2.96(0.55)	2.96(0.49)	0.05	>0.100
	就业公平困境	2.79(0.69)	3.00(0.65)	3.06	<0.010
学习动机	内在动机	3.37(0.69)	3.41(0.68)	0.59	>0.100
	竞争惯习	3.57(0.76)	3.29(0.76)	−3.54	<0.001
	就业导向型动机	3.35(0.77)	3.21(0.76)	−1.78	<0.100
	无动机	2.74(0.83)	2.38(0.80)	−4.28	<0.001
学习投入	规则性学习投入	3.31(0.58)	3.22(0.53)	−1.59	>0.100
	自主性学习投入	3.49(0.70)	3.47(0.70)	−0.21	>0.100
	社会性学习投入	2.59(0.65)	2.15(0.70)	−6.40	<0.001

注：括号中的数字是标准差。

学习动机方面，日本大学生在内在动机与就业导向型动机方面与中国大学生不存在显著差异。这说明日本大学生的学习动机同样存在内在动机与外在动机并存的混合性特征。但在竞争惯习与无动机方面，日本大学生与中国大学生存在显著差异。与中国大学生相比，日本大学生在竞争惯习方面得分较低。这说明日本大学生在学习方面并不存在竞争压力。虽然日本同样通过严格的全国性考试选拔人才，但由于大学教育的普及化以及人口基数较少，应试竞争相较于中国缓和了很多。同时，日本初等、中等阶段教育模式并没有完全陷入应试教育的泥潭，而是更加注重素养的培养与人才的全面发展。这也体现在全国统考与大学自主招生相结合的大学入学选拔机制方面。除了基础知识的掌握，日本大学还会依据学生报考专业安排论文写作、面试等不同形式的考察方式。这在很大程度上杜绝了日本大学生之间在单一赛道上的同伴竞争与单一模式下的学习惯性。此外，日本大学生在无动机方面的高得分值得关注。不同于在"大学是否符合理想"中的高评价（相对于中国大学生的31.1%，有72.6%的日本大学生认为其所在大学符合自己的理想），日本大学生对大学学习更表现出精神上的空虚与价值上的质疑。其中缘由可以从学习投入中找到线索。

学习投入方面，日本大学生在自主性学习投入与规则性学习投入方面都与中国大学生不存在显著差异。对于规则性学习投入方面的相对一致，可以归因于两国同样遵循儒家对"礼"文化的推崇。对于自主性学习投入方面的相对一致，则有必要考虑是否存在判断依据失偏的可能。从第七章的分析中得知，中国大学生的自主性学习投入并不能有效促进其学业成就的获得，并由此推测或许中国大学生对自主性学习投入的判断标准较低或较为模糊。从中日数据的比较中也能发现，中日大学生在学业成就的认知方面存在较大差异，尤其在批判创新能力的提升方面，日本大学生的认同度较高（日本54.4%，中国26.6%）。因此可以推测，即便大学生自主性学习投入的水平有限，日本大学也为其大学生提供了相对充分的学习机会。这一点不仅可参照两国大学生对所在大学"是否符合理想"的主观评价，也可在教学环境评价中得到启示。数据结果显示，虽然更多日本大学生表示"对课堂内容没有兴趣"，但对"教学质量差""知识不实用"表示赞同的却是中国大学生。可见，即便日本大学生在对课堂学习的"兴趣"方面并不乐观，也无法否定所在大学的教学质量。对于日本大学生学习投入水平偏低的问题，也能从日本大学生对社会性学习的"消极"参与中找到答案。相对于中国大学生，日本大学生的社团活动、社会实践机会等更多。组织形式也相对多元且规范。但即便如此，日本大学生仍认为自己在社会性学习投入方面不足。可以推测，日本大学生在自我评价标准方面与中国大学生存在失准现象。此外，对就业困境的高感知度也可以作为日本大学生对课堂学习持无动机态度的原因。当然，调查对象中不均衡的性别比也是造成这一现象的原因之一。作为样本的日本大学生中男女比为4∶6，而中国大学生的男女比为1∶9。虽然中国大学生样本的男女比在一定程度上客观反映了我国师范院校教育学专业的真实情况，但男生比例相对较高的日本大学生在学习动机上的消极态度以及在学习投入上的消极自我评价或许也是这一性别群体性格偏好的反映之一。

虽然在学习动机与学习投入方面存在评价标准不一致的可能，但从以上分析中不难看出，受到儒家文化的影响，日本大学生与中国大学生同样将大学学习与就业紧密关联，在内在动机与就业导向型动机的共同作用下建构学习价值并参与学习生活。甚至可以说，日本大学生面对的是比中国大学生更严峻、更直接的就业困境。对此，日本教育学者及相关部门通过一系列探索与试错，从大学功能定位、教育理念转型以及生涯教育改革等多方面入手，试图实现一般教育与职业教育的融合与发展。

第二节 普及化阶段日本大学“学校化”的警示与“2040计划”

20世纪90年代以来，随着日本高等教育进入普及化阶段，大学逐渐由高级人才的选拔、培育机构演变为高中教育的日常延伸机构。大学“全入时代”的到来不仅导致大批“原本无法进入大学的高中生”涌入大学，更加剧了“学历膨胀”，迫使一批“原本无意进入大学的高中生”不得不进入大学深造。大学生质量的下滑打破了日本教育体系中“大学—学校”“学生—生徒”的二元对立格局，日本大学与“学校”的界限变得日益模糊。裹挟着对高等教育本体价值的迷思，大学“学校化”、学生“生徒化”问题不断拷问日本的高等教育体制，也为即将进入普及化时代的我国高等教育发展提供了参考依据。

一、问题与背景：“虚假繁荣”带来的警示

如同世界上其他诸多国家一样，日本从未放弃过探寻大学之道。1877年，日本第一所近代大学——东京大学诞生，开启了日本近代高等教育的历史。1881年，东京大学效仿欧洲，引进“学生”一词作为“大学”就读者的专属称号，用以与中小学、职业学校等所谓“学校”的“生徒”相区别。[①] 自此，“大学—学校”“学生—生徒”这一话语结构的二元对立承载着人们对“大学”的希冀，成为日本

① 東京大学百年史編集委員会.東京大学百年史(通史一)[M].東京：東京大学出版会，1984：631.

探寻大学之道的始源。然而,文化的"先天不足"导致日本始终在制造"大学"的过程中不得要领。市场化、少子化加持下的高等教育普及化更是加剧了日本大学的"学校化"进程。

大学与学校之辨始于威廉·冯·洪堡(Wilhelm von Humboldt),他指出大学与学校的根本区别在于面对的是尚待解决的问题还是既有知识。① 随着普及化时代的到来,日本大学生的学习积极性持续高涨,但这一现象却引起了相关学者的警惕。研究证实,普及化时代的大学生不再以"学生"称号为傲,反而以形容中小学生的"生徒"自居。他们普遍认为大学"应该和高中一样上课点名",大学生也应和高中生一样"听从老师的指示,学习对将来有用的知识"。② 可见,普及化阶段日本大学生学习热情的背后是高中文化的延伸。对此,伊藤茂樹等人提出了大学的"学校化"以及学生的"生徒化"概念,借以寓意"大学—学校""学生—生徒"二元对立结构的彻底崩塌。

由于日语语境中的"学校"意指中小学与职业学校等除大学以外的所有教学机构,因此,日本大学的"学校化"具有"中小学化"与"职业学校化"的双重特征。其中,"中小学化"意指大学过度干预学生的学习与生活,助长大学生学习参与的表层化、被动性与依赖性。"职业学校化"则指涉大学在课程设置、课外指导等方面过度强调实用主义就业导向价值观,忽视大学生人格素养与综合能力的全面发展。论及大学"学校化"的产生背景,伊藤茂樹认为,一是由于高等教育的普及化和市场化,二是源于 20 世纪 90 年代的日本社会经济形势。③ 首先,为了在少子化时代吸引更多的优质生源,日本的大学在教学活动之余不断优化生活服务、充实就业指导,并在此基础上增设了研学旅行、资格证书辅导以及心理咨询等一系列"人性化设计"。同时,生源质量的整体性下滑也促使大学不得不采取相应的补救措施来维持教学体系的正常运转。大学服务质量的提升在一定程度上加深了大学生的被动性与依赖性,造成了大学生"生徒化"与大学"中小学化"之间的恶性循环。对此,岩田弘三指出:"以往的日本大学与高中之间界限分明,学生自主规划学习和生活,极少有教师手把手地指导。然而,自

① フンボルト.ベルリン高等学問施設の内的ならびに外的施設の理念[C]//梅根悟.大学の理念と構想.東京:明治図書,1970:210.

② 武内清.学生文化・生徒文化の社会学[M].東京:ハーベス社,2014:53-54.

③ 伊藤茂樹.大学生は「生徒」なのか:大衆教育社会における高等教育の対象[J].駒沢大学教育学研究論集,1999(15):85-111.

从20世纪90年代以来，随着18岁以下人口的减少，各大学为确保招生而相继打出‘服务牌’，开始像中小学一样向大学生提供细致入微的指导和照料。”[①]日本大学的“服务业化”不仅意味着大学生“自由、自主”精神的缺失，也为“求真、求实”精神的沦陷埋下了伏笔。其次，20世纪90年代以来的大学改革呼吁对大学生的成绩以及出席率进行严格监控。这也成为直接导致日本大学“中小学化”的政策性原因之一。大学对大学生的严格监控导致了其学习行为的表层化与被动化，加剧了大学生“生徒化”与大学“中小学化”之间的恶性循环。

另外，随着泡沫经济的崩坏，日本经济陷入持续低迷状态，大学生就业形势也随之走低。日本大学生希望以考取各类资格证书等更加具体可见的形式来证明自身的能力、努力甚至个性，以求未来多一份保障，这在一定程度上加深了大学生顺从、功利的“生徒化”倾向。日本全国大学生活协同组合联合会的“大学生消费生活实态调查”显示，日本大学生的学习热情在2005—2007年日本经济形势好转的三年间呈现下滑趋势，而在2008年金融危机后显著提升。[②] 这说明日本大学生积极的学习行为是基于就业导向的功利性行为。同时，为了回应大学生对资格证书的需求，日本大学大规模导入相关培训课程，由此加深了其“职业学校化”进程。

根据以上分析可以看出，大学生的“生徒化”是日本大学“学校化”的产生原因与重要表征之一，二者是相辅相成、共存共生的一对“孪生概念”。以往研究将大学生的“生徒化”特征概括为不成熟性、他律性和依赖性以及片面性等三个方面。[③] 其中，不成熟性表现在大学生普遍认为自己尚不成熟，需要通过教师主导的学习来改变这种状况；他律性和依赖性表现为大学生认为学习的内容应由学校指定并负责教授；片面性表现为大学生一味坚持上述“生徒化”行为作为自我定位，因而拒绝对其他价值观的探索与接纳。在此基础上，大学生“生徒化”主要有以下四种具体体现：第一，一味从属于所在大学、院系或其中的某个小集团，而忽视了作为一个独立个体的自律性与发展性；第二，将考取资格证书等可视化、可量化的短期目标错当成最终目标，而忽视了自身的成长与长远发展；第

① 岩田弘三.「大学の学校化」と大学生の「生徒化」[J].武蔵野大学教養教育リサーチセンター紀要，2015(3)：65-87.

② 岩田弘三.大学生活費とキャンパス文化の推移[C]//バブル崩壊後の学生の変容と現代学生像：「学生生活実態調査をはじめとした調査分析」報告書.全国大学生活協同組合連合会，2012：77-79.

③ 伊藤茂樹.大学生は「生徒」なのか：大衆教育社会における高等教育の対象[J].駒沢大学教育学研究論集，1999(15)：85-111.

三，被动接受大学提供的教育资源，而忽视了自主追求学习价值的意义；第四，固守"象牙塔"，将大学生活视为生活的全部。由此，随着课堂出席率的显著提升与自主阅读时间的持续走低，大学"全入时代"的日本大学生形成了一种"重视表层学习、忽视参与质量"的学习参与模式。可以看出，日本大学生近年来对学习展现出的认真态度，并非"大学生学习文化的复归"，确切地说，更像是中小学学习模式的延伸。而相对应地，日本大学大打"服务牌"的背后，也并非完全基于人本主义的教育关怀，而是商品化时代高等教育功能异化的现实映射。

二、根源与发展：先天不足与后天乏力

虽然高等教育普及化背景下日本大学"学校化"与大学生"生徒化"问题暴露无遗，但大学的"学校化"危机却并不是一个新兴话题，而是高等教育发展的必经阶段与历史课题。马丁·特罗则指出普及化阶段大学将面临"不在教学中施加影响就不会主动开展学习行为的个体"，并强调需要调整以往对大学学习以及大学生的理解。[①] 进入21世纪，让-吕克·南希(Jean-Luc Nancy)更是结合高等教育实际指出，大学的"高等职业学校化"在各国皆有体现，以科学与学问为主体的大学观受到颠覆，大学不再是学与思的场所，而逐渐体现出非知的特性。[②] 日本大学的"学校化"问题贯穿于高等教育体制改革与发展之间，成为见证日本高等教育发展历史、反思当今高等教育局势的重要线索之一。

(一)暗流涌动：荣耀背后的危机

对日本大学"学校化"的批判几乎与近代高等教育体制同时产生。早在大学建立初期的1900年，兼任文部省大臣的东京大学校长外山正一便对日本大学"重研究、轻教育"的现象进行了批判。在其《教育制度论》一书中，外山正一指出，日本的大学不过是一台将学生"同时纳入又同时排出"的机器，"不像大学而更像是中学"。[③] 法学家高根義人不满于东京帝国大学滥用权力约束学生的教育模式。通过与德国高等教育的对比，他批判东京帝国大学缺乏"自治、自

---

① TROW M. Diversity in higher education in the United States of American [R]. London: The Committee of Vice Chancellors and Principals, 1995.

② 西山雄二.人文学と制度[M].東京：未来社，2013：201-206.

③ 外山正一.教育制度論[M].東京：冨山房，1900：98.

修、自由之精神”，在校学生“学习态度被动且学习模式表层化”。[①] 虽然在今天看来，精英化阶段的日本大学已然相对理想，但不可否认的是，大学设立初期的“学校化”隐患为将来矛盾的不断深化埋下了伏笔。

1918 年《大学令》的颁布推动了私立学校升格为私立大学的合法化，打破了东京帝国大学“一统天下”的垄断局面，也顺势将近代大学拉下了神坛。随着日本战后经济衰退，人们将大学生就业难归咎于无计划地增设大学。私立学校向大学的升格引发了日本学者对大学定位的质疑。经济学家福田德三批判新晋私立大学为“职业培训所”，指责部分私立大学“为了就业率而任意提高学生成绩”。[②] 评论家青野季吉也称增设的私立大学为“学生制造企业”，认为其与营利机构无异，甚至连作为“商品”的学生也将大学视为一种投资，苦心钻营于自己的“销路”。[③] 日本学者痛心于大学的“沉沦”，对大学不同于中小学的自由、自主精神的应然论更像是老生常谈。而日本的大学也确实在“去学校化”的道路上不断摸索着。自 1918 年《大学令》颁布以来，日本的部分大学开始尝试导入选修课体制。同时，东京帝国大学也将备受非议的填鸭式教育和成绩至上主义纳入改革范畴。但很明显，即便日本学者一再申诉，日本大学潜心摸索，最终还是逃脱不了大学“学校化”、大学生“生徒化”的命运，反倒是南辕北辙、越陷越深了。

（二）邯郸学步：“取众家之短”的新制大学

1947 年，战败后的日本接受美国对其高等教育体制提出的改革意见，仿照美国通识教育建立新的高等教育体系。由美国主导的这次改革受到了日本国内外的广泛关注。高田里惠子认为，日本导入美国高等教育制度所暗含的“学校化”危机影响深远。她援引洪堡理念，指出美国高等教育体制中的课程设计、学分制度、期末考试以及对毕业年限的限制违背了“自由、自主、独立”的大学精神，也因此受到了拥有深厚大学传统的德国的强烈抵制。[④] 虽然日本政府几乎毫无抵触地接受了美国的改革意见，但改革结果却令“始作俑者”美国大失所望。日本将通识教育等同于通识课程的“复制”，导致作为舶来品的通识课程体

---

① 高根義人.大学の目的[J].法律学経済学内外論叢，1902(2)：124-130.

② 福田德三.大学の本義(一)[N].一橋新聞，1927-05-16(51).

③ 青野季吉.学生製造企業会社論[J].中央公論，1930(5)：61.

④ 高田里惠子.大学は小学校ではない、か？[J].人間文化研究，2016(6)：241-260.

系在日本遭遇了水土不服。由于条件有限,许多大学开始自行变通,以专业课程充当通识课程。与此同时,美国高等教育体制中最为西方学者所诟病的学分制却在日本得到了完美保留。就这样,美国通识教育以一种日本人"喜闻乐见"的形式完成了在日本大学的"变种"。以至于哈佛前校长、现代通识教育创始人詹姆斯·柯南特(James Conant)在1961年访日时评论道,听闻日本的大学改革参考了美国的方案,现在看来,这是一个天大的误会。[①] 同时,日本还将同样备受争议的欧洲大学"一周一课,一课一考"教学模式导入其高等教育体制。为此,日本的新制大学一度被揶揄为"取众家之短而成"。美国相关学者指出,日本新制大学一方面摈弃美国通识教育,转而贯彻传统帝国大学对高深学问的追求,"对大学一年级学生教授晦涩难懂的学术论文";另一方面试图仿照欧洲大学自由自主的教学理念,却形成了"日本流"的放任式管理,以至于"除远在家乡的亲人以外,没有人关心大学生在做什么";同时又完美地沿袭欧美刻板的课程规划与学分制度,像中学一样热衷于对大学生出席率的管理,由此产出了大量不学习也能毕业的大学生。[②] 日本大学教育刻板空洞的变革策略不仅受到国内外学者的一致批判,也引起了在校大学生的不满,成为引发1968年大学生运动的导火索之一。在一片批判声中,日本不断深化高等教育改革,踏上了探索通识教育本土化路径的征途,试图通过"真正"效仿美国高等教育体系来摆脱大学的"学校化"危机。然而,由于缺乏对"通识教育(General Education)"与"人文教育(Liberal Education)""博雅教育(Liberal Arts Education)"的区分与理解,日本在大学模式的探索上依旧困难重重。[③]

(三)矛盾升级:"量产大学"与"不会分数运算的大学生"

随着高等教育的不断扩张,日本大学的"学校化"问题由潜在危机逐渐暴露在公众视野之下,大众化、普及化背景下的生源压力迫使以往"重研究、轻教育"的日本大学不得不将重心转移到高等教育的改革与实践。20世纪60年代,日本高等教育正式进入大众化阶段,原本相对自由、自主的学术环境被被动的大

---

① 民主教育協会.コナント博士をむかえておこわれた全国高校教育セミナー報告書[R].東京:民主教育協会,1961:3.

② オーテス・ケーリ.国際化と私立大学の役割:外国人教員の立場から[J].大学時報,1976(128):35-39.

③ 綾井桜子.『教養』研究の現状と課題:学校化された教養を問うために[J].教育学研究,2015(1):65-72.

班制教学所取代，大学被戏称为“量产大学”。90 年代，随着日本高等教育进入普及化阶段，对大学“学校化”弊端的关注不再只是学者的专利，而是引起全民热议的焦点。“宽松教育”方针下学生“学力低下”问题凸显，而文凭贬值导致一部分“本不具备升学资格”的年轻人“不得不”进入大学深造。在此背景下，“三流大学”与“不会分数运算的大学生”受到社会广泛关注，高等教育的没落成为舆论热点。岡部恒治等在其著作中公布了对 5000 名国立与私立大学的理科生进行的学力测验结果。结果证实，理科大学生中有 11%甚至不会分数运算。① 这一调查结果在日本社会造成了轰动。一时间，“不会九九乘法表的大学生”“不会写汉字的大学生”“不会查字典的大学生”等一系列关于大学生学力低下的报道不约而至。对此，教育学家竹内洋以“素养主义的没落”来形容 70 年代以后的大学教育。他以“适应”“超越”“自省”作为大学生基本素养，批判大众化阶段以来的大学生过度“适应”，而丧失了“超越”与“自省”的能力。② 面对大学生的素质低下问题，日本的大学不得不推出“一年级教育”，为新入学的大学生补习“国语”“日本史”等大学课程所需的基础知识，“手把手”地教授诸如“如何读书、如何听课、如何做笔记”等大学学习所需的基本技能。日本的大学“学校化”问题再次升级。在此背景下，日本教育学界开始意识到战后日本大学教育中缺失了真正意义上的精英教育，反而倾向于社会生产力的“培训”。对此，教育学家绢川正吉直言，日本大学的职业教育是成功的，但是精英教育是失败的。

(四)舍本逐末：自上而下的“学校化”改革

不同于教育学界对大学“学校化”的担忧，日本政府反将大学“学校化”作为刺激经济增长、促进社会发展的重要手段。21 世纪前后，日本施行一系列政策促进高等教育改革的同时，也加速了大学“学校化”进程，由此导致了高等教育重心从“教育”向“培训”的进一步转移。1991 年，大学设置标准的大纲化改革以“教育目的合理化”为改革理念，试图通过赋予高校课程设置的自由裁量权以构建体系化的高等教育课程。这一“放权”打破了以往制度规定下“通识教育”与“专业教育”的两分格局，导致原本就问题丛生的日本大学通识教育自此失去了

① 岡部恒治，户懒信之，西村和雄.分数ができない大学生：21 世紀の日本が危ない[M]. 東京：東洋経済新報社，1999.

② 竹内洋.教養主義の没落：変わりゆくエリート学生文化[M]. 東京：中央公論新社，2003：237-242.

政策保障。2005年,日本中央教育审议会答申提出大学职能分化论,将大学职能分为“世界一流的研究、教育基地”“高级专业人员培训”“多领域职业人员培训”“综合素质教育”“特定专业领域的教育研究”以及“社区终身学习基地”“社会贡献”等七项,鼓励各高校依据自身特点自主发展。值得关注的是,七项职能中有两项强调“职业培训”职能,与“教育”“研究”职能平分秋色。对此,相关学者指出,大学职能分化论过分强调大学职能的多样性,却忽视了作为大学的共通性,如果只需要满足七种大学职能中的其中一种就可以称为“大学”,那么多数大学必定会沦为与“素质教育”“专业研究”无关的职业培训机构。虽然日本政府对此做出进一步补充,在反思“何为大学”的基础上于2008年中央教育审议会答申中提出以“综合素养”与“专业知识”为基础的“学士力”概念,对大学生应该具备的基本能力做出统一要求。但由于“学士力”概念与大学七项职能之间的关联性不够明确,因此缺乏实际指导意义。如果说1991年的大学设置标准大纲化改革与2005年的大学职能分化只是日本政府在探寻大学改革路径过程中的“无心之过”,那么,对人文学科的“再定位”则作为日本政府的“有心之失”,将自上而下的大学“学校化”改革推向高潮。2015年6月8日,日本文部大臣发函要求所有国立大学对人文与社会学科的本科院系与研究生院“要么取消,要么转型,使之满足社会需求并为社会服务”。这意味着日本文部科学省认为,人文社会学科于“社会需求”而言没有价值,或者不能发挥实际作用。虽然日本文部科学省面对日本学界的强烈批判而将2015年的“文科废止”解释为自身的措辞不当以及媒体的误读,但无法否认日本政府“重理轻文”的传统。2015年10月,日本文部科学省公布了日本全国86所国立大学文科院系的整改方案,其中43所高校人文社会专业面临重组,26所高校需要对人文专业“再定位”。以“有用与否”作为评判大学学科存废的标准,是对大学本体价值的摈弃,必然会再度加重日本大学内部的功利化风气,导致大学“学校化”程度的进一步加深。

三、对策与突破:“重塑大学”的改革方针

为适应不断变化的时代需求以及多元化的生源发展需要,日本政府及高校从课程设置、学科定位、高校资质以及一流大学建设等多个方面展开了对高等教育改革的探索,先后导入了保障大学生基础学习能力的“一年级教育”、建设一流大学的“卓越计划”以及明确高校发展定位的“3P计划”等多层次的改革计

划。此外，日本文部科学省于2018年发布《面向2040年的高等教育基础规划》，以提升大学生“在未知将来的生存力”、打造“学修者[①]本位”的教育模式作为改革方针，主张探讨各类高等教育机构的办学定位，提倡学修成果的可视化以及课程设置标准的反思与重构等。[②] 在此基础上，日本文部科学省于2019年2月推出《高等教育与研究改革倡议书》，以此推进高校教育与研究的一体化改革。倡议书以培养“前沿学术研究人员”与“引领未来的大学生”为宗旨，主张创建“引领世界的一流大学群”与“引领区域与学科发展的大学群”，通过保障入学机会以及支持和监管高等教育、研究机构的运营与产出，加速教育、科研与管理机制改革。[③] 其中，倡议书从完善大学生学习环境，促进学生成长的“可视化”，提高学习成果的可迁移性等三个方面保障高等教育质量、提升高等教育办学水平，间接回应了普及化时代日本大学的“学校化”发展困境。

（一）明确高校发展定位，提高学修质量

为改善大学生学修环境，提高学修质量，日本文部科学省一方面要求进一步完善教学评价指标，全面加强教学管理；另一方面强调对高校办学标准与发展定位的重新审视。面对不断深化的大学“学校化”危机，2016年日本中央教育审议会发布《“毕业认证与学位授予方针”“教育课程设置与实施方针”以及“招生方针”的制定与施行指南》，要求各高校从“入学者资质（Admission Policy，AP）”“课程设置的一贯性（Curriculum Policy，CP）”以及“毕业生资质（Diploma Policy，DP）”等三方面入手，明确自身办学原则与发展定位，保证办学质量。[④] 这在2018年的基础规划与2019年的改革倡议书中体现为在校长领导下严格

---

① 自2012年起，日本官方文件强调大学生身份定位为“学修者”而非“学习者”，以强调大学教育重点由知识学习到学问修养的转移。详情可参照日本中央教育审议会答申“创造新未来的大学教育性质转变——培养终身学习与主体性思考力的大学”（「新たな未来を築くための大学教育の質的転換に向けて——生涯学び続け、主体的に考える力を育成する大学へ」）。

② 文部科学省.「2040年に向けた高等教育のグランドデザイン」（平成30年11月26日中央教育審議会答申）[EB/OL].（2018-11-26）[2021-11-04]. http://www.mext.go.jp/b_menu/hakusho/html/hpab201901/detail/1421755.htm.

③ 文部科学省.「高等教育・研究改革イニシアティブ」（平成30年11月26日中央教育審議会答申）[EB/OL].（2018-11-26）[2021-11-04]. http://www.mext.go.jp/a_menu/other/1413322.htm.

④ 文部科学省.「卒業認定・学位授与の方針」（ディプロマ・ポリシー），「教育課程編成・実施の方針」（カリキュラム・ポリシー）及び「入学者受入れの方針」（アドミッション・ポリシー）の策定及び運用に関するガイドライン（平成28年3月31日 大学教育部会）[EB/OL].（2016-03-31）[2021-11-04].http://www.mext.go.jp/b_menu/shingi/chukyo/chukyo4/houkoku/1369248.htm.

把控毕业资格认定、学位授予，完善教学计划与课程设置的制订与实施，明确入学者资格审查标准的三大教学质量提升方针。同时进一步强调将三大方针的贯彻施行成效作为高校教学成果的参照指标，以此完善高等教育综合评价机制。

（二）促进学修成果可视化，导入社会评价机制

日本文部科学省主张各高校公开学生学位取得情况、毕业生就业情况以及大学生学修时间、成长体验/满足度以及课程体系设置，打造透明化的学修发展环境。与此同时，实施全国性大学生调查，综合把握并比较各校大学生发展指标。通过对大学生学修质量的把控与监测，督促各高校正确审视自身不足、及时查漏补缺，促进高校法人责任制的贯彻实施。随着高校信息公开化，社会评价机制将发挥前所未有的作用。教学质量未达到社会期望的大学将受到社会的强烈批判，发展定位不明确、未尽到发展现状说明义务的高校也将被曝光于公众视野，结果甚至将导致部分高校被取消办学资质。社会舆论对高校建设的监控达到一个新的高度。另外，产业界需要将具体化的人才需求指标以及对大学学修成果的期待公之于众。届时，将在高等教育机构与产业界共同理解的基础上实现对大学生学修成果的考核与评定，为高等教育的进一步发展提供有效反馈。

（三）提高学修成果可迁移性，保障人才的社会适应力

为应对未来世界的不可预知性，日本文部科学省从打通文理学科分化、构建多样化师资队伍等方面入手，培养适应社会发展需要的实用性人才。文部科学省提出构建灵活多样的教育体制，开发实施实业家教师养成计划，以实业家、青年、女性、外国籍人才等充实高等教育师资阵营，并大力推进社会人大学生、留学生的入学机制灵活化，实现师资与生源结构的多元化，刺激大学资源的有效开发与教学生态的良性循环。同时，针对政府"重理轻文"的学科偏重政策，日本学者提出"文理共生"的大学科策略，建议将理科的"目标实现型"教育与文科的"价值创造型"教育相结合，打造适应社会多方位需求的多元化人才。[①] 文部科学省 2018 年与 2019 年的改革方针中对这一建设性意见做出了回应。两

① 吉見俊哉.「文系学部廃止」の衝撃[M]. 東京：集英社，2016：67.

个文件中皆提到了在学科建设方面主张打破学科隔阂，实现“文理共生”，推进大学生发展需求与社会需求、时代发展有机结合。文部科学省主张在大学各学科全面普及数理、数据科学教育，将人工智能科学有计划地渗入各个专业领域，建立超越学科壁垒的科学思维培养机制，以此促进大学生综合素养的提升。

此外，促进高等教育与中小学教育的有机衔接，打通各高校之间的交流合作，鼓励各大学的特色化建设，督促大学职能的合理分流等改革措施的制定与实施都为日本大学的“去学校化”提供了政策保障。

四、反思与启示：现实需求与未来展望

研究梳理日本大学“学校化”问题的内涵特征与历史脉络，探讨日本高等教育普及化过程中面临的发展危机与价值迷失，以此为反思我国高等教育发展现状提供参考依据。结果显示，随着日本大学入学率的提升，高等教育职能重心经历了由“研究”到“教育”，由“教育”到“培训”的转化过程，“大学”与“学校”的二元分化体系不断面临崩塌。普及化阶段日本大学的“学校化”既是当代社会情境在大学的映射，也是其历史文化传统的产物，同时也受到政策倾向的影响。对于同样面临高等教育本土化与普及化双重挑战的我国而言，日本大学“学校化”过程中的经验与教训具有较强的借鉴价值。

作为传统价值理念与现实发展需求之间矛盾冲突的具象化呈现，普及化阶段日本大学“学校化”问题的凸显既具有其“先天不足、后天乏力”的本土特色，也兼具普及化阶段的普遍特征。不可否认的是，中国的大学同样存在“中小学化”与“职业学校化”问题，且随着高等教育普及化时代的临近以及市场化程度的加深而呈现显性化趋势。回顾我国大学发展史，从效法欧洲到学习美国，从照搬苏联到如今向探索“中国特色现代大学制度”的回归，其间经历了一个世纪的摸索与试错，也曾被贴上“后高中教育”的标签。如何在普及化与市场化的冲击下平衡高等教育传统价值理念与本国现实发展需求，实现基于本国国情的自我完善与时代转型，是中日高等教育同样面对的问题。其中，日本“2040 计划”中积极导入社会评价机制、明确高校发展定位、保障人才社会适应力的政策方针，已然展现出日本政府彻底打破大学“象牙塔”的决心。在此基础上，日本以“引领世界”与“引领区域与学科发展”这一兼顾国际化与本土化的双重指标，促进传统的高等教育分层结构向层类交错结构转型。相对于经济衰退与少子化压力下日本高等教育的改革力度，在人口红利、文凭主义与政府扶持下的我国

高等教育显然还没有做好迎接普及化的准备。

高等教育的普及化意味着人才培养重心由精英教育向全民终身教育的转移。但无论时代背景与历史传统有何差异,无论大学功能如何分化,"培养人"的大学本质与"求真求是"的大学精神却不容质疑。从康德的"追求真理、创造知识",到洪堡理念中对大学之根本在于"创造""自由"以及"自主探索、共同研讨"的系统凝练,都体现了以"高深学问"作为大学身份标识的历史脉络。随着智能化程度的提高,工业化时代的大部分职业终将被机器取代,留给人的只剩下灵感、顿悟、情感、大局观以及责任心。[①] 届时,大学将面临更严峻的挑战。普及化时代日本高等教育的"学校化"危机,及其面对高等教育普及化、生产模式智能化所做出的改革方针或许能为我国高等教育的进一步改革与实践提供参考依据。

第三节　变革中的日本生涯教育:举措与启示

作为"生存力"教育[②]的重要一环,日本通过一系列政策促进生涯教育的推广与落实。在此过程中,日本探索出一套具有本国特色的生涯教育实践路径,同时也不断面临西方生涯教育理念的本土化挑战。本书通过考察生涯教育在日本的政策发展脉络,分析其本土化实践路径,并在此基础上全面省思日本生涯教育实践过程中呈现的教育隐患,以期为我国生涯教育的发展实践提供启示与借鉴,进而实现我国职业教育、劳动教育与终身教育的有机融合。

一、日本生涯教育的时代背景

20 世纪 70 年代以前,日本为复苏战后经济施行普通教育与职业教育双轨并行制,职业教育得到快速发展。但随着普通高等教育入学机会的扩大,日本职业教育比例不断缩小。尤其当教育公共性备受关注时,职业教育更是被排斥于公共教育之外,由此形成了普通教育与职业教育的对立格局。

20 世纪 90 年代以来,随着泡沫经济的崩坏,日本经济形势持续低迷,雇用

① 参见唐汉卫.人工智能时代教育将如何存在[J].教育研究,2018(11):18-24.

② 日本政府于 1996 年提出"生存力"教育理念,意在培养学生更好地适应社会生活、应对各种危机与挑战的能力。

环境不断恶化。同时，高等教育普及化、社会生产智能化以及“人生百年”[①]时代的到来也对人才培养提出新的挑战。然而，由于日本课程体系中知识素养与职业技能的割裂，导致普通教育与职业教育都难以充分满足未来社会对综合型高素质人才的需求，也无法支撑个体对自身劳动权益的保障以及对生涯多样化发展的自主建构。尤其当日本企业迫于经济压力而无法负担人才培训的高额支出时，学校教育不得不全权承担起劳动者的培养职责。这使一贯依赖于企业培训的日本学校不得不重新关注劳动教育。另外，为逃避就业竞争与职业压力，大量高中、高校毕业生涌入非正规劳动市场。数据显示，从 1982 年到 2003 年的 20 年间，日本 15—34 岁非正式雇用人口从 50 万人增长到 217 万人。[②] 这不仅加速了人才流失，同时也为个体职业生涯发展与市场经济的回稳埋下了隐患。日本社会对青少年劳动素养缺失与劳动意识低下的批判持续升温。在此背景下，日本政府导入生涯教育理念，以期通过提高青少年的职业发展意识与能力来缓解经济低迷期的青年劳动与就业难题。

二、日本生涯教育的发展脉络

自 1999 年首次提出生涯教育理念以来，日本通过一系列政策法规促进生涯教育的推广与落实。其间，日本生涯教育的政策核心经历了由“职业决策”向“社会自立”的发展转型。

(一)1999—2011 年：偏重职业发展决策的价值观教育

1999 年日本中央教育审议会在“关于改善初等、中等与高等教育之间衔接问题”的审议中首次提到生涯教育。审议会将生涯教育定义为“培养青少年形成理想的职业意识与劳动意识，提高其对职业相关知识与技能的掌握，以此促进青少年在自我理解的基础上形成自主选择发展方向的能力与态度的教育”[③]，

---

① “人生百年”时代，随着医疗技术与生活条件的不断改善，2017 年日本新生人口中将有半数寿命达到 107 岁，迎来“人生百年”时代。“人生百年”时代的到来预示着以往“上学—工作—养老”的单线式生涯发展路径即将被“往来于学校与社会之间”的复线式生涯发展路径所代替。

② 文部科学省.リーフレット「キャリア教育の推進に向けて－児童生徒一人一人の勤労観、職業観を育てるために－」[EB/OL].(2010-03-18)[2021-05-12]. https://www.mext.go.jp/a_menu/shotou/career/04111901.htm.

③ 文部科学省.初等中等教育と高等教育との接続の改善について(答申)[EB/OL].(1999-12-16)[2021-05-12]. https://www.mext.go.jp/b_menu/shingi/chuuou/toushin/991201.htm.

主张通过生涯教育帮助青少年明确发展规划，以促进各教育阶段之间以及学习与工作的有效衔接。这一最初的概念界定为此后日本生涯教育的心理主义倾向埋下了伏笔。2002年，日本国立教育政策研究所生徒指导研究中心发布了《关于发展青少年职业观、劳动观教育的调查报告书》，从四个方面指明了职业观、劳动观形成所需具备的基本能力。[①] 2004年，日本文部科学省生涯教育综合调查研究会发表了《生涯教育报告书——为了每个儿童、学生的劳动观、职业观的形成》，将生涯教育阐述为"培养青少年劳动观、职业观的教育"[②]，进一步奠定了日本早期偏重价值观形成的生涯教育政策取向。同年，文部科学省将生涯教育列入政府财政预算。由此，日本正式进入"生涯教育时代"。

2006年，日本于战后首次修订《教育基本法》，将"培养重视职业与生活关联性的劳动态度"列入教育目标。随之修订的《学校教育法》也强调了"培养与职业相关的基本知识与技能，提高劳动意识与未来发展决策能力"的重要性。在重视劳动态度与未来决策的教育法制化基础上，日本从扩大覆盖范围、强化执行力度以及完善评价体系等三个方面推进生涯教育的进一步发展。在一系列政策方针的推动下，日本生涯教育在短短十余年间实现了从理念到实践、从推广试行到强制实施的政策落实与强化。其间，日本生涯教育的覆盖范围由中小学为主发展为包含学前教育、高等教育在内的整个教育阶段，对教学实践的政策指导也越发呈现系统化、具体化趋势。

(二)2011年至今：偏重社会自立的教育体系建设

然而，偏重职业决策的日本生涯教育政策在落实阶段却遭遇了巨大挑战。譬如，文部科学省于2005年提出"生涯教育实践计划"，要求各都道府县以中学为中心开展连续5天以上的职场体验。但调查显示，截至2010年，虽然有73.6%的中学在教学中导入了职场体验活动，但只有6.2%的中学真正实现了政

① 国立教育政策研究所.児童生徒の職業観・勤労観を育む教育の推進について[EB/OL].(2012-11-31)[2021-05-12].https://www.nier.go.jp/shido/centerhp/sinro/sinro.htm.

② 文部科学省.キャリア教育の推進に関する総合的調査研究協力者会議報告書:児童生徒一人一人の勤労観,職業観を育てるために[EB/OL].(2004-01-28)[2021-05-12]. https://www.mext.go.jp/b_menu/shingi/chousa/shotou/023/toushin/04012801/002.htm.

策要求的 5 天以上职场体验。[①] 不仅如此，以职业决策为核心的生涯教育在各类学校中的普及程度差异显著。其中，职业类学校的普及程度最高，而在以升学为主要目标的普通公立中学中并未得到有效推广。[②] 究其缘由，很大程度上取决于以职业决策为目标对象的日本生涯教育并未作为独立的教育体系得到重视，而是依附甚至同化于传统的学生毕业指导体系，从而难以切实发挥自身效用。这充分体现出以职业决策为主旨的日本生涯教育的发展困局。

在此背景下，文部科学省于 2011 年针对“当今学校生涯教育、职业教育的实践方针”的审议中一改以往对职业决策以及价值观形成的推崇，将“社会自立”作为生涯教育的核心目标，并提出通过生涯教育提高社会自立所需的“基础泛用型能力”。此次教育审议打破了以往“劳动＝就业”的单一认知，将“劳动”定义为“人通过发挥自身职责实现社会自立的过程”，并在此基础上将生涯教育定义为“通过提高个体在社会自立、职业自立过程中所需的基本能力与态度，促进其职业生涯发展的教育”。[③] 可以看出，在新阶段生涯教育政策中，日本从人与社会的关系出发，希冀通过生涯教育促进个人在与他人、社会的互动中发掘、创造自身价值，以此实现个体的社会自立。

为此，日本政府以“地域共生”与“自主学习”理念为依托，希望通过生涯教育与社会劳动实践以及面向社会的主体性学习的理念整合实现“社会自立”基本目标在课堂内外的有效落实。2013 年日本中央教育审议会围绕“今后青少年体验活动的推进”问题进行答申，主张以劳动体验活动为人才培养的原点，通过学校、家庭、地方之间的协同合作实现生涯教育的体系化建设。[④] 此后，日本政府在针对校地合作、学习指导要领修订等问题的审议中多次提出，应通过与社会的联系提高青少年学生为实现社会自立而不断学习精进的主体意识，以此贯彻生涯教育理念。同时，日本从促进“面向社会的课程体系建设”、普及“主体对

---

① 国立教育政策研究所生徒指導研究センター. 平成 22 年度職場体験・インターンシップ実施状況等結果（概要）[EB/OL].（2010-01-18）[2021-05-12]. https://www.nier.go.jp/shido/centerhp/i-ship/h22i-ship2.pdf.

② 文部科学省.キャリア教育の推進[EB/OL].（2018-01-31）[2021-05-12]. https://www.mext.go.jp/apollon/mod/pdf/mext_propulsion_20180223.pdf.

③ 文部科学省.今後の学校におけるキャリア教育・職業教育の在り方について（答申）[EB/OL].（2011-01-31）[2021-05-12]. https://www.mext.go.jp/b_menu/shingi/chukyo/chukyo0/toushin/1315467.htm.

④ 文部科学省.今後の青少年の体験活動の推進について[EB/OL].（2013-01-21）[2021-05-12]. https://www.mext.go.jp/b_menu/shingi/chukyo/chukyo0/toushin/1330230.htm.

话型深度学习"以及对"道德"课程的"特别学科化"等课程设置方面贯彻生涯教育理念。在一系列政策推动下,日本生涯教育由崇尚"职业决策"的职业教育向偏重"社会自立"的公民教育转型,主张通过强化青少年社会责任感与公民意识促进其自我身份认同以及对自身职业生涯的积极探索。

三、日本生涯教育的本土化路径

经过多维度的考察、审议和试错,日本探索出一套符合本国需求且具有自身特色的生涯教育实践路径,以此推动生涯教育的本土化发展。

(一)人才培养方案的系统化建构

自 1999 年首次提出生涯教育理念以来,日本政府始终强调针对青少年职业生涯各阶段发展特征建构系统化的生涯教育体系,并从人才培养目标与分阶段实践策略两个方面制定生涯教育人才培养方案。人才培养目标方面,日本政府先后提出"劳动意识养成四能力"以及"社会自立四能力"(又称"基础泛用型能力")来指导生涯教育实践。其中,"劳动意识养成四能力"围绕职业观、劳动观养成所需具备的基本能力展开,主要包括人际交往能力(对自身以及他人的理解能力以及沟通能力)、信息运用能力(信息收集与探索能力)、未来规划能力(把握与认知社会角色的能力)以及思考决断能力(决策与解决问题的能力)。[①]"社会自立四能力"则围绕后期对社会自立的目标转移做出回应,主要包括人际交往能力、自我理解与自我管理能力、课题发现与解决能力以及职业生涯规划能力等四个方面。[②]

在人才培养目标的指导下,日本结合职业生涯发展的不同阶段制定相应的教育策略。在《关于发展青少年职业观、劳动观教育的调查报告书》中,日本国立教育政策研究所将生涯教育的目标分为三个阶段进行阐述,主张在初等教育阶段加深对自我与他人以及对周围环境的关注与理解,提高劳动意识;在中等教育阶段提升自我认同,基于兴趣初步形成劳动意识和职业意识,切实探索自

---

① 国立教育政策研究所.児童生徒の職業観・勤労観を育む教育の推進について[EB/OL].(2012-11-31)[2021-05-12].https://www.nier.go.jp/shido/centerhp/sinro/sinro.htm.

② 文部科学省.今後の学校におけるキャリア教育・職業教育の在り方について(答申)[EB/OL].(2011-01-31)[2021-05-12]. https://www. mext. go. jp/b _ menu/shingi/chukyo/chukyo0/toushin/1315467.htm.

身发展方向;在高等教育阶段加深自我理解与自我认同,明确未来发展方向并为此做准备。[①] 在此基础上,"青少年自立挑战计划"提出三段式支援计划。首先,针对以中小学为主的在校学生实施"新生涯教育推广计划",以培养学生劳动观与职业观为目标推进生涯教育的全面普及,并鼓励开发地方人才作为职业生涯规划顾问,积极开展职业体验、社会体验等实践活动。其次,针对大学生与职业学校学生,开展"职业生涯拔高计划",鼓励通过企业实习等方式提高大学生与职业学校学生的职业能力与职业意识,设置专业研究生院,提升大学与研究生院的专业人才培养水平。最后,针对非正式劳动者开展"非正式劳动者再教育计划",通过完善继续教育为青年失业者以及非正式劳动者的职业发展与社会自立提供保障。[②] 政策重心转移后的日本生涯教育则从五个阶段分解目标:学前教育阶段促进自主性行为实践;初等教育阶段培养学生的社会性、自主性、自律性以及兴趣爱好与积极性;初中教育阶段激发对社会生活中自身责任以及未来生活、工作的思考,培养制定目标并计划实践的态度,引导学生选择、决定未来发展去向;高中教育阶段培养生涯发展相关能力与态度,以此形成积极的劳动意识与职业意识;高等教育阶段引导学生从学校生活向社会生活、职业生活过渡。[③] 可见,随着政策重心的转移,日本政府不断调整生涯教育的人才培养方案,试图通过人才培养方案的系统化建构来保障政策的顺利落实。

(二)宏观调控层面的跨部门合作

由于生涯教育关乎人才发展过程中的跨领域发展,日本始终坚持通过跨部门合作推进生涯教育的本土化落实。2003 年,日本文部科学省联合厚生劳动省、经济产业省、内阁府等其他三个政府部门共同发布了"青少年自立挑战计划",由此开启了"日本针对青少年课题的首次跨部门合作"[④]。实际上,日本文

① 国立教育政策研究所.児童生徒の職業観・勤労観を育む教育の推進について[EB/OL].(2012-11-31)[2021-05-12].https://www.nier.go.jp/shido/centerhp/sinro/sinro.htm.

② 文部科学省.「若者自立・挑戦プラン」(キャリア教育総合計画)の推進[EB/OL].(2015-04-09)[2021-02-25].https://www.mext.go.jp/a_menu/ikusei/wakamono/index.htm.

③ 文部科学省.今後の学校におけるキャリア教育・職業教育の在り方について(答申)[EB/OL].(2011-01-31)[2021-05-12]. https://www.mext.go.jp/b_menu/shingi/chukyo/chukyo0/toushin/1315467.htm.

④ 児美川孝一郎.権利としてのキャリア教育[M].东京:明石書店,2007:104.

部科学省在2002年便与厚生劳动省联合开展了“高中毕业生职业生活调查”，经济产业省更是早在20世纪90年代就着手实施“创业家教育推进计划”，后被编入生涯教育，成为“青少年自立挑战计划”的一环。2005年，厚生劳动省主持开展“职业生涯探索计划”，向约4000所中小学派遣了企业职工作为讲师协助开展职业生涯指导。此外，经济产业省主持开展的“地方自主·民间合作型生涯教育计划”通过促进学校与非营利组织、地方企业之间的合作来推进生涯教育的顺利实施。

即使在2006年“青少年自立挑战计划”结束以后，各政府部门仍在生涯教育方面发挥着各自的优势。其中，经济产业省在“地方自主·民间合作型生涯教育计划”的经验基础上编制《生涯教育实践指南》，同时着手探索生涯教育咨询师的培养方案，并于2010年开始创立“生涯教育创新团体奖”等激励机制，对积极参与生涯教育并提供有效支持的企业团体给予政府表彰。厚生劳动省则在2007年以后继续开展“职业生涯探索计划”，持续不断地向各级学校输送实业家教师。此外，文部科学省还与国土交通省、农林水产省联合开展社会实习，以保障学生社会实习的机会与质量。宏观调控层面的跨部门合作为日本生涯教育的顺利实施提供了综合性政策支持与政治体系保障。

（三）“地域共生”理念下的开放式教学

“地域共生”是21世纪以来日本发展的重要战略方针之一，这一理念在生涯教育的实施过程中也得到充分体现。日本文部科学省早在2001年的“生涯教育实践试点计划”中就指出应灵活地利用地方人才资源协助开发生涯教育。日本政府在2003年的“青少年自立挑战计划”中更是明确强调青少年劳动问题并非单一的学校教育问题，应联合社会全体力量对各个年龄阶段开展系统性、组织性的生涯教育。其中，日本政府尤其指出应加强学校与地方产业的合作，引进地方人才作为职业生涯顾问，联合开展高度专业化人才与创业创新人才培养。同时，针对日本少子高龄化课题，日本政府鼓励学校通过国际合作与产学官合作等方式积极参与社会建设，以此提升学生的社会责任感与公民身份自觉，进而激发其职业生涯发展过程中的自主意识与学习热情。在此背景下，日本“地域共生”理念下的生涯教育在强调充分利用地方资源的基础上将学校的社会贡献职能纳入视野，主张通过鼓励青少年参与地方建设，实现地方再生与人才培养的目标整合。对此，日本政府通过“今后青少年体验活动的推进”“面向新时代教育与地方发展的校地合作方案”以及“响应新时代社会需求的学生支援计划”等一系列政策方针推进校地合作，鼓励学生在“面向社会的课程体系”以及扎根地方的劳动学习中发掘自身职业生涯发展的潜能。

在2017年“学校运营委员会制度”(Community School)与同年修订的《社会教育法》的推进下，以中小学为主的“面向社会的教育课程体系”得到大力施行。在中小学阶段，通过生涯教育理念在学校内部各学科、思想道德课程、综合学习时间、特别活动中的渗透，以及学校与地域社会、产业界的协同合作促进其基础泛用型能力的提升，实现生涯教育的系统落实（见图8-1）。在高等教育阶段，日本以“一年级教育”提升目标意识，以人才培养的信息公开对接多方需求，并通过专通兼顾、主副并修、双向教学、文理共生的系统性课程改革保障学生由学校向社会的顺利过渡。此外，日本积极导入生涯教育改革资助计划，以财政经费的竞争机制推动高校自主探索综合实践型生涯教育实践方案，并通过面向社会的学校信息透明化政策为生涯教育质量保障体系建设奠定基础。

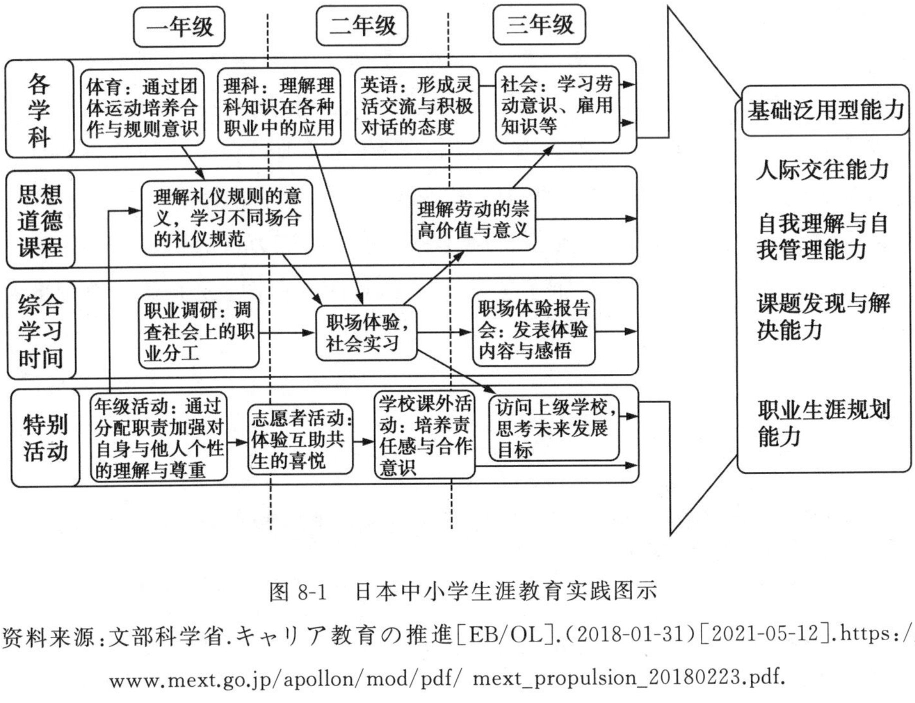

图8-1　日本中小学生涯教育实践图示

资料来源：文部科学省.キャリア教育の推進[EB/OL].(2018-01-31)[2021-05-12].https://www.mext.go.jp/apollon/mod/pdf/ mext_propulsion_20180223.pdf.

（四）依托社会教育体系的社会实践资源整合

日本政府早在1998年便提出通过推进社会网络型管理理念，强化社会教育执行机构与相关管理部门的合作互动。① 在此基础上，日本从社会教育师资培养、社会合作人才保障与网络信息平台建设等三方面完成社会实践相关资源的有机整合。

首先，为培养社会教育师资队伍，日本政府授予修习并通过"社会教育主事培养课程"全部科目考核的学习者"社会教育士"资格。社会教育士不仅负责协助学校与地方的协同合作、利用社会教育设施开展活动，还通过环境、福祉、地方发展等社会多个领域的学习支援活动，积极推进人与地方的协同发展。由此，社会教育士得到了政府、NPO法人、学校以及企业等多方主体的广泛利用，并逐渐形成以教育委员会下属社会教育主事为中心的社会教育行政合作机制。基于一系列政策的完善，日本在地方、人、学校三者协同共生的基础上建立起一整套社会劳动教育运营机制，为生涯教育的现实展开提供了有力保障。

其次，为保障校地合作顺利推进，日本在教育系统中引进有实践工作经验的校外人员专门从事地方合作业务。日本文部科学省在中小学"学校运营委员会"中设置"校地合作推进员"，在高校导入实业家教师与校外理事制度，以此促使学校与地方之间的协同合作得到更有效的发展。有数据显示，截至2017年，共有2041名社会工作者向15485所学校提供校地合作服务②，82%的大学法人完成了文部科学省要求的校外理事聘用工作，实现了理事会中校外理事不低于两名的制度目标③。截至2018年，日本每年新聘的大学教师中有1500—2000人来自企业，占新聘教师总人数的2—3成。④ 校外师资力量的引进大大提高了日本生涯教育的教学质量，在加强学生与市场对话的同时，也提高了教育的社会公信力。

---

① 文部科学省.社会の変化に対応した今後の社会教育行政の在り方について（答申）[EB/OL].（1998-09-26）[2021-02-25]. https://www.mext.go.jp/b_menu/shingi/chukyo/chukyo2/siryou/_icsFiles/afieldfile/2012/05/28/1321379_2.pdf.

② 文部科学省.高等学校教育の現状について[EB/OL].（2019-12-9）[2021-02-25]. https://www.mext.go.jp/content/000021459.pdf.

③ 文部科学省.教育研究体制関係資料[EB/OL].（2018-11-26）[2021-02-25]. https://www.mext.go.jp/content/1413715_011.pdf.

④ 文部科学省.2040年に向けた高等教育のグランドデザイン（答申）[EB/OL].（2018-11-26）[2021-02-25].https://www.mext.go.jp/b_menu/shingi/chukyo/chukyo0/toushin/1411360.htm.

最后，为打破社会实践平台对教师个人人脉的依附性，保障社会实践活动的可持续发展，日本总务省于2010年建立“关于地方实践活动的大学教员信息网”，试图以高校教师为中心建构社会实践网络平台，通过信息公开、资源共享、经验交流、互帮互助等方式将社会实践活动从教师个人人脉的体现发展为高校与地方的共同事业。

综上所述，日本政府通过宏观调控层面的跨部门合作、人才培养方案的系统化建构、“地域共生”理念下的开放式教学以及依托社会教育体系的社会实践平台建设等一系列措施，在明确人才培养方针的基础上充分利用各领域社会资源保障生涯教育的有效落实。

四、日本生涯教育变革中的困境与省思

日本生涯教育在短短20年中不仅完成了由“职业决策”向“社会自立”的政策核心转移，还发展出一整套符合该国需求且具有自身特色的本土化实践路径。然而，由于政治目的的功利性以及本土实践过程中的水土不服，导致日本生涯教育的价值意涵并没有在实践过程中得到充分体现，反而由于教育理念的异化而平添了教育隐患。对此，有学者指出，建立在改善雇用问题基础上的日本生涯教育存在两方面问题：一是过度聚焦职业与就业问题却忽视了生涯发展，二是过度关注与外界领域的关联却忽视了与其他教育课程的衔接。[①] 全面省思日本生涯教育，我们发现其中仍存在诸多隐患，值得我们引以为鉴。

（一）心理主义与不断增幅的不安

由于长期奉行普通教育与职业教育的双轨并行制教育模式，因此包括中小学在内的日本教育机构向来具有指导学生毕业去向的传统。日本生涯教育在本土实践过程中延续了传统毕业去向指导的教育理念，发展出重视毕业发展决策而忽视生涯发展的本土化特征，并由此陷入了“职业生涯（Career）＝职业（Work）”“生涯教育＝毕业去向指导”的理念误区。[②] 这一认知偏误即使在政策

---

① 児美川孝一郎.キャリア教育のウソ[M].东京：筑摩書房，2013：190.

② 文部科学省.今後の学校におけるキャリア教育・職業教育の在り方について（答申）[EB/OL].（2011-01-31）[2021-05-12]. https://www.mext.go.jp/b_menu/shingi/chukyo/chukyo0/toushin/1315467.htm.

转型多年后的2016年仍作为阻碍生涯教育发展的核心问题受到广泛关注。① 对此,日本东京大学教授本田由紀指出,由于生涯教育过于强调学习者的劳动观念而并未向学生教授实际的劳动知识与劳动技能,因此不仅没有有效促进学习者"从学校到社会"的生涯过渡,反而增加了青少年进入劳动世界的心理负担,进一步造成青少年对未来发展的迷茫与混乱。② 斉藤武雄等人也指出,生涯教育的心理主义倾向导致其实际效用受到限制。③ 可见,由于缺乏对生涯教育理念的有效指导,导致作为舶来品的生涯教育在日本本土教育的同化下发生了心理主义异变,并进一步加深了青少年面对劳动世界的不安情绪。

(二)形式主义与被忽视的全人教育

日本政策文书中多次强调了职业生涯发展作为教育理念对教育改革的指导作用,并提出应将生涯教育融入教学课程体系。然而,现实中生涯教育依附于传统毕业指导机构,并没有在学校中得到广泛认知与系统推广。在此背景下,生涯教育所赖以存续的社会实践与职场体验等活动因缺乏系统学习与理论指导而陷入形式主义窠臼。④ 对此,有学者指出,生涯教育难以落实的背后存在着功利化的社会评价机制。⑤ 学历主义机制下,中小学生的职业生涯发展首先取决于升学,大学生的职业生涯发展则首先取决于就业质量,因此在资源有限的情况下,学校倾向于通过毕业去向指导来保障学生的学习动机与未来发展,以此提升学校的升学率/就业率与相应的社会评价。此外,评价标准的不明确也是生涯教育陷入形式主义窠臼的重要原因之一。尤其在"社会人基础力""生存力""21世纪能力"以及"基础泛用型能力"等诸多宏大目标的撕扯下,学校被赋予过多职能而陷入价值虚无主义,导致生涯教育理念在实践过程中遭到悬置。

---

① 文部科学省.2016次期学習指導要領等に向けたこれまでの審議のまとめ[EB/OL].(2016-06-30)[2020-02-25]. https://www.mext.go.jp/component/b_menu/shingi/toushin/_icsFiles/afieldfile/2016/09/09/1377021_1_1_11_1.pdf.

② 本田由紀.教育の職業的意義[M].东京:ちくま新書,2009:134-163.

③ 斉藤武雄,佐々木英一,田中喜美,等.ノンキャリア教育としての職業指導[M].东京:学文社,2009:4-7.

④ 田中宣秀.キャリア教育の基盤をなすものとは何か:学校から社会への移行を目指す真の職業指導・キャリア教育の方策を探る[J].インターンシップ研究年報,2009(12):39-49.

⑤ 若松養亮,白井利明,浦上昌則,等.キャリアに対する支援の課題と展望:「合格・内定指導」・「つきたい職業見つけ」を超えて[J].教育心理学年報,2019(58):201-216.

(三)工具理性主义与被忽视的社会再生产

面对不可预知的未来世界,日本在宣扬生涯教育理念的同时不断强化青少年在自我认知、自主决策的基础上对多样化人生的理性规划。然而,有学者指出,个人有限的信息处理能力局限了其决策合理性①,对决策合理性的过分追求使人专注于达成目标的特定手段而无视其他有价值的偶然性②。因此,人生阅历的局限性决定了过早的职业决策将在一定程度上导致青少年忽视自身其他发展可能性。在日本现行生涯教育的影响下,部分学生出于对个性的追求以及对职业有限的理解而自行脱离了正规发展渠道,因此大大限制了其未来发展的无限可能。③ 此外,相比固定的知识习得,无论是对生涯发展的自主决策还是实现社会自立所需的"基础泛用型能力",都更容易受到家庭资本的影响,因此也将进一步加速社会再生产。对此,有学者指出,个性基础上的职业决策看似理性,实则是阶层意识的再生产,其结果必将导致社会阶层的进一步固化。④ 可以推测,仅以所谓的"理性"与"善意"展开的生涯教育并未考虑到没有养成积极学习习惯的一般家庭学生对当前学习与未来发展的漠不关心,也没有顾及缺乏有效指导的一般家庭学生所面临的迷茫与不安。

如前所述,在日本生涯教育 20 年的发展实践中,突显出心理主义、形式主义与工具理性主义等诸多隐患。这导致生涯教育既难以引起学生的足够重视,也难以在教育者之间达成共识。⑤ 裹挟于"生涯教育=理想教育""生涯教育=毕业去向指导""生涯教育=社会实践"的认知误区之中,日本生涯教育由于难以突破传统教育理念的束缚而面临重重困境。

五、日本生涯教育对我国生涯教育改革的启示

全面梳理日本生涯教育的政策发展与实践,可以发现其中既体现出显著的

---

① 若松養亮,白井利明,浦上昌則,等.キャリアに対する支援の課題と展望:「合格・内定指導」・「つきたい職業見つけ」を超えて[J].教育心理学年報,2019(58):201-216.

② 古川雄嗣.PDCAサイクルと偶然性の問題[J].IDE 現代の高等教育,2018(603):14-18.

③ 久木元真吾.「やりたいこと」という論理[J].ソシオロジ,2003,48(2):73-89.

④ 寺崎里水.興味・関心を重視したキャリア教育の問題:職業アスピレーションとジェンダー[J].人間文化創成科学論叢,2008(10):197-206.

⑤ 労働政策研究・研修機構.大学キャリアセンターにおける就職困難学生支援の実態:ヒアリング調査による検討[EB/OL].(2015-06-18)[2021-02-25]. https://www.jil.go.jp/institute/siryo/2015/156.html.

政策优势，也突显出西方教育理念本土化过程中的诸多隐患。这对同样面临社会发展需求与本土化挑战的我国生涯教育而言具有一定的启示意义。

(一)以个体权益保障为根本原则，切实捍卫生涯教育公共性

随着教育公共性话题广受瞩目，职业教育却往往被排斥于公共教育之外，成为与普通教育相对立的存在。然而不可忽视的是，职业教育同样代表着公民应有的权益。职业教育的公共价值在日本生涯教育发展过程中得到充分体现。传统的日本企业往往倾向于依据自身需求自主培养劳动者。这一举措虽然在很大程度上减轻了教育体系发展职业教育的负担、提高了职业教育的针对性，但由于过于强调劳动义务而导致青年劳动者劳动权益保障意识的不足，过度细化的职业培训也强化了个体对企业的依附关系。随着经济低迷期企业对劳动力培养的放权，职业教育回归公共教育系统，并衍生出具有一定公共性质的生涯教育。然而，生涯教育却在日本政府的掌控下成为单纯为了提高就业率而使用的工具。其间，日本政府对职业生涯发展中个体责任的过度强调一方面加深了个体对未来发展的不安、强化了社会再生产；另一方面也将雇用环境恶化的社会矛盾转嫁给个人，从而推脱政府责任。此外，为了获得政府的财政支持、提升社会评价，学校将生涯教育作为自身业绩的宣传材料，在重视教育形式之余忽略了其本体价值与核心内涵。可见，生涯教育的推进需要重新审视其公共价值。

我国同样存在重普通教育而轻职业教育、重知识传授而轻劳动实践，并在生涯教育实施过程中存在重形式宣传而轻内涵发展等问题。对此，可以借鉴日本经验，从保障劳动者基本权益的立场出发，通过鼓励学校自行开发创新型人才培养计划、协助学校引进校外精英担任管理教学任务、为社会体验活动提供必要的资金与平台支持等方式将生涯教育的推进与公民素养的提升、学习型社会的建立紧密结合。

(二)以发展性思维推进教育理念转向，充分保障生涯教育终身性

综合以往相关政策文书中对生涯教育的定义，日本生涯教育的培养目标包括自我理解、对生涯发展的关注及重视、理想的职业观与劳动观、职业发展相关的知识与信息、对未来发展方向的决策力，以及职业生活中所需的行为习惯、技

能等诸多方面。[①] 然而事实显示，日本政府的三令五申以及学者的理念阐释并未有效解开学校教育者对“生涯教育究竟是什么”的疑惑。在学校教学实践中，生涯教育仍被矮化为毕业去向指导或理想教育、社会实践，甚至由此呈现出心理主义、形式主义以及工具理性主义倾向。其中，日本学校对生涯教育理念的认知局限性是阻碍其本土化发展的重要因素之一。对此，日本通过明确未来劳动者素养、促进学校社会教育相关立法、增加学校教学中社会教育比重以及鼓励学校联合其他社会力量共同办学等一系列措施推进生涯教育的体系化建设，为我国生涯教育终身性理念的贯彻落实提供了参考方案。

生涯教育的本质应是终身教育，因此生涯教育本体价值的实现取决于其终身性是否得到充分认知与切实保障。这要求我国学校教育方面应率先明确自身与劳动之间的关系，才能对学生的职业观、劳动观形成提供有效指导与支持，进而实现生涯教育的有效推进。这不仅需要教育者本身对人的生涯发展多样性的理解、尊重、期待与关注，更需要整个教育体系在学历主义、业绩主义等功利化趋势下以发展性思维看待青少年成长过程中的“不成熟”，以理性而包容的姿态引导青少年对未来的“不确定”，以开放多元的教育策略充分发掘青少年的无限潜能。

（三）通过综合性设计与系统性规划，助力生涯教育整体性变革

生涯教育的核心目标是培养个体在将来的人生中担负相应职责的能力，其职责不应仅限于为了生存而不得不从事的劳动，还应包括应对未知变化、引领时代发展的公民义务。因此，生涯教育不应是某一独立领域的教育，而应作为一种关涉学校教育整体改革的理念方针，通过日常教育实践为未来生涯发展做准备。对此，日本生涯教育在维持生涯教育系统内外平衡的基础上不断根据内外形势推进政策转型，实现了生涯教育的整体性建设与生态性重构。依据日本的经验与教训，可通过两个层面的建设保障学校教育与劳动之间的有效衔接，推动生涯教育的顺利实施。一是政府宏观调控层面，政府部门对劳动教育的重视与宏观指导为学校审视自身与社会之间的关联性提供了政策基础，教育、劳动保障、民生等政府各部门之间的协同合作为生涯教育的贯彻实施奠定了制度

---

① 梶輝行.キャリア教育を核に位置付けた学校のグランド・デザイン[J].学校教育研究，2005(20):60-74.

保障。二是社会微观规制层面，社会、企业、家庭与学校之间的交流互动为学校明确自身与劳动世界之间的关联性、积极推进生涯教育提供了认知与实践平台。借鉴日本这一成功经验，我国应在整体性思考、综合性设计与系统性规划的基础上建立政府各部门之间、各利益主体之间的协同合作体系，并同时保障宏观调控与微观规制之间的沟通互动。

第四节　自主、循环、共生：终身教育理念下日本高等教育改革探析

终身学习是高等教育现代化发展的核心理念之一。经过不断的摸索试错，日本以大学改革促进终身学习体系建设，以服务地方的学习型社会发展趋势带动大学现代化改革，建立起多元、循环、共生的新世纪人才培养模式，为我国终身教育理念下的高等教育现代化改革提供了参考依据。

一、终身教育理念下日本高等教育改革的社会背景

（一）生产技术的不断变革对人的终身发展的需求

随着生产技术的不断更迭，科技对人的替代性也不断增强，如何培养适应未知发展趋势且科技难以替代的未来型人才，成为关乎日本社会发展的重大课题之一。当“教育的任务不再是为一种刻板的职能、固定的情景、一时的生存、一种特殊的行业或特定的职位做好准备”，“那种想在早年时期一劳永逸地获得一套终身有用的知识或技术的想法”也必将过时。[①] 在智能化生产阶段，人们无法再依赖“高学历＝好工作＝成功人生”的传统上升模式，而不得不通过不断精进以适应不断变化的社会需求。终身学习成为社会发展的必然趋势，而社会的每一个组织和机构应共同承担起这一教育责任。

（二）“人生百年”时代的生涯多样化需求

20 世纪 70 年代以来，日本的生育率持续下降。尤其在 2018 年以后，18 岁

① 联合国教科文组织，国际教育发展委员会.学会生存：教育世界的今天和明天[M].华东师范大学比较教育研究所，译.北京：教育科学出版社，1996：98.

人口数量急速下滑。经预测，截至 2040 年，日本 18 岁人口将由 2017 年的 120 万人降至 88 万人[①]，而大学生源将由 2017 年的 63 万人降至 51 万人[②]。与此同时，日本早在 20 世纪 70 年代便进入老龄化阶段，并于 1994 年正式成为“老龄社会”。随着医疗技术与生活条件的不断改善，2017 年新生人口中将有半数寿命达到 107 岁，迎来“人生百年”时代。[③] “人生百年”时代的到来预示着以往“上学—工作—养老”的单线式生涯发展路径即将被“往来于学校与社会之间”的复线式生涯发展路径所代替。因此，严峻的高龄、少子化问题决定了日本不仅需要以更高质量、更具可持续性的高等教育体系缓解人口下滑带来的人力资源短缺问题，还需要应对“人生百年”时代的生涯多样化需求。

二、激发学生自主意识，促进教学体制转型

自主学习意识是终身学习的价值观基础。随着日本高等教育进入普及化时代，以往“严进宽出”的大学逐渐向“宽进严出”转型，生源质量不均加大了未来人才培养的难度。2007 年全国大学生调查数据显示，日本大学生每天平均学习时间为 4.6 小时，上课时间以外的每周学习时间超过 11 小时的仅有14.8%，远低于美国的 58.4%。[④] 为保障大学生的学习自主性，日本主要从明确人才培养目标、提高课程教学质量、完善学习反馈体系等三个方面建立循环式教学质量保障体系，通过与大学生在发展需求上达成共识来促进大学生对学习意义、知识构架的主体性建构。其中，明确人才培养目标是大学生主体性学习的主观前提，提高课程教学质量是大学生主体性学习的客观保障，完善学习反馈体系是大学生主体性学习的持续动能。

---

① 文部科学省.2040 年に向けた高等教育のグランドデザイン(答申)[EB/OL].(2018-11-26)[2021-02-25]. https://www.mext.go.jp/b_menu/shingi/chukyo/chukyo0/toushin/ 1411360.htm.

② 文部科学省.人生 100 年時代構想会議[EB/OL].(2017-09-11)[2021-02-25]. https://www.mext.go.jp/b_menu/shingi/chukyo/chukyo4/gijiroku/_icsFiles/afieldfile/2017/12/19/1399599_11.pdf.

③ 文部科学省.人生 100 年時代構想会議[EB/OL].(2017-09-11)[2021-02-25]. https://www.mext.go.jp/b_menu/shingi/chukyo/chukyo4/gijiroku/_icsFiles/afieldfile/2017/12/19/1399599_11.pdf.

④ 文部科学省.教育の質の保証と情報公表関係資料[EB/OL].(2018-11-26)[2021-02-25]. https://www.mext.go.jp/component/b_menu/shingi/toushin/_icsFiles/afieldfile/2018/12/17/1411360_10_4_1.pdf.

(一)明确人才培养目标

1.以"一年级教育"提升目标意识

日本通过"一年级教育"与教学信息公开等方式在人才培养目标方面促进学生主体性的提升。"一年级教育"理念自2000年初次提出以来立即在各高校广泛实施。截至2015年,日本高校中已有97%导入"一年级教育"。[①] "一年级教育"的迅速普及不仅有助于缓解普及化阶段大学生源多样化带来的学力不均问题,而且能在教授大学学习方法的同时,有效促进新入学者脱离高中阶段应试教育对个人主体性的束缚,完成学习态度从消极应对到积极投入、学习习惯从被动适应到主动规划的转型。从2011年到2015年这五年间,在"一年级教育"中实施口头发表、课题讨论等主体性学习模式的大学从55%上升到78%。[②] 通过对围绕课题进行的课堂研讨、论文写作、口头表达等方式,帮助新入学者充分体验主体性学习的实践路径,形成自主规划学习生活、探究学习方法、建构知识框架的目标意识。

2.以信息公开对接多方需求

日本政府要求大学法人主动公开自身发展定位与人才培养方案等信息,并鼓励相关产业公开雇用标准及人才需求,以大学发展与市场需求的信息对接促进大学生学习发展目标的制定。日本政府在2009年大学办学标准更正中首次提出高校信息透明化的要求,并于2017年颁布的《学校教育法》中将其作为大学的社会义务进行了法制化要求。《学校教育法》要求各高校积极公开自身发展定位、人才培养目标及毕业所需资质等信息。在此基础上,日本政府在2018年发布的《高等教育底层设计2040规划书》[③]中鼓励相关产业公开高校毕业生雇用标准及对未来人才的需求,以激励高校根据市场需求积极调整发展定位。大学发展信息与市场需求信息的有效公开有利于大学生在掌握大学培养计划、社会发展需求的基础上制定个人发展规划。截至2015年,几乎全部高校实现了人才培养目标、课程规划以及毕业资质的对外公开,截至2017年,共有超过9

① 文部科学省.大学における教育内容等の改革状況について(平成27年度)[EB/OL].(2019-11-11)[2021-02-25].https://www.mext.go.jp/a_menu/koutou/daigaku/ 04052801/ 1398426.htm.

② 参见文部科学省.大学における教育内容等の改革状況について(平成27年度)[EB/OL].(2019-11-11)[2021-02-25].https://www.mext.go.jp/a_menu/koutou/daigaku/ 04052801/ 1398426.htm.

③ 文部科学省.2040年に向けた高等教育のグランドデザイン(答申)[EB/OL].(2018-11-26)[2021-02-25].https://www.mext.go.jp/b_menu/shingi/chukyo/chukyo0/toushin/1411360.htm.

成的高校在学生课表中明示每一门课程的培养目标及培养计划。①

(二)提高课程教学质量

进入 21 世纪以来,日本政府不断强调高等教育从“怎么教”“教什么”到“怎么学”“学什么”的核心转移。在此背景下,教师职责定位与课程设置标准都发生了巨大的变化。遵循自主学习的基本理念,日本高等教育改革针对以往教师主导的课程设计模式,主张在充分考虑学习者认知特征的基础上提高课程系统性。

1.专通兼顾、主副并修、双向教学、文理共生的系统性课程改革

2005 年《高等教育未来展望》针对社会不同群体对通识教育、专业教育以及职业教育的不同需求,提出通过通识教育与专业基础教育兼顾、主专业与副专业结合的方式打造“综合性通识教育型”②“专业教育贯通型”③等个性化课程体系,以提高高等教育对多样性需求的适应性。同时根据大学或学科特色设定“核心课程”,以保障课程体系的有效运行。为保障课程体系的个性化发展,《高等教育未来展望》指出学年制度也应实现多样化转变。比如针对集中学习通识类课程的“综合性通识教育型”课程体系可将学年设置为 3 年,并进一步导入与研究生教育的一贯制课程体系。此外,《高等教育未来展望》还对通识教育与专业教育的实施做了细致要求。主张通识教育应结合国际化、信息化等社会发展趋势,从以往单科式的知识传输型教育转变为以跨专业知识解决共通性课题的知识创造型教育,以此引导学生通过自主学习与思考理解现实、洞察真理。专业教育则应按照专业性质、结合职业资格需要合理安排各学年课程进度。

日本文部科学省在 2012 年第一次提出将教师主导的课程规划转化为学位主导的课程体系建设,以此实现跨专业的组织化课程安排。④ 同时要求增加课题研讨、主题辩论等双向课程模式以及校外实习等校外学习计划在大学课程中的比重,主张通过全校视野下的课程系统性规划与组织性实施提高课程质量,

---

① 文部科学省.大学における教育内容等の改革状況について(平成 27 年度)[EB/OL].(2019-11-11)[2021-02-25].https://www.mext.go.jp/a_menu/koutou/daigaku/04052801/1398426.htm.

② 将专业教育作为研究生教育或职业教育的课程内容,在本科生阶段集中学习综合性通识类课程。

③ 根据专业属性在本科生阶段完成专业知识的学习。

④ 文部科学省.新たな未来を築くための大学教育の質的転換に向けて:生涯学び続け、主体的に考える力を育成する大学へ(答申)[EB/OL].(2012-08-28)[2021-02-25].https://www.mext.go.jp/ b_menu/shingi/chukyo/chukyo0/toushin/1325047.htm.

增加主体性学习体验,从而促进学生自主学习意识及终身学习意识的提升。在此基础上,文部科学省于2018年发布《高等教育底层设计2040规划书》(即"2040计划")提倡在通识教育领域实现文理共通,在专业教育领域实现专业本身的多向发展,通过主专业与副专业相结合的方式实现学习范围的最大化。其中,"文理共生"体现为:在普适性知识的基础上,以数理与大数据科学为基本能力,培养文理共通型人才,在人工智能技术不能涉足的领域发挥人的价值。

截至2015年,日本大学中有70%在课程设计中导入了自主学习理念,有66.3%完成了明确教学目标指导下的课程体系化建设,有66%打算进一步增加自主学习课程比重,有55%兼顾通识类与专业类课程,有34%导入"主副专业兼修制",有33.2%致力于跨学科课程改革,更有42%的大学针对自主学习的教学法进行课程探讨与教师研修。① 以东海大学为例,该大学共设置副专业70余个,并要求学生在履修主专业之余修满副专业指定科目并获得20以上学分。副专业的课程成绩将与主专业成绩一同计入求职用成绩单中,成为学生就业的重要竞争力。同时,东海大学在课程中导入"文理共通科目",要求各学科围绕"生命与环境""文化与自然""结构与变化""知识与沟通""科技与社会"以及"自我认同与共生"等六大主题并结合学科特色开设跨越文理的课程。

2.师资多元化、大学开放化的教育资源保障体系

丰富多样的教学资源是高等教育价值多元化的重要保障条件之一。截至2018年,日本每年的新聘大学教师中有1500—2000人来自企业,占新聘教师总人数的2—3成,专科研究生院(法学、教师教育以外)中有近五成的教师为实业家教员,专科大学、专科职业短期大学中的实业家教员也占了4成以上。② 然而截至2017年,大学教师中女性占比仅为24.2%,外籍教师仅占5.7%。③ 为此,"2040计划"进一步提倡提高师资队伍多样性、加强教师流动性,鼓励实业家教员参与教育与课程设置,建立实业家教育培养体系,实施跨组织、跨专业教育合作,建立跨学科学位制度,以回应多样化生源的学习发展需求。同时,日本政府鼓励各高校通过教师发展项目自觉实行教师培训,2000—2009年的10年间,导

① 文部科学省.大学における教育内容等の改革状況について(平成27年度)[EB/OL].(2019-11-11)[2021-02-25]. https://www.mext.go.jp/a_menu/koutou/daigaku/04052801/1398426.htm.

② 文部科学省.2040年に向けた高等教育のグランドデザイン(答申)[EB/OL].(2018-11-26)[2021-02-25]. https://www.mext.go.jp/b_menu/shingi/chukyo/chukyo0/toushin/ 1411360.htm.

③ 文部科学省.学校基本調査[EB/OL].(2019-12-25)[2021-02-25].https://www.mext.go.jp/b_menu/toukei/chousa01/kihon/1267995.htm.

入教师发展项目的高校已由 52.4%发展到 99.1%，基本实现了在高校中的普及。[①]

为进一步提高教育资源利用率，"2040 计划"建议鼓励高等教育机构联合办学，提供产业界与地方公共团体认同的短期实践型专门教育，完善资格认证、学分互认等制度以满足社会人继续深造的需求。同时，健全留学生支援制度，完善留学生在留制度，建立国际高校联合培养、学分互换及学位互认机制，设置海外分校，在为国外生源创造良好的留学环境的同时提高高等教育的国际化水平。2004 年，全国大学共同体联合会成立，截至 2017 年，日本共形成 48 个大学共同体。[②] 2015 年，日本国内实施学分互认制度的大学已达到整体的 83%。[③]

综上可见，日本高等教育课程教学质量改革在自主学习的终极理念指导下，经历了一个由单向到双向、由单一到多元、由孤立到系统、由保守僵化到灵活贯通的转变过程。

（三）完善学习反馈体系

1.结合主观自评与客观他评，建立学生能力发展雷达

近年来，日本文部科学省主张打破分数主义、平均主义、学年主义以及形式主义对学习者主体性的侵蚀，通过学生学习状况调查等建立学习质量综合评价机制。在此基础上，日本文部科学省在《"以大学教育之质变创造新未来"的答申》中要求各高校公开在校生学业成就调查结果以及毕业生就业率等信息，并对照学校人才培养方案、发展定位等信息进行自我评估。日本大学将课程目标、详细内容、实践要领等信息载入学生课表中，在达成共识的前提下督促学生根据课程履修情况自主判断自身发展。比如，东京理科大学开发出学生自评系统与反映课程履修成果的客观评价系统，从基础知识、专业知识、专业技能、理性思维、基础素养以及沟通能力等六方面建立"学生自评雷达图"与"客观评价雷达图"，通过主观自评与客观评价的双向对照为学生掌握自身成长与不足、进

① 文部科学省.大学教育再生加速プログラ事業説明資料[EB/OL].(2014-01-22)[2021-02-25].https://www.mext.go.jp/a_menu/koutou/kaikaku/coc/_icsFiles/afieldfile/2014/01/22/1343245_03_1.pdf#page=0001.

② 文部科学省.教育研究体制関係資料[EB/OL].(2018-11-26)[2021-02-25].https://www.mext.go.jp/content/1413715_011.pdf.

③ 文部科学省.大学における教育内容等の改革状況について(平成 27 年度)[EB/OL].(2019-11-11)[2021-02-25].https://www.mext.go.jp/a_menu/koutou/daigaku/04052801/1398426.htm.

一步建立学习目标提供参考。[①] 从 2011 年到 2015 年的 5 年间,积极掌握学生学习时间与学习行为的大学从 37%增长到 81%。[②] 2018 年"大学开放调查"的结果显示,各高校中将教学成果在校内公开的比例为 68%,将其应用于学生指导、课程设置、教师培训等方面的高校也超过 6 成。[③]

2.建立全社会监督机制,加强官产学民多方对话

日本通过鼓励高校大学生学习成果的信息公开,使大学教育质量的全社会质量监督机制成为可能。在强调高校公开教学信息的基础上,日本政府鼓励产业界公开雇用标准以及对毕业生的就业质量反馈等信息。这一系列举措不仅有利于政府、大学与社会及时把握大学生学习现状、加深在人才培养问题上的交流与共识,有助于大学生对照自身发展目标审视自身发展与不足,更企图通过信息透明化建立起高等教育发展的全社会监督机制。但截至 2018 年,仅有 20%的高校面向校外公开了教学成果,多数高校仍选择以学校网页公示的形式履行信息公开职责。[④] 为此,"2040 计划"再次重申通过信息公开实现校企对话的必要性,并进一步强调教育质量低下或不履行信息公开义务的高校将面临社会批判甚至撤销办学资格的严重后果。如何在协助高校把握自身发展状况的基础上建立信息共享平台,如何在坚守教育本体价值的基础上统合多方利益,又如何在不同利益主体的权力竞争中保持高等教育对社会发展的反思、批判与导向性功能,仍是困扰当前日本高等教育发展的重要课题。

综上所述,日本将教学质量保障与学生学习参与相统一,通过"目标设定—教学保障—成果反馈—目标调整"的 PDCA[⑤] 循环促进大学生自主学习意识的提升,为终身教育体系的形成提供价值观基础。

---

① 文部科学省.教育の質の保証と情報公表関係資料[EB/OL].(2018-11-26)[2021-02-25]. https://www.mext.go.jp/component/b_menu/shingi/toushin/_icsFiles/afieldfile/2018/12/17/1411360_10_4_1.pdf.

② 文部科学省.大学における教育内容等の改革状況について(平成 27 年度)[EB/OL].(2019-11-11)[2021-02-25]. https://www.mext.go.jp/a_menu/koutou/daigaku/04052801/1398426.htm.

③ 河合塾ガイドライン.学修成果の把握・可視化[EB/OL].(2018-11-23)[2021-02-25]. https://www.keinet.ne.jp/magazine/guideline/backnumber/18/11/seicho.pdf.

④ 文部科学省.教育の質の保証と情報公表関係資料[EB/OL].(2018-11-26)[2021-02-25]. https://www.mext.go.jp/component/b_menu/shingi/toushin/_icsFiles/afieldfile/2018/12/17/1411360_10_4_1.pdf.

⑤ 即计划(Plan)、执行(Do)、检查(Check)、行动(Action)的首字母缩写,又称戴明环。

三、建立循环教育体系，保障生涯多样性发展

循环教育体系是终身教育时代生涯多样性发展的客观保障。为此，日本大学通过面对多元主体的招生政策、信息化开放式的教学模式等方式建立循环教育体系，保障公民的生涯多样性发展需求。

（一）打破年龄经历限制，保障各类人群入学机会

为应对高龄、少子化带来的严峻考验，满足智能化与“人生百年”时代对人才生涯发展的需求，日本政府提倡打破以往基于年龄与学历限制的“18 岁主义”，为不同年龄、不同经历的人提供高等教育机会。

1.发展成人继续教育，保障社会人入学机会

得益于私立大学的发展，日本早在 20 世纪便实现了面向社会人招生的普及化。[①] 然而截至 2015 年，无论是日本的 25(30)岁以上入学者比例还是留学生比例，都远低于经合组织国家的平均水平。[②] 为此，日本教育再生执行委员会于 2015 年特别提出应加强面向不同年龄段人群的大学教育改革，通过“实学教育”满足社会人多样化的工作需求。[③] 同年，文部科学省提出“职业实践能力培养计划”，通过完善大学继续教育、提供学习补助、提供资格认证等方式，为社会人与企业提供更具实用性的教育培训。[④] 截至 2018 年，日本经济团体联合会中将职员送入大学深造的企业占 58.8％，此外，未加入联合会的企业中有13.1％会定期将职员送入大学深造，其中有七成企业对于成人继续教育的成效持肯定态度。[⑤]

---

① 文部科学省.日本における社会人学生受け入れの状況[EB/OL].(2019-02-27)[2021-02-25].https://www.mext.go.jp/b_menu/shingi/chukyo/chukyo4/003/gijiroku/attach/1413977.htm.

② 高等教育の将来像に関する参考資料[EB/OL].(2019-12-02)[2021-02-25].https://www.mext.go.jp/b_menu/shingi/chukyo/chukyo4/042/siryo/_icsFiles/afieldfile/2017/05/31/1386346_12.pdf.

③ 文部科学省.「学び続ける」社会、全員参加型社会、地方創生を実現する教育の在り方について(第六次提言)[EB/OL].(2015-06-10)[2021-02-25]. http://www.mext.go.jp/b_menu/shingi/chukyo/chukyo3/siryo/attach/1360247.htm.

④ 文部科学省.「学び続ける」社会、全員参加型社会、地方創生を実現する教育の在り方について(第六次提言)[EB/OL].(2015-03-04)[2021-02-25].https://www.mext.go.jp/b_menu/shingi/chukyo/chukyo3/siryo/attach/1360247.htm.

⑤ 日本経済団体連合会.高等教育に関するアンケート主要結果[EB/OL].(2018-04-17)[2021-02-25].http://www.keidanren.or.jp/policy/2018/029.html.

2019年社会人大学生比例达到24.2%，比2009年的20.7%增加了3.5个百分点。①

2.导入学历认证制度，保障无学历者入学机会

基于生涯多样性原则，日本政府打破学历限制，通过导入高等学校毕业程度认定制度保障无高中学历者的大学入学机会。2014—2018年，平均每年有25000人提交高等学校毕业程度认定考试申请，其中50%为高中辍学者、19%为定时制/通信制高中在校生、14%为初中辍学者。② 虽然申请者中最终只有1成能够获得大学入学资格，但其在保障辍学者升学权利层面意义重大。此外，针对未履修大学、研究生院正规课程但拥有与正规履修者同等学力的部分群体，日本设置“大学改革支援学位授予机构”对其进行测验并授予学位证书。2015—2018年，大学改革支援学位授予机构共授予短期大学、高等专业学校中辅修大学专业学科的共53716名学生大学学士学位，授予其他正规教育机构中共30029人大学学士学位。③ 这一系列措施有效保障了多类人群有多种途径的受教育机会，为生涯多样化奠定了基础。

(二)降低学习成本，提高课程实用性

针对企业对大学成人教育课程实用性的质疑以及社会人对时间冲突、费用负担、职业适用性以及企业认同度低等方面的困惑，日本在通过信息化教学、缩短课程课时以及调整课程时间等手段打消社会人深造顾虑的同时，对成人继续教育的教学质量和成果可视化做了规范化要求。④

1.多渠道降低学习成本

日本文部科学省早在2002年关于“面向社会人的大学招生推进方案”的答申中便详细阐述了社会人入学的必要性与所需条件，并主张通过信息化教学设

---

① 文部科学省.学校基本調查：令和元年度結果の概要[EB/OL].(2019-12-26)[2021-02-25].https://www.mext.go.jp/b_menu/toukei/chousa01/kihon/kekka/k_detail/1419591_00001.htm.

② 文部科学省.高等学校卒業程度認定試験[EB/OL].(2019-12-26)[2021-02-25].https://www.mext.go.jp/component/a_menu/education/detail/_icsFiles/afieldfile/2019/05/27/1297968_02_2.pdf.

③ 文部科学省.平成30年度文部科学白書第3章 生涯学習社会の実現[EB/OL].(2019-11-27)[2021-02-25].https://www.mext.go.jp/b_menu/hakusho/html/hpab201901/detail/1421865.htm.

④ 日本経済团体連合会.高等教育に関するアンケート主要結果[EB/OL].(2018-04-17)[2021-02-25].http://www.keidanren.or.jp/policy/2018/029.html.

备的导入消除社会人对深造的顾虑。[①] 2005 年《高等教育未来展望》进一步强调通过数字化学习推动社会人入学与高等教育的国际化发展，并同时指出应警惕过分依赖信息化教育而压缩教育内涵，避免因智能化教学而忽略人格教育与社会实践。2012 年，日本最大的免费网络教育平台“日本开放网络教育推进协会”成立，截至 2020 年共公开 340 个科目，累计学习人数超过 100 万。大学信息通信技术的运用同样为教学场域的拓展提供了条件。日本大学有49.9%引进了学习管理系统，作为课下辅助学习以及教室教学的工具。然而，只有25.9%的大学能够实现远程授课，多数大学由于认知有限、经费不足或缺乏技术人员等没有实现网络通信技术的灵活运用。[②]

此外，为减轻社会人、家庭主妇等人群的学习负担，文部科学省将成人继续教育课程的最低课时量从 120 课时缩减至 60 课时，同时鼓励将每课课时拆分，以适应听讲者利用碎片化时间学习的需要。

2.多方面保障教学质量

为提高成人教育课程的实用性与成果可视性，日本文部科学省于 2015 年发起“职业实践能力培养计划”，为符合计划要求的大学成人教育课程提供资金支持与资格认证。该计划要求各高校在明确对口职业类型与教学目标的基础上根据各领域企业发展需求开发成人教育课程，且一门课程中半数以上时间必须通过导入实业家教学、双向或多向研讨、实地实践、企业联合培养等教学手段进行。截至 2019 年 10 月，共有 261 门课程得到“职业实践能力培养计划”承认。此外，为合理利用校外资源、保障课程与个人/市场需求的有效对接，日本导入实业家教师与校外理事制度。截至 2017 年，有 82%的大学法人完成了文部科学省要求的校外理事聘用工作，实现了理事会中校外理事不低于两名的制度目标。[③] 实业家教师与校外理事制度的建立大大提高了日本成人继续教育的教学质量，企业联合培养与资格认证制度更是加大了其市场影响力。这一系列措施被很多高校沿用到本科生/研究生教学改革中，在加强学生与市场对话的

---

① 中央教育審議会.「大学等における社会人受入れの推進方策について」答申概要[EB/OL](2002-02-21)[2021-02-25]. https://www.mext.go.jp/b_menu/shingi/chukyo/chukyo0/toushin/020201a.htm.

② 文部科学省.大学における教育内容等の改革状況について(平成 27 年度)[EB/OL].(2019-11-11)[2021-02-25]. https://www.mext.go.jp/a_menu/koutou/daigaku/04052801/1398426.htm.

③ 文部科学省.教育研究体制関係資料[EB/OL].(2018-11-26)[2021-02-25].https://www.mext.go.jp/content/1413715_011.pdf.

同时,提高了正规课程对在职人员的吸引力。

四、遵循多元共生理念,在地方建设中发展终身教育

人对社会发展的参与是一个贯彻终身的学习循环。利用地方或人与人的关系推广终身学习是日本终身教育的基本特征之一,知识分子在其中承担将知识创造和知识分配衔接起来的责任。[①] 基于"立足本土、放眼世界"的理念,日本大学通过建立地域合作平台对接官产学民发展需求,发展出兼顾"学习型区域建设"与"扎根地方的教学体系"的多元共生型终身教育体系。

(一)以大学引领"地域再生",打造社区终身学习基地

日本文部科学省提出大学职能分化论,将"社区终身学习基地"作为大学七大职能之一[②],主张将"连接学校教育与社会"作为未来高等教育发展的方向[③],建立"引领区域发展的大学群"[④],实现终身教育与"地域再生"相统一的战略目标。2017年"大学开放调查"的结果显示,大学中有86.3%与所在地自治体缔结了合作协议,有57.9%与所在地以外的自治体缔结了合作协议。大学(短期大学除外)推进地方终身教育发展的主要措施表现为:面向社会举办公开讲座(97.1%)、组织教师参与协助地方教育与管理(91.8%)、面向地方招收在职生(87.5%)、开放教学设施作为地方居民的教育基地(65.5%)、向地方提供生涯学习及教育相关信息(55.2%)、联合地方组织教育培训(52.8%)、向社会公开正规课程(44%)等。其中有77.2%的大学设有地域合作中心等专门运营机构。[⑤] 仅2016年一年就有855所高校面向社会举办了30378次讲座,总计1145688位市民参加。其中,仅早稻田大学就面向社会组织举办了1821次讲座,讲座涉及人

---

① 参见陆素菊. 实现可持续发展:终身学习时代的教育重构——访东京大学牧野笃教授[J]. 开放教育研究, 2015, 21(2): 4-15.

② 文部科学省.我が国の高等教育の将来像(答申)[EB/OL](2005-01-28) [2020-02-25].https://www.mext.go.jp/b_menu/shingi/chukyo/chukyo0/toushin/05013101.htm.

③ 文部科学省.高等教育・研究改革イニシアティブ[EB/OL].(2019-01-31)[2020-11-04].http://www.mext.go.jp/a_menu/other/1413322.htm.

④ 文部科学省.高等教育・研究改革イニシアティブ[EB/OL].(2019-01-31)[2020-11-04].http://www.mext.go.jp/a_menu/other/1413322.htm.

⑤ 文部科学省.開かれた大学づくりに関する調査[EB/OL].(2019-11-11)[2021-02-25].https://www.mext.go.jp/a_menu/ikusei/daigaku/1288601.htm.

文、社会、职业技能等多个领域,参加者总计 40277 名。[①] 可见,大学正积极加强地域合作并对地方终身教育发展起着重要的引领作用。

(二)建立实践型社会合作教育体系,促进大学生生涯发展

2008 年,日本文部科学省提出"学士力"[②]概念,提出知识理解、泛用能力、态度价值观以及综合学习经验与创新思维等大学生人格发展与未来社会生活应具备的四个核心素养,在诠释了"全人教育"理念的同时也预示了仅凭校内课堂教育难以实现全面人才培养的局限性。

截至 2015 年,日本大学中有 94.8%设置了校外学习课程,有 69.3%建立起校外学习认同机制,在课程设计中导入志愿者活动和实习活动的学校分别占 78.2%和 59.3%。[③] 截至 2017 年,高校中组织学生参与地方性服务活动的占 85.2%。其中,有 88.4%的大学认为组织学生参与地方活动有助于提升学生的交流能力,有 84.5%认为有助于培养学生发展问题、解决问题的能力。[④] 以冈山大学为例,该大学导入"实践型社会合作教育"项目,截至 2016 年共发展出包括通识教育与专业教育在内的 123 门"实践型社会合作教育"课程,参与学生人数达到全校学生总数的 45%,并有望在 2020 年达到 100%。[⑤] "实践型社会合作教育"课程鼓励学生通过地域调查、企业视察、多方座谈等形式理解地域社会现有的发展课题,并参与商讨解决对策。其中,校外社会实践时间必须占全课时的 1/3 以上,且必须以公开发表会的形式公开课程实践成果。通过"实践型社会合作教育"课程体系建设,冈山大学鼓励学生通过与地方居民的对话思考社会、地域与自身发展的关系,在提升自身"学士力"的同时实现与社会发展的共赢,以此完成对学习发展目标的再认识。

---

① 文部科学省.平成 30 年度文部科学白書第 3 章 生涯学習社会の実現[EB/OL].(2019-11-27)[2021-02-25].https://www.mext.go.jp/b_menu/hakusho/html/hpab201901/detail/1421865.htm.

② 文部科学省.各専攻分野を通じて培う「学士力」:学士課程共通の「学習成果」に関する参考指針[EB/OL].(2008-12-24)[2021-02-25].https://www.mext.go.jp/b_menu/shingi/gijyutu/gijyutu10/siryo/attach/1335215.htm.

③ 文部科学省.大学における教育内容等の改革状況について(平成 27 年度)[EB/OL].(2019-11-11)[2021-02-25].https://www.mext.go.jp/a_menu/koutou/daigaku/04052801/1398426.htm.

④ 文部科学省.開かれた大学づくりに関する調査[EB/OL].(2019-11-11)[2021-02-25].https://www.mext.go.jp/a_menu/ikusei/daigaku/1288601.htm.

⑤ 岡山大学.社会連携教育の 教育コーディネート:CBL 科目運営からの考察[EB/OL].(2018-07-07)[2021-02-25].https://www.mext.go.jp/component/a_menu/education/micro_detail/_icsFiles/afieldfile/2018/07/13/1407043_4.pdf.

五、终身教育理念下日本高等教育改革的实践机理与启示

终身教育的内涵在于变革知识资本分配模式。产业社会带来的知识学习与知识创造的割裂导致了人的异化。对此,终身教育主张将知识从权威中解放出来,回归个人、回归生活、回归共同体。在此层面上,终身教育与全人教育、生涯规划、学习运动等其他教育现代化理念是一脉相承的。而教育现代化诸理念的整合正是突破现代国家制度局限性、统合人与环境关系的必要趋势。以终身教育为最终目标、以自主学习为价值观基础、以循环教育为体制保障、以地域共生为核心驱动,日本高等教育改革为教育现代化诸理念的整合及体系化建设提供了现实参照。

(一)终身教育理念下日本高等教育改革的实践机理

1.以学生参与的 PDCA 循环完善自主学习保障体系

日本大学以学生参与的 PDCA 循环完善自主学习保障体系,以实现知识回归个人的现代化发展目标。学习目标、课程质量与成果反馈是保障学生学习自主性的三大核心要素。日本从明确人才培养目标、提高课程教学质量、完善学习反馈体系等三个方面入手,建立起"目标设定—教学保障—成果反馈—目标调整"的 PDCA 循环式自主学习质量保障体系。其中,学科定位与产业需求的信息对接与公开化,课程目标与成果反馈的可视化,以及基于文理共生、专通兼顾、主副并修原则的课程体系的学生自主调配,为教学过程中学生的全程自主参与提供了客观保障。大学通过学生对教学活动规划的全程参与,与学生在发展需求上达成共识,促进大学生对学习意义、知识构架的主体性建构。

2.基于生涯多样化理念的循环教育体系建设

日本大学基于生涯多样化理念建立循环教育体系,以实现知识回归生活的现代化发展目标。基于"人生百年"时代的生涯多样化趋势,日本通过保障入学机会与完善教学环境等方式,面向有继续学习意愿的辍学者、在职人员、家庭主妇以及高龄者等群体提供继续教育服务。其中,日本完善学历认证制度,保障没有正规入学资格的人群重新回归学校;导入实业家教员制度与校外理事制度,最大限度地满足学习者学习生活与发展的需求;通过企业联合培养与资格认证制度,加大了成人教育的社会影响力。循环教育体系建设为所有人生活与工作的可持续发展奠定了基础,是日本终身教育的体制保障。

3.以多元共生理念打造地方终身教育基地

日本通过以大学为据点的“地方终身教育基地”建设，实现知识回归共同体的现代化发展目标。日本鼓励大学担当引领地方发展的智库，通过参与区域治理、举办公开讲座、开放大学设施等形式在区域内实现教育/学术资源共享，完成“学习型区域”建设。同时建立扎根地方的教学体系，通过普及地域实践教学加深大学生对人与社会之间共生关系的理解，培养大学生与他人交流合作、共同解决问题的能力，鼓励大学生通过实践反思自身不足，实现对学习意义的思考与重构。地方共生型终身教育体系建设为学习共同体的形成奠定了基础。

以自主、循环、共生为核心理念，日本实现了高等教育现代化改革与学习型社会发展需求的和谐统一，为终身教育理念的进一步贯彻实施奠定了坚实的基础。

（二）日本终身教育理念对我国终身教育体制建设的启示

中国同样需要面对不断变革的生产技术对人的终身发展的需求，也同样需要迎接老龄化社会多元价值观对生涯多样化的挑战。2019 年，中共中央、国务院印发的《中国教育现代化 2035》中明确强调，我国教育现代化发展要“以加快学习型社会为首要任务”，要“更加注重以德为先，更加注重全面发展，更加面向人人，更加注重终身教育，更加注重因材施教，更加注重知行合一，更加注重融合发展，更加注重共建共享”，并特别强调了“推动社会参与教育治理常态化”的基本方针。①

结合日本高等教育改革过程中以自主、循环、共生为核心的终身教育体制建设经验，我们可以发现《中国教育现代化 2035》提出的八大基本理念并非相互独立的松散关系，而是一个高度统一的生态系统。这个生态系统以“终身教育”为核心理念，以“以德为先”“知行合一”和“全面发展”为人才培养指标，以“面向人人”和“因材施教”为教学实践原则，以“融合发展”“共建共享”为体系发展目标，最终构成了既呼应“自主、循环、共生”的教育发展趋势，又兼顾“以德为先”中国特色的终身实践机制。因此，我国高等教育现代化改革的实践可从自主、循环、共生等三个方面贯彻终身教育理念，结合我国特有的国情与价值观，实现官产学民的共同发展。

① 参见中共中央、国务院印发《中国教育现代化 2035》[EB/OL].(2019-02-23)[2021-02-25]. http://www.gov.cn/zhengce/2019-02/23/content_5367987.htm.

第九章　对策分析与结论

第一节　大学生就业困境干预策略分析

一、权力边界：教育功利化的破解之道

教育的功利化具有基于多样化主体的多重性体现。忽视社会发展与环境共生的极端个人主义是功利，忽视个人人格与生存发展需求的极端集体主义也是功利，忽视国际化与人类社会可持续发展的极端国家主义同样是功利。有学者指出，教育政策运行过程注定“是一个充满行动气质的资源分配、关系博弈和群体冲突的过程”①。尤其是随着现代化进程的推进，国家、社会、经济、个人等诸多利益主体对教育的权力介入导致教育与社会福祉、劳动世界之间的边界日益模糊，加剧了教育体系的无边界化。这一方面意味着教育与不同利益主体之间合作关系的加深；另一方面，权力边界的模糊也预示着教育本体价值迷失的潜在危机。因此，只有在多元利益需求中区分教育之所能与所不能，在教育之所能中区分教育之可为与不可为，在教育之可为中明确优先次序与相互关联，才能避免教育在多方利益的撕扯下异化为权力博弈的工具。要之，我们需要通过划定教育边界以重新界定教育权力，打破教育万能论驱动下的教育功利化循环机制，实现教育本体价值的回归。

① 刘佳.社会系统分析视角下的教育政策运行动力机制研究[J].现代教育管理，2015(11)：34-39.

(一)基于社会系统理论的"教育边界"释义

德国社会学家尼克拉斯·卢曼的社会系统理论可以为我国教育边界的划分提供重要启示。卢曼的社会系统理论强调社会系统的最终特性是一种"基于封闭的开放"[①]。他认为,系统与环境之间不是完全封闭状态,而是相互关联的,但又彼此通过相互磨合来确定自身边界,完成"自我创生"。这就如同细胞需要通过"细胞壁"来维持与外界的联系,同时隔绝外界侵扰实现自我生产。那么,教育的边界如何划定呢?根据社会系统理论,系统的复杂性可以通过统一媒介下的二元符码进行简化,以此形成各系统之间的边界。譬如,经济系统中的"所有/非所有",科研系统中的"真/伪",法律系统中的"合法/违法"等,系统通过各自特有的二元符码划定自身边界。然而,教育边界的模糊性就在于教育的统一媒介是人。[②] 人的价值多元性决定了教育系统无法通过二元符码进行意义简化,因此只能通过与其他系统之间的"结构耦合"确认自身的权力边界。

根据社会系统理论,当不同利益主体试图将自身需求加诸教育时,教育需要通过适当的边界维持独立的功能。这一边界不应是隔绝教育与外界的"容器壁",而应是促进双方相互渗透、相互筛选的"细胞膜",既保证教育从不同领域汲取养分,也保证教育不因其他领域的权力介入而走上一味追求"有用/无用"的功利化道路。需要特别指出的是,由于教育的统一媒介是人,这决定了教育并不受特定二元符码的规制,而只能通过与其他系统之间不断地调节来确认自身权力边界。因此,教育与家庭之间的"平等/不平等",与政府之间的"独立/依存",与知识之间的"真理/实效",与市场之间的"引领/服从"等,都将成为教育权力边界的判断依据。

(二)教育理念对功利化的抵制与超越

由于缺乏特定二元符码的规制,教育容易受到多元利益主体的影响,成为社会选拔机制的载体。甚至有学者基于教育的选拔功能,提出教育的统一媒介是"能力",并由此将"有能/无能"的二元符码作为教育边界的判断依据。[③] 然

---

① 肖文明.观察现代性:卢曼社会系统理论的新视野[J].社会学研究,2008(5):57-80.

② Luhmann N.教育メディアとしての子ども[M]//教育学年報(4).東京:世織書房,1995:203-239.

③ 小林伸行.〈能力〉メディアと「有能/無能」コード[J].社会学評論,2009,59(4):805-820.

而,教育与选拔终究无法等同。甚至可以说,正是因为教育与选拔的混同才导致了教育的功利化。为了避免教育与其他系统的结构耦合过程中迷失本体价值,教育系统的去功利化之路需要在权力边界的认知基础上辅以明确的目标导向。

对此,日本教育社会学学者本田由紀指出教育应打破"有能/无能"二元符码,通过对人的"其他可能性"的探讨回归卢曼所主张的以"人"为统一媒介的教育本体状态。① 在她看来,教育体系存在教育与非教育、学校教育与学校外教育的外部与内部双重边界。外部边界的日益模糊反而强化了学校教育的内部边界,导致学校教育过于重视选拔功能而加强了与福祉、劳动等外部世界的隔绝。然而,教育与选拔本质上是截然不同的两种概念,一味否定"无能"的是选拔,从"无能"中挖掘"其他可能性"的才是教育。其中,"其他可能性"并非仅限于时间维度,也涉及空间维度与社会维度。如果只局限于时间维度,对人的"其他可能性"的探讨就难免演化为时间轴上单线式的进步与退步,也就难逃"有能/无能"的功利化价值评判。人的发展应从一个领域到另一领域,从一个自我向另一个自我不断延伸,以挖掘自身发展与变化的无限潜能。因此,我国教育不能仅局限于固定领域的能力开发,而应激发个体通过不同路径完成自我实现的"其他可能性"。教育只有超越"有能/无能"的单一价值标准,进而转向对人的认同并不断向其提示不同的发展可能性,才能在维持适当边界的基础上灵活回应其他领域的需求。

(三)教育"去功利化"的实践路径

如前所述,教育功利化的破解需要教育系统通过与其他系统之间的结构耦合明确其权力边界,而作为目标导向的教育理想则能够最大限度地保障教育在与其他系统的结构耦合过程中不受侵蚀。其中,诸多学说一致将教育理想指向人的培养。具有讽刺意味的是,教育万能主义之所以破绽百出但仍影响深远,也正是因为其所忽视的人之能动性。教育之"万能"得益于人之"万能",人的无限可能性才是社会多方利益主体让权于教育并使之"万能化"的根源所在。因此,教育只有坚守自身独立于社会生产实践的权力边界,回归"培养人"的本体

---

① 本田由紀.強固に残るボーダー:自閉化する日本の学校教育に対する社会システム論からの示唆[J].教育学研究,2011,78(2):2-13.

价值，才能抵制社会功利化的侵蚀。基于此，可以从以下三个方面探索教育“去功利化”的实践路径。

第一，作为教育“培养人”的根本原则，应保障教育在发展改革过程中的自主权。系统通过与环境的互动完成自我创生。在此过程中，系统虽不是自发的，却是自主的，不允许其他系统介入进行篡改。因此，应在充分鼓励各系统结构耦合的基础上，保障教育系统的自主性，通过集开放与封闭于一体的权力边界维护教育系统的自我创生。

第二，作为教育“培养人”的保障机制，应以开放多元的教育体系削弱教育的选拔功能。为超越“有能/无能”的二元符码，应以特色化教育体系建设代替等级化选拔机制，保障不同层次高校教学的特色化发展与资源、质量的均衡配置，以此淡化学校间不良竞争带来的同质化、等级化发展。同时，应建立循环式终身教育体系，维护每个人在任何时期通过合法途径接受教育的权利。这不仅意味着维护每个脱离教育体系的人重新接受教育的权利，也意味着维护每个教育的“不适应者”选择其他受教育方式或重新规划生涯发展的权利。

第三，作为教育“培养人”的基本条件，应限制教育对教学内容的决策权。作为发掘人的“其他可能性”的公共系统，教育只能为人的成长提供必要的引导与支持，无法代替人做出决定，更不可能主宰人的成长。因此，应明确教育的引导与辅助作用，削弱并规范教育在知识资本的分配过程中的垄断地位，最大限度地防止教育对人的价值同化。在限制教育对教学内容的决策权的基础上，通过丰富教育系统的选课机制与主体性学习辅助体系，实现个人对知识的自主建构。

随着智能化程度的不断提高，社会生产中的大部分职业终将被机器取代，留给人更多的是灵感、顿悟、情感、大局观以及责任心。[①] 届时，人将从社会分工的异化作用中得到解放，教育也将随之回归本体价值。在此之前，教育功利化的破解之路仍任重道远，更需要我们立足当下、放眼未来。

教育的发展需要向心力、凝聚力，同时也需要决断力与批判力。当代社会背景下，虽然教育对知识的垄断逐渐被瓦解，但社会对教育的需求却并未因此消减，反而日益呈现多样化趋势。在多元利益主体的权力介入下，当代社会要求教育兼顾未来、历史与现在，兼顾个人、社会与国家，要求教育既要避免顾此

---

① 参见唐汉卫.人工智能时代教育将如何存在[J].教育研究，2018(11)：18-24.

失彼也要避免价值同化，既要避免忽视未来与过去而导致教育的片面与短视，也要避免过分关注未来需求而导致教育走向价值虚无。然而，由于缺乏明确的权力边界与发展理念，教育只能以保守烦冗的知识集权体制应对多元化社会需求，以局部且短视的应急手段缓和各方利益冲突，这无疑加剧了教育中的形式主义与结果主义。因此，只有明确了教育权力边界，才能最大限度地断绝其他系统对教育系统的权力介入，从而铲除教育功利化生长的土壤。而只有基于教育发展目标的引导，教育才能够有效确立权力边界，避免不同利益主体权力博弈下教育功能的异化与价值的迷失。对此，本书在社会系统理论的基础上提出以明确权力边界与未来目标作为扭转现阶段教育功利化局面的可能方案。一方面，通过明确教育权力边界以削弱教育万能主义、动摇教育功利化根基；另一方面，通过明确教育未来发展目标，以统一的社会使命与科学的价值理念引导教育破解“无能”困局。在此基础上，以边界决定教育的底层规划，以理念引领教育的顶层设计，以“学”的主体建构与“教”的辅助干预相结合作为实践方针推进教育整体化改革，以此保障教育在坚持本体价值的基础上实现多元利益的甄别、取舍、调和与共生，有效避免教育在面对多元价值需求时的权力膨胀与价值迷失，从根本上扭转教育功利化趋势，促进教育本体价值的回归。

二、儒家教育哲学体系下的人才培养路径

教育哲学只有努力维持与现实世界的关联性才具有指导意义。儒家经典中“理想学习者”的应然状态如何照进现实、成为指导实践的理论依据，才是学习研究的最终落脚点。在此，我们借鉴阿拉斯戴尔·麦金太尔（Alasdair Maclntyre）对亚里士多德目的论三重架构的分析理路，提出从回归自我、回归生活与回归共同体三个层面重释“学以成人”的实践路径。

（一）回归自我：以人本理念重塑学习志趣

麦金太尔主张通过明确人的功能性概念恢复目的论架构，以人性之所“是”承担人之所“应当”。① 对未知的探索欲求是人类本能中根本性的驱动力之一。因此，中国传统教育哲学的发展必须建立在充分尊重人的求知本能的基础上。中国传统的学习激励系统虽发端于社会规范却不止步于社会规范，而是提倡随

---

① 参见麦金太尔.追寻美德：伦理理论研究[M].宋继杰，译.南京：译林出版社，2003：69.

着学习者的成长萌生出“志于学”的自发性学习支持系统。“志”的缺席即“自我”的缺席，是当代中国学习者遭遇价值困境的根源所在。王阳明曾言：“志不立，如无舵之舟，无衔之马，漂荡奔逸，终亦何所底乎？”(《教条示龙场诸生》)儒家思想层层递进的学习观不满足于人的价值完善，而是进一步推演出以“家国天下”为主体、以人的“修齐治平”为实现路径的世界观。由于专精于德性修养而忽视对人的内在需求以及对外部世界的考量，儒家教育哲学的理想主义情怀导致众多知识分子或沦为专制政权的附庸，或迷失于自我实现的无力。作为“家国天下”的基本单位，人的主体性价值亟待得到重视。只有回归人的本体价值，才能抑制个人对外在价值的盲目追求，匹夫之幸与天下之兴才能得以统一发展。因此，立志的前提就在于以人心之所“是”引导人之所“应当”。当代学习者必须秉承坚毅、宏远的治学志趣，最大限度地发挥个人主体性，这样才能在多元价值体系与知识洪流中不盲目、不迷失，“以志趣为马”、砥砺前行。对此，打造以人为本的教育体制，传播有理想、有温度的教育理念，是人本主义关怀下重塑“志趣导向”学习价值体系的客观基础与主观前提。

(二)回归生活：以生活实践实现主体价值

只有不停地进入生活，人才能不停地变成一个人。只有回归生活，传统教育哲学才能得以重新指导实践。麦金太尔强调脱离对手段的描述就不可能充分描述目的，并主张通过以“实现主体内心价值的社会合作活动”为主的德性实践促进美德的确立。[①] 对于广义教育领域而言，实现主体内在价值的社会实践同样具有深刻意义。进入21世纪以来，教育哲学的实践化路径越发受到重视，不断有学者强调教育哲学关注实践、关注生活的新走向。以生活为依托的社会合作活动是个人实现自我价值的重要途径，也是教育哲学回归本质的必要渠道。传统儒学的历史局限性造就了其重农耕而轻商贾、重内在修养而轻实践技能的价值理念，进而导致儒家教育哲学在近代化探索中弊端凸显，更难以适应现代化生活需要。现代化理念下的生活实践需求呼吁传统德性教育向全人教育拓展，以“保持一个人的首创精神和创造力量而不放弃把他放在真实生活中的需要”[②]。需要注意的是，现代化在带来生活便捷与社会发展的同时也对个人

① 参见王艳秀.事实与价值的关系：论寻求道德客观性的三种路径[J].伦理学研究，2011(6)：7-13.

② 联合国教科文组织，国际教育发展委员会.学会生存：教育世界的今天和明天[M].华东师范大学比较教育研究所，译.北京：教育科学出版社，1996：98，188.

内心价值的实现构成了威胁。这在我国教学情境中体现为泛平等化下的师生矛盾、泛娱乐化下的浮躁之风以及泛竞争化下的淡漠和功利等精神危机。对于这些危机,西方价值体系作为现代化变革的"始作俑者"无法给予有效疏导,因此必须在东方传统文化中探求治病良方。生活中的德性实践是文化传统在当代得以确立的必由之路。针对教学情境的"泛平等化",时代呼吁"尊师重道"传统文化的回归;针对学习风气的"泛娱乐化",急需唤醒传统美德中"克己复礼"的自我修养准则;针对"泛竞争化"的升学机制,传统价值观中的"以道驭术"与"和合共生"的处世智慧将为中国"全人教育"的实现奠定精神基础。因此,若要重释"学以成人",那么"学什么"以及"成什么人"应以生活中社会合作需求为导引顺势而为,既要学科技创新之理,也要学伦理道德之理;既要成守正之人,也要成创新之人。在"美美与共"的基础上秉承"以道驭术"的伦理规范,方能为实现"全人教育"奠定坚实的文化基础。

(三)回归共同体:以社会角色指导实践方向

麦金太尔洞见到单纯的以美德概念为动力的人类生活存在被冲突和专断所宰制的危机,因此提出应通过共同体的构建对个体实践进行整体性的引领。其中,整体性不仅意味着个人生活的整体性,还指涉个体所处历史叙事的整体性。两者共同赋予个体特定的社会角色,为教育实践方向性的确立提供了客观依据。宗族制度的日益瓦解加速了我国传统共同体教育功能的弱化,当代中国急需构建一个新的共同体以指导教育实践。构建教育共同体的必要条件在于继承惯习与集体记忆。① 国际环境越是复杂多样,教育共同体所承载的传统惯习与集体记忆就越重要。这是一份共同遗产,有助于唤醒共同体内每个人的文化自觉与文化自信,在赋予他们责任的同时帮助其确立社会角色、摆脱孤立状态。儒家文化体系造就了中国"全民重教"的良好治学氛围,为我国"学习型社会"奠定了坚实的文化基础和价值支持。但延续千年的科举制度也为我国全人教育理念的实践埋下了隐忧。人的发展模式从"高学历＝好工作＝成功人生"的"电梯模式"向不断精进以适应不断变化的社会需求的"攀岩模式"转变。终身学习成为社会发展的必然趋势,而社会的每一个组织和机构应共同承担起这一教育责任。只有这样,教育才是完整的和连贯的,才是富有创造力的人的教

① 参见林上洪."教育共同体"刍议[J].教育学术月刊,2009(10):20-21.

育。对过往惯习扬弃创新，以当今时代发展需求重塑集体记忆，在群体信仰与共同目标、合作实践的基础上构建教育共同体，是儒家教育哲学走向未来的必由之路。

有道无术，术可求；有术无道，止于术。相对于“才智导向”的当代西方价值取向，中国“美德导向”教育哲学将狭义的才智观融入广博的生命历程中，体现出“仁和中庸”的处事哲学与人生智慧。当西方价值观中的“零和理论”难以解释“和合文化”影响下的东方学习者时，东方的“和合文化”也为打破西方价值观的话语霸权、丰富人类认知体系提供了可能。然而正如老子的《道德经》中所言：“上德不德，是以有德；下德不失德，是以无德。”如何将学习美德升华为深层内在的“上德”而非表层外在的“下德”，其根本在于“道始于情”的“人本”理念。因此，需要辨明儒家教育哲学在当代高等教育情境下的实践逻辑与现实困境，创建传统教育哲学与现代化发展战略的新的连接，促进传统学习理念与当代发展需求的有机结合。只有将传统教育理念置于现实语境下客观辩证地透析利弊，在尊重时代需求与个人发展规律的基础上塑造符合中国国情的教育哲学话语体系，才能保障我国高等教育改革的守正出新、行稳致远。

三、生命价值困境下的道德重建

人的理性基于其基因中裹挟的利己性本能。这使理性人容易受到无限激情与无限欲望的驱使，卷入“任何人对任何人的战争”。同时，为了维持正常的社会生活与健康人性，人无法摆脱对集体理想的依恋以及对外在权威的服从。甚至有社会生物学研究证实，利他行为作为社会生产与延续的经验总结，是利己主义的延伸。为此，人不得不在唯我与利他、失范与宿命的张力之间寻求平衡，以维持自身的理性。人的这一“原罪”被迪尔凯姆阐释为“道德本原”。他认为，典型的道德观念无不是唯我主义、利他主义和一定程度的失范在不同社会中按不同比例的组合。[①] 其中，适度的唯我主义倾向带来自我建构、自我省思的力量，理性的利他主义倾向暗含个体“克己奉公”的社会责任意识。二者的张力实现了自我认同与社会依恋的共谋。同时，失范型困境“无限欲望”的背后是现代进步主义价值取向，是个人努力与社会进步的精神动力。宿命型困境则不断向个体昭示着其行为限度与欲望边界。二者的张力体现了个体欲望与社会结

① 参见迪尔凯姆.自杀论：第4版[M].冯韵文，译.北京：商务印书馆，2019：352.

构的相互制衡。只有在个体意识与社会进步相互依赖与相互制衡之下,个体才能够通过自我存在获得幸福。因此可以说,当代青年的生命价值困境正是其探寻生命价值的必由之路,而破解之道正在于四维调和的"中庸"。对此,可以通过法治化与道德教育有机结合以及公共空间与私人空间联合互动来促进社会规范、社会依恋与自主意志的三元互动,由此实现当代青年生命价值的认知与重构(见图 9-1)。

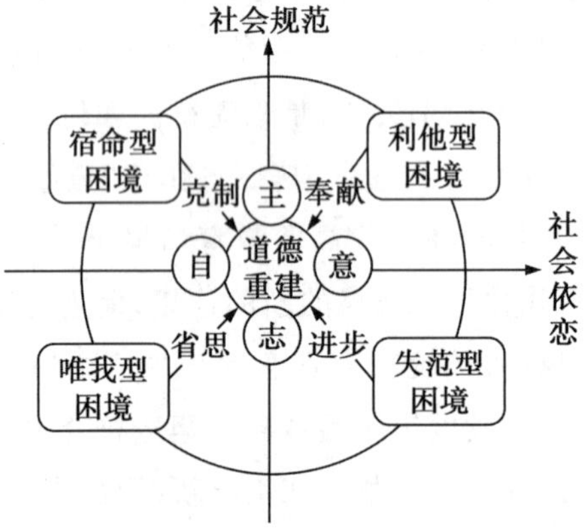

图 9-1 当代青年生命价值困境下的道德重建

(一)法治化与道德教育有机结合

失范主义和宿命论的中庸之道在于,既不沉沦于欲望,也不在失意中颓废。在进步主义思潮与传统过渡心理的张力下,如何探寻与时代适应、与社会共处的平衡点,成为我国当代青年建构自身生命价值所面临的巨大挑战。结合失范型困境与宿命型困境盘踞社会规范两个极端的性质,我们可以推断,问题的关键在于在社会规范的合理约束下保障个体的主观能动性。对此,社会的法治化建设无疑为无限欲望下的失范型困境指明了出路。但如何在保障法治化建设的公正性与合理性的同时体现个体的主观能动性,则需要公民道德教育对社会规范的有效内化与主观建构。涂尔干认为,道德教育能够将个体从业已失范的家庭、社会关系中隔离出来,重新建构他们对集体生活的热爱,是解决现有社会危机的唯一途径。[①] 作为现代社会的基本特征与必然趋势,"个体化"为当代青

① 参见涂尔干.道德教育[M].陈光金,沈杰,朱谐汉,译.上海:上海人民出版社,2006:175.

年带来了自由与权利的同时也迫使人们承担相应的责任与风险。面对难以逾越的制度天花板，处事态度与行为决策在很大程度上决定了当代青年的现实境遇与未来走向。因此，法治社会加持下的公民道德教育成为摆脱宿命型困境、缓解失范主义危机的一剂良方。

（二）公共空间与私人空间联合互动

唯我主义和利他主义的中庸之道在于，既能够在私人空间中自我省思，又能够在公共空间中自我实现。当代青年的生命价值建构一方面面临着现代虚无主义与犬儒主义的冲击，另一方面还要面对来自青年自身对社会秩序的颠覆与对权威的消解。随着现代化社会中网络化逻辑的扩散，以血缘与地缘为基础的社会关系网络面临个体化的挑战，个人生命价值认同越来越受到生活方式与自我理解的影响。作为自我价值的积极建构者，青年一方面渴望被认同、被看见；另一方面又希冀摆脱被边缘、被规训、被禁锢的被动境地，并展现出反权威、反精英的意识形态特征。在社会化与个体化的张力之下，青年生命价值的建构应基于社会生活情境下的自我启蒙。对此，涂尔干在社会依恋、社会规范之外植入自主性作为道德三要素之一，主张通过亲近社会现实来引导个体展开理性思考。[①] 在此基础上，我们可以利用社会媒介的理性引导与社会关系的感性规制，通过私人空间的“自我启蒙”与公共空间的“价值衍生”功能为青年群体的社会规范、社会依恋与自主意志提供路径保障，以高质量的私人生活促进个体的自我成长与社会互动，以高质量的社群关系缓解焦虑、敞开自我、互知互爱来促进价值衍生、道德自觉与社会团结。通过共生互利基础上的自我保存以及自我启蒙基础上的互帮互助来实现生命价值的认同。

“新时代的成功需要情商，就是一种道德觉悟，一种适群者和利群者的心胸、眼界、性情、能力，一种能推进‘合作与友好’的阳光品质。”[②]如果说社会秩序的错乱与社会依恋的失衡是导致青年陷入生命价值困境的根本原因，那么个体与社会的良性互动就为青年生命价值的重构提供了必要载体。正如维克多·弗兰克尔(Viktor Frankl)所言，“每个人只有通过承担他自己的生活才能向生命做出回答，也只有通过成为负责任的人才能向生命做出反应”[③]。为此，可以

---

① 参见涂尔干.道德教育[M].陈光金，沈杰，朱谐汉，译.上海：上海人民出版社，2006：86-90.

② 韩少功.个人主义正在危害个人[J].文化纵横，2020(1)：16-31.

③ 弗兰克尔.追寻生命的意义[M].何忠强，杨凤池，译.北京：新华出版社，2003：111.

通过社会主义法治化建设下的道德启蒙与空间互动基础上的价值衍生实现社会规范、社会依恋与自主意志的三元互动，为人们走进社会生活、承担社会责任奠定基础，并最终从根本上摆脱生命价值困境，实现道德重构。

第二节　结论与讨论

一、成长之殇：就业困境的现状及其对大学生学习的影响

本书证实了我国大学生就业困境的普遍性及其对学习的多元影响路径。研究结果显示，我国大学生普遍面临以就业规划困境与就业压力为代表的就业困境，且在就业困境的影响下遭遇学习动机的迷失、学习投入的失焦，进而影响到学业成就的获得与自我认同。其中，以就业规划困境、就业公平困境、就业妥协为代表的就业认知困境对大学生学习动机、学习投入与学业成就的侵蚀效应显著。就业认知困境不仅通过削弱学习动机进而影响学习投入与学业成就，同时对学习投入和学业成就具有负向的直接效应。可以看出，就业认知困境不仅能够显著弱化学习动机，而且因其无目标、低效能、高妥协的自身属性直接导致大学生难以积极投入学习，也无法获得理想的学业成就。就业压力对大学生学习投入的影响具有双重效应。就业压力既能通过催生“为就业而学习”的就业导向型动机激发大学生对社会性学习投入和规则性学习投入的积极性，同时也能够弱化内在动机和强化无动机，进而导致大学生对学习生活的消极投入。进一步分析得知：清晰的就业认知与乐观的就业心态是大学生全身心投入学习的底气；清晰的就业认知与高水平的就业压力构成了大学生焦虑情绪下积极学习的双重动力；巨大的就业压力与就业认知不足导致大学生虽然学习意向鲜明但难以有效投入学习；模糊的就业认知与乐观的就业心态则造成大学生既无法认知大学学习的意义所在，又免于消极投入导致的情感负债，因此更容易在迷茫与质疑之后脱离大学教育的“射程”。

无论是为就业而积极参与社会实践，还是在勘破学习“无用”之后对学习规范的背离，都反映出当代大学生在就业困境下对学习价值的权衡与取舍。这一权衡与取舍的过程在大学新生的教育自传中得到充分体现。通过对教育自传的分析可以看出，当代大学生在经历了从高中到大学的情境迁移之后，开始面

临学习意义的重新建构所带来的挑战。在此过程中,他们在迷失中觉醒、在觉醒中质疑、在质疑中行动,通过自我认知、自我反省、自我和解实现学习目标与意义的再定义与学习决策的群体分流。在就业困境下,大学生逐渐形成主动的积极学习、被动的积极学习、主动的消极学习与被动的消极学习等多种学习行为决策,并向挑战型、顺应型、功利型与游离型等多种学习投入模式分流。

要之,大学生在就业规划困境中迷失方向,在就业公平困境中自我设限,在就业妥协中丧失斗志,在就业压力下徘徊摸索,并由此加速了学习投入模式与行为决策的分流。即便在控制了学习动机与学习投入因素的前提下,就业困境对学业成就仍普遍呈现负向效应。也就是说,就业困境即便不通过学习动机与学习投入的中介效应,也依然能够有效阻碍大学生学业成就的获得、侵蚀大学生获得感。可以推测,低获得感将进一步催生大学生就业困境并形成恶性循环。当前大学生对更高层次学历的不懈追求、为超越他人的无休止竞争以及对不确定未来的抵触与恐慌都揭示了这一恶性循环的现实可能。值得欣慰的是,即便我国大学生普遍面临就业困境,但仍在较高程度上展现出对就业公平的信任以及对就业前景的向往。这与同样面临就业困境的日本大学生形成鲜明对比。可见,虽然同样受到儒家出世思想的影响,重视学习在就业发展等方面的工具主义价值,相比处于经济停滞期且阶层固化严重的日本,处于上升期与转型期的我国社会经济环境为大学生生涯发展提供了更多可能。这也为干预对策的拟定与实施提供了思想基础与环境保障。

二、破局之刃:就业困境在生涯发展过程中的作用机制

就业困境的形成机制及其在大学生学习与生涯发展中的作用得到证实。其中,就业困境的形成机制体现出我国大学生在面对就业问题时理性与感性并存的双重逻辑。具体表现为:既反映了对就业形势、家庭资本与人力资本的理性考量,也受到父母期待、自身理想与自我否定、逃避心理的感性影响。对此,社会支持是帮助大学生走出就业困境的关键因素。当大学生缺乏值得依赖的家庭支持时,完备的职业生涯教育体系与良好的院校环境是其突破就业困境的重要手段。然而,研究同时证实了当代大学为大学生生涯发展提供的院校支持的有限性。其有限性具体体现在形式单一、目标失焦、资源不均等多个方面。对此,本书对不同年级、性别、院校、专业类型以及家庭背景的大学生所面临的就业困境及其学习发展特征皆提供了相应的启示,有助于实现我国高等教育与

大学生发展需求的精准对接。

就业困境在大学生学习与生涯发展过程中的作用机制预示着我国大学生就业困境既能作为再生产的工具加深阶层固化，妥善干预也能成为打破再生产的契机。分析结果证实，文化资本对大学生学习投入的直接效应不显著，仅通过职业规划的完全中介效应完成优势传递。这预示着在失去了职业规划中介效应的情况下文化资本再生产将被打破。因此，可以通过对大学生职业规划的结构化干预，打破文化资本的垄断式再生产，实现寒门学子的"逆袭"。这一可能性在针对农村学子的质性访谈中得到一定的证实。通过充分利用社会资源探索未来发展前景，农村学子展现出勇于突破阶层藩篱的"狼性"一面。但值得关注的是，院校支持的不足导致寒门学子仅能凭借自身"野心"提升生涯意识与学业发展，这也加大了其走向功利主义的可能性。对此，就业规划对内在动机的正向效应暗合了工具理性向价值理性的转化。可以看出，工具理性对人生阶段性目标的开拓是价值理性确立人生终极意义的现实保障。工具理性向价值理性的转化需要以院校支持、家庭支持为代表的社会支持的保驾护航。

三、发展之钥：基于生涯发展视角的教育对策分析

本书选定同样受儒家出世文化影响且同样面临高等教育本土化与普及化双重挑战的日本作为政策参考对象。面对高等教育普及化背景下大学生需求的多元化与功利化趋势，日本教育学者及相关部门通过一系列探索与试错，从大学功能定位、教育理念转型以及生涯教育改革等多方面入手，试图实现一般教育与职业教育的融合与发展。在此过程中，日本积极导入社会评价机制、明确各类型高校发展定位、保障人才社会适应力的政策方针，已然展现出日本政府彻底打破大学"象牙塔"的决心。在此基础上，日本以"引领世界"与"引领区域与学科发展"这一兼顾国际化与本土化的双重指标，促进传统的高等教育分层结构向层类交错结构转型。相对于经济衰退与少子化压力下日本高等教育的改革力度，在人口红利、文凭主义与政府扶持下的我国高等教育显然还没有做好迎接普及化的准备。对此，本书结合日本高等教育改革过程中的经验教训，从人才培养质量保障、生涯教育体制改革以及终身教育体系建设等三方面拟定了教育对策。

首先，为从整体上保障高等教育人才培养质量，可以从明确高校发展定位，提高学修质量；促进学修成果可视化，导入社会评价机制；提高学修成果可迁移

性,保障人才的社会适应力等三方面推动教育改革。其次,面对大学生生涯发展路径的多元化与现代化趋势,可以通过人才培养方案的系统化建构,宏观调控层面的跨部门合作,“地域共生”理念下的开放式教学,依托社会教育体系的社会实践资源整合等四个方面推动生涯教育体系建构。最后,面向未来的人才需求,可以从以学生参与的 PDCA 循环完善自主学习保障体系,基于生涯多样化理念的循环教育体系建设,以多元共生理念打造地方终身教育基地等三方面落实终身教育、打造学习型社会。

要之,研究从教育理念定向、生涯教育实施以及终身教育体系建构三方面探索终身教育理念下生涯教育在高等教育中的全面渗透,并以此推进教育功利化的破解,摸索中国特色人才培养的可能路径,并结合社会力量实现生命价值困境下的道德重建。

第三节 研究展望

首先,本书揭示了不利家庭大学生跨文化发展的可能性,强调了学校对文化资本的补偿性作用。本书对文化资本再生产过程中就业规划因素完全中介效应的证实,预示着通过建立就业困境干预机制打破文化资本再生产的可能。对此,有必要从院校影响力的角度,进一步考察大学生跨文化发展过程中职业决策与大学生学习投入的关系模型。教育是地位再生产的手段,也是突破阶层壁垒的通道,问题的根本在于能否集中体现不同文化群体的发展规律与现实需求。虽然工具理性作为反思现代化的重要切入点而广受诟病,但我们不得不承认,对于绝大多数人而言,现实需求的满足是唤起其价值理性的前提条件。因此,教育的发展需要正视人的现实需求,以对工具理性的探讨为契机,最大限度地发掘人的潜能,缩小教育过程中的代际差距,实现工具理性与价值理性的耦合。正视并探讨代际传递与工具理性双重作用下的大学生学习发展规律,成为我们当前面临的现实课题。

其次,本书为探讨高等教育问题的社会之因提供了依据,但急需进一步推进对社会支持的系统性分析。对高等教育改革的思考如果仅立足于教育本身,忽视了对社会结构、社会文化以及社会发展现状的归因,则很难获得实际进展。本书以大学生就业困境为切入点,思考高等教育改革的可能方案,为高等教育发展的社会侧归因提供了线索与依据。但同时也提出疑问:仅凭高等教育改革能否有效帮助大学生摆脱就业困境,进而促进其学习发展?虽然本书提出了可能的教育对策,但就业困境形成机制的复杂性预示着学生成长过程中学校教育影响的局限性。如何打破传统而单一的人才评价机制,如何打造更加健康独立的家庭教养环境,如何建立更为公平有效的人才选拔与录用机制,都在一定程度上决定着大学生就业困境的现实走向及其影响下的学习价值建构与决策分流。

附录　大学生就业与学习调查问卷

A1.你的学校属于：(1)普通本科高校　(2)211 高校　(3)985 高校　(4)高职院校/独立学院

A2.你是本科还是专科？(1)本科　(0)专科

A3.你的专业：________

A4.你的性别：(1)男　(0)女

A5.你的年级：(1)大一　(2)大二　(3)大三　(4)大四　(5)其他________

A6.你是独生子女吗？(1)是　(0)不是

A7.你的家庭常住地：(1)乡镇、农村　(2)地级市、县级市、县　(3)直辖市、省会城市

A8.请根据你的家庭情况，回答下列说法是否符合你的实际情况？

	完全符合	比较符合	不置可否	不太符合	完全不符合
a 我认为我的家庭背景相对来说比较优越	5	4	3	2	1
b 我的父母对我毕业后的就业期望很高	5	4	3	2	1
c 父母十分关心我在大学的学习	5	4	3	2	1
d 我家有很多藏书	5	4	3	2	1
e 我认为我的父母能够有效指导我的学习和生活	5	4	3	2	1

续表

	完全符合	比较符合	不置可否	不太符合	完全不符合
f 我认为我的父母能够在就业方面给予我很大帮助	5	4	3	2	1
g 我经常与父母分享在大学的学习生活	5	4	3	2	1
h 我会与父母商谈对未来的规划	5	4	3	2	1

B1.关于你的学习生活，下列说法是否符合实际情况？

	完全符合	比较符合	不置可否	不太符合	完全不符合
a 认真完成老师交代的学习任务	5	4	3	2	1
b 上课时认真听讲	5	4	3	2	1
c 认真遵守学校纪律，不逃课或不迟到、早退	5	4	3	2	1
d 主动探索学习方法或制订学习计划	5	4	3	2	1
e 主动利用图书馆资源开展学习活动	5	4	3	2	1
f 主动与老师或同学探讨与学习有关的问题	5	4	3	2	1
g 积极准备考研	5	4	3	2	1
h 积极报考资格证书	5	4	3	2	1
i 积极组织或参加社团活动	5	4	3	2	1
j 积极参加志愿者活动	5	4	3	2	1
k(通过社会兼职等)积极积累社会经验	5	4	3	2	1
l 积极参加实习、实践活动或田野调查	5	4	3	2	1

B2.关于你对大学学习生活的感受与认知，下列说法是否符合你的实际情况？

	完全符合	比较符合	不置可否	不太符合	完全不符合
a 我之所以学习只是为了应付老师或考试	5	4	3	2	1
b 我上大学主要是为了好就业	5	4	3	2	1
c 我学习主要是为了有个好前途	5	4	3	2	1
d 如果学习不能为我带来工作，我可能会丧失学习动力	5	4	3	2	1
e 比起学习兴趣，我更希望通过学习获得一份好工作	5	4	3	2	1
f 课堂上所学的知识经常能够引起我的兴趣	5	4	3	2	1
g 我喜欢我的专业	5	4	3	2	1
h 在大学的学习经常能带给我一种满足感	5	4	3	2	1
i 通常情况下，我能够轻松完成学习任务	5	4	3	2	1
j 我认为我有能力解决学习上遇到的问题	5	4	3	2	1
k 无论成绩好坏，我从不怀疑自己的学习能力	5	4	3	2	1
l 不学习的话我会感到不安	5	4	3	2	1
m 看到别人学习我会感到有压力	5	4	3	2	1
n 我会习惯性地去学习，不考虑喜恶或得失	5	4	3	2	1
o 大学的学习生活经常令我感到空虚和无力	5	4	3	2	1
p 我很难把大学所学知识与我的生活和就业联系起来	5	4	3	2	1

续表

	完全符合	比较符合	不置可否	不太符合	完全不符合
q 我经常怀疑上大学的意义	5	4	3	2	1

B3.你认为你所在的专业是否有前途?

5.非常有前途　4.比较有前途　3.不置可否　2.不太有前途　1.完全没前途

B4.你认为在大学的学习是否有助于你将来就业?

5.非常有用　4.比较有用　3.不置可否　2.不太有用　1.完全没用

B5.你认为大学生群体在当今我国的社会地位如何?(社会地位代表着每一个社会成员相应的社会威望、社会荣誉,也泛指社会资源的占有度。)

最高层　　　　　　　　　　　　　　　　　　　　　　　　　　最底层

1	2	3	4	5	6	7	8	9	10

B6.你最近一学期的专业成绩在全年级的排名是?

(1)前10%　(2)11%—30%　(3)31%—50%　(4)51%—80%　(5)后20%　(6)不清楚

D1.总体上讲,你所在的大学是否符合你理想中的大学形象?

5.非常符合　4.比较符合　3.说不准　2.不太符合　1.完全不符合

D2.关于你平时学习环境的描述,下列选项中是否符合实际情况?

	完全符合	比较符合	不置可否	不太符合	完全不符合
a 专业基础课、专业理论课体系完备	5	4	3	2	1
b 公共课种类多样、内容充实	5	4	3	2	1
c 实践类、实验类课程(利用专业知识开展实践练习的课程,如外语专业的翻译课等)体系完备	5	4	3	2	1
d 就业导向的课程(如职业生涯规划等)完备	5	4	3	2	1

续表

	完全符合	比较符合	不置可否	不太符合	完全不符合
e 就业咨询、就业辅导体系完善	5	4	3	2	1
f 社会实习、创业项目等社会实践类活动充实	5	4	3	2	1
g 师生关系好、师生交流机会多	5	4	3	2	1
h 校园氛围活泼、生动	5	4	3	2	1
i 社团活动、专题讨论会等课外活动丰富多彩	5	4	3	2	1
j 德风、学风建设良好(作弊、爆粗口等现象不明显)	5	4	3	2	1

C2.请根据你在就业中的自身情况或想法，回答下列说法是否符合你的实际情况？

	完全符合	比较符合	不置可否	不太符合	完全不符合
a 就业对我而言遥远又模糊	5	4	3	2	1
b 关于将来的就业目标，我有具体的打算	5	4	3	2	1
c 我清楚当前的就业形势	5	4	3	2	1
d 我清楚自己专业的就业方向	5	4	3	2	1
e 我清楚应该怎样实现自己的职业目标	5	4	3	2	1
f 如果可能的话，我希望借助父母的资源实现就业	5	4	3	2	1
g 关于就业，我倾向于听从父母的安排	5	4	3	2	1
h 如果可能的话，我希望别人替我规划未来	5	4	3	2	1
i 我对将来工作的期望值很高	5	4	3	2	1

续表

	完全符合	比较符合	不置可否	不太符合	完全不符合
j 我有较高的职业理想	5	4	3	2	1
k 在就业方面,我不愿意将就	5	4	3	2	1
l 我希望找份与所学专业相关的工作	5	4	3	2	1
m 想到毕业、就业,我就忧心忡忡	5	4	3	2	1
n 面对就业困难,我心里有一种难以诉说的压抑	5	4	3	2	1
o 对于找工作,我常常有一种无助感	5	4	3	2	1
p 我认为,大学毕业生的就业环境总体上讲是公平的	5	4	3	2	1
q 我认为,个人能力比家庭背景更能决定一个人的命运	5	4	3	2	1
r 我认为,只要足够优秀,每个人都能实现自己的职业理想	5	4	3	2	1
s 对于就业市场中存在的不公平现象,我感到十分反感	5	4	3	2	1

B7.你认为在大学的学习生活中你是否在以下方面获得提高?

	完全符合	比较符合	不置可否	不太符合	完全不符合
a 激发了我对学习的兴趣	5	4	3	2	1
b 丰富了社会实践经验	5	4	3	2	1
c 学会了多角度地思考问题	5	4	3	2	1
d 提高了对不同环境或不同人群的适应力	5	4	3	2	1
e 掌握了本专业的前沿知识	5	4	3	2	1
f 提高了本专业的实践操作技能	5	4	3	2	1

续表

	完全符合	比较符合	不置可否	不太符合	完全不符合
g 明确了职业发展方向	5	4	3	2	1
h 树立了成功就业的信心	5	4	3	2	1
i 掌握了在本专业领域工作的知识与技能	5	4	3	2	1
j 提高了求职竞争力	5	4	3	2	1

C1.你认为你所面临的就业形势如何？

5.非常严峻　4.比较严峻　3.不置可否　2.不太严峻　1.完全不严峻

C3.关于你将来的就业方向，下列哪些符合你的实际情况？

(1)国家机关　(2)事业单位　(3)自由职业者(作家、网红等)

(4)国有企业　(5)民营企业　(6)外资企业

(7)创业　(8)农民　(9)其他______

(10)不知道

C4.关于毕业后的月工资，你可以接受的最低值是多少？ ______

A9.请问你父亲的职业是？

(1)国家机关、事业单位领导或行政人员

(2)企业/公司中高级管理人员

(3)教师、工程师、医生、律师

(4)技术工人(包括司机)

(5)生产与制造业一般职工

(6)商业与服务业一般职工

(7)个体户

(8)农民

(9)无业、失业、下岗

(10)自由职业者(作家、网红等)

(11)其他______

A10.请问你母亲的职业是？

(1)国家机关、事业单位领导或行政人员

(2)企业/公司中高级管理人员

(3)教师、工程师、医生、律师
(4)技术工人(包括司机)
(5)生产与制造业一般职工
(6)商业与服务业一般职工
(7)个体户
(8)农民
(9)无业、失业、下岗
(10)自由职业者(作家、网红等)
(11)其他______

A11.你父亲的最高学历是?

(1)没受过任何教育　(2)小学　(3)初中
(4)中专/技校　(5)职业高中　(6)普通高中
(7)大学专科　(8)大学本科　(9)研究生及以上

A12.你母亲的最高学历是?

(1)没受过任何教育　(2)小学　(3)初中
(4)中专/技校　(5)职业高中　(6)普通高中
(7)大学专科　(8)大学本科　(9)研究生及以上

A13.请问你父母的月收入大概合计______元。